西暨流沙

隋唐突厥西域历史研究

吴玉贵 著

上海古籍出版社

图书在版编目(CIP)数据

西暨流沙:隋唐突厥西域历史研究/吴玉贵著
.—上海:上海古籍出版社,2020.5
ISBN 978-7-5325-9485-6

Ⅰ.①西… Ⅱ.①吴… Ⅲ.①突厥-民族历史-研究-隋唐时代 ②西域-古代民族-民族历史-研究-隋唐时代 Ⅳ.①K289

中国版本图书馆CIP数据核字(2020)第026536号

西暨流沙

隋唐突厥西域历史研究

吴玉贵 著

上海古籍出版社出版发行

(上海瑞金二路 272 号 邮政编码 200020)

(1)网址:www.guji.com.cn

(2)E-mail:guji1@guji.com.cn

(3)易文网网址:www.ewen.co

上海天地海设计印刷有限公司印刷

开本 635×965 1/16 印张 19.5 插页 5 字数 234,000

2020 年 5 月第 1 版 2020 年 5 月第 1 次印刷

ISBN 978-7-5325-9485-6

K·2778 定价:98.00 元

目　录

第一编　突厥

第二编　西域

第一编

突厥

壹

西突厥新考

兼论《隋书》与《通典》、两《唐书》之“西突厥”

在突厥史研究中，西突厥初期历史一直是一个长期争论、悬而未决的课题。由于史料记载或语焉不详，或暧昧不清，或相互抵牾，给西突厥研究带来了很大困难。仅在西突厥汗国创始可汗问题上，就有室点密、达头、射匮、阿波、泥利等多种说法。

我们认为，西突厥初期历史存在长期争论的主要原因，是没有对有关西突厥的记载进行比较细致的分析研究，基本概念一直没有弄清。《隋书》卷八四《西突厥传》专指阿波系突厥，但《通典》、两《唐书》不加辨别，在“西突厥传”中，将不属于同一政权的阿波系突厥与室点密系突厥合为一传，使两系相混。在以往的研究中，由于对诸书合二系为一传的情由没有认真考察，使西突厥初期历史研究长期处于混乱状态。

第一，混淆了室点密系西突厥与东突厥小可汗的区别。突厥汗国分为东、西两部，东突厥在其境内又分封了若干小可汗。有些观点将室点密系西突厥与位于西方的东突厥小可汗等同了起来。

第二，承袭《通典》、两《唐书》之误，混淆了阿波系突厥政权与室点密后裔建立的西突厥汗国的区别。一类观点直接以阿波系突厥可汗（阿波、泥利）为西突厥汗国的创立者，另一类观点则以室点密系突厥可汗（室点密、达头、射匮）为西突厥汗国的创始人。各种观点虽然争论不已，但都没有将阿波系突厥政权与西突厥汗国政权区别开来，而是试图将阿波系与室点密系纳入一个政权，即西突厥汗国之内。这样的结果始终无法说清阿波系与室点密系的关系。

西突厥初期历史，大致可以分为三个阶段：第一阶段为分封国时期（552？—583）。在这一时期，西突厥属于突厥汗国之一部，大可汗位置由土门可汗子孙世袭，西突厥部以分封国的形式存在。第二阶段为西突厥联盟时期（583—610）。沙钵略可汗继位之后，东突厥内部分裂，以西突厥室点密系达头可汗为首，联合由东突厥分裂出的阿波可汗等小可汗，形成了反对东突厥大可汗的联盟，争夺大可汗位置。第三阶段为西突厥汗国时期（610—648）。室点密系射匮可汗击败阿波系处罗可汗，并逼使其投降隋朝，建立了西突厥汗国，直到唐朝平定西域，建立安西四镇。由此可知，西突厥汗国是由室点密系西突厥发展而来的，与从东突厥分裂出的阿波系突厥无关。

本文试就《隋书》、《通典》、两《唐书》之“西突厥”进行辩证，并对前两个阶段的西突厥历史以及射匮可汗建立西突厥的过程，提出一些不成熟的看法，以求正于方家。

一、《隋书》与《通典》、两《唐书》之“西突厥”

1.《隋书》的“西突厥传”专指阿波系突厥

《隋书》卷八四《北狄传》列有“西突厥”专传。传文中记载了阿波系突厥的阿波、泥利、泥撅处罗（处罗）三位可汗。其中阿波、泥利事不足百字，绝大部分篇幅都是关于处罗可汗的记载。如果以大业七年（611）处罗入隋计算的话，“西突厥传”涉及的时间从开皇三年（583）起，至大业七年终，计28年。

《隋书》卷八四《西突厥传》云：

> 西突厥者，木杆可汗之子大逻便也。与沙钵略有隙，因分为二，渐以强盛。东拒都斤，西越金山，龟兹、铁勒、伊吾及西域诸胡悉附之。

这里明白告诉人们两点：其一，《隋书》所谓“西突厥”，即木杆之子大逻便（阿波可汗），别无所指；其二，《隋书》之“西突厥”，是从沙钵略统治时期的东突厥中分裂出来的一部。

因此，《隋书》“西突厥传”的内容仅仅限于阿波、泥利、处罗，到处罗可汗“为北蕃突厥所害”，即阿波系突厥汗统断绝为止。而从事实看，阿波系突厥的分裂活动，也确实是自阿波可汗西奔达头始，以处罗可汗失败后，东附隋炀帝终。《隋书》“西突厥传”作为阿波系突厥的传文，来龙去脉都是清楚的。

但是由于阿波系突厥与室点密系突厥在汉文史籍中都称为“西突厥”，而且《通典》、两《唐书》又将两系合为一传，所以在对《隋书》所谓“西突厥”的理解上，出现了两方面的偏差：其一，将《隋书》之“西突厥”（即阿波系突厥）理解为泛指隋代西突厥；其二，将《隋书》“西突厥传”理解为后世“西突厥汗国”的传。从隋代西突厥史实来看，这两种理解都是解释不通的。

首先，如果按照第一种理解，《隋书》“西突厥传”泛指隋代西突厥，那么不言而喻，它应该包括有隋一代全部西突厥史事。但事实并非如此。

在东突厥阿波可汗西奔西突厥达头可汗之前，西突厥有室点密、达头两位可汗。室点密是西突厥始祖，他曾统领十大首领，往平西域诸国，并与波斯联盟，消灭了哌哒，以铁门为界，占领了阿姆河以北的广大地区。如果《隋书》“西突厥传”泛指西突厥的话，它对室点密其人无一语提及，这不仅不合情理，也与我国古代史籍追始溯源的惯例大相径庭。

室点密之子达头可汗继其父余绪，势力也很强大。开皇三年，东突厥沙钵略可汗与阿波可汗内讧，阿波西奔达头，这时西突厥可汗是达头，达头授阿波十万兵力，使与东突厥战。以后阿波兵败被擒，东突厥势力衰弱，达头可汗乘机东进，称雄漠北，大有吞并东突厥之势。但《隋书》“西突厥传”对达头也没有记载。如果说，未提室点密虽然不符合追述先祖的惯例，但室点密死于周武帝建德五年（576）[1]，毕竟不是隋代人，故《隋书》“西突厥传”不提室点密尚情有可原的话，达头可汗不但在隋代西突厥历史上颇为重要，而且与隋朝关系密切，作为隋代整个西突厥的列传，竟然没有记载达头可汗，就是咄咄怪事了。

持阿波说者认为，《隋书》“西突厥传”不提室点密与达头可汗，是因为当时东、西突厥并未正式分裂，而《隋书》尊阿波为西突厥之祖，则是因为自阿波可汗起，东、西突厥正式分裂，成立了西突厥汗国[2]。也就是说，《隋书》“西突厥传”是指“西突厥汗国”而言。

按，阿波系处罗可汗于大业七年入降隋朝，《隋书》“西突厥传”也就此而终。大业七年距离隋亡尚有七年。处罗可汗入隋后，西突厥室点密系射匮可汗又复强大。《旧唐书》卷一九四下《西突厥传》：“射匮可汗者，达头可汗之孙也。既立后，始开土宇，东至金山，西至海，自玉门已西诸国皆役属之。遂与北突厥为敌，乃建庭于龟兹北三弥山。”射匮可汗之后，继立者为叶护可汗。据《旧唐

[1] 室点密卒年，汉文史料失载，法人沙畹据西史考证，室点密卒于575年末或576年初。（沙畹著，冯承钧译《西突厥史料》，中华书局，1958年，216页。）

[2] 王譞《阿波可汗是西突厥汗国的创始者——兼论突厥汗国的分裂与西突厥汗国的形成》，《历史研究》1982年第2期。

书》卷一九八《波斯传》记载："隋大业末，西突厥叶护可汗频击破其国。"《旧唐书》卷一九八《康国传》亦云："隋炀帝时，其王屈术支娶西突厥叶护可汗女，遂臣于西突厥。"贞观初年，玄奘西行路经碎叶城，受到了西突厥叶护可汗的款待[1]，叶护可汗死于贞观二年（628）[2]。

很明显，叶护可汗跨隋、唐两朝，而射匮可汗的活动则全部在隋代。从上引《旧唐书》可知，射匮可汗在西突厥历史上占有重要地位。叶护可汗也战功赫赫，史载统叶护可汗"勇而有谋，战辄胜，因并铁勒，下波斯、罽宾，控弦数十万，徙廷石国北之千泉，遂霸西域诸国"[3]。射匮、叶护二可汗在历史上并非湮没无闻的人物，而且射匮与叶护是西突厥汗国可汗，研究者均无异词。然而对这两位活动在隋朝的西突厥可汗，《隋书》"西突厥传"也无正式记载。修史者纵然疏漏，也不致如此挂一漏万。如果将《隋书》"西突厥传"理解为后世所谓"西突厥汗国"的传，以上问题就无法解释。

显然，《隋书》"西突厥传"既不是泛指隋代"西突厥"，也不是指"西突厥汗国"，而是专指阿波系突厥。正因为如此，它既没有提及西突厥室点密、达头可汗，也没有正式记载西突厥汗国的射匮、叶护可汗。

《隋书》为什么为阿波系突厥单独立传？

第一，阿波系突厥在历史上占有重要地位。阿波可汗与沙钵略

---

[1] 慧立、彦悰《大慈恩寺三藏法师传》卷二，中华书局，1983年，28页。

[2]《旧唐书》卷一九九下《铁勒传》（中华书局，1975年，5344页），《新唐书》卷二一七下《薛延陀传》（中华书局，1975年，6134页）均为贞观二年，《资治通鉴》卷一九三（中华书局，1956年，6061页）系于贞观二年十二月。《册府元龟》卷九七四《外臣部·褒异》（中华书局，1960年，11441页）作贞观元年。

[3]《新唐书》卷二一五下《西突厥传》，6056页。

的分裂，引起了突厥汗国的内乱，对突厥历史产生了重大影响。自此之后，突厥汗国兵连祸结，元气大伤，东突厥可汗世袭的大可汗地位开始动摇。大业初年的启民可汗已无力驾驭阿波系突厥，阿波之后的泥利、处罗可汗，实际上处于独立地位，尤其处罗可汗，乘达头兵败之机，占据了室点密系西突厥大部地区，事实上形成了一个独立的政权。

第二，随着启民可汗入朝以及都蓝、达头联盟的溃败，东突厥主要部分已基本平定，但阿波系突厥政权仍然与隋朝对抗。大业七年处罗入隋，标志着东突厥大体平定，故《隋书》特为阿波系单独列传，这与《通典》、两《唐书》为车鼻部突厥单独列传，不无相似之处。

第三，大业以后，隋炀帝全力经营西域，阿波系处罗可汗降隋，消除了隋朝西北边疆的一大不稳定因素，故《隋书·西突厥传》用绝大部分篇幅叙述处罗可汗入朝事。

隋朝统一后，主要精力都用于削弱东突厥和攻打高丽。在西方的经营规模则远不如汉代，较之唐代，更是相形见绌。大业四年（608）裴矩说服铁勒击败吐谷浑，隋炀帝借此经营西域，在大业五年设置了鄯善、且末、西海、河源等郡，“自西平临羌城以西，且末以东，祁连以南，雪山以北，东西四千里，南北二千里，皆为隋有”[1]。次年，又设置了伊吾郡[2]。有隋一代在西方的控制范围始终没有超出今新疆东部伊吾、且末一线。在隋炀帝经营西域之前，金山以东主要是铁勒和东突厥小可汗的居地。室点密系西突厥的主要活

[1]《隋书》卷八三《吐谷浑传》，中华书局，1973年，1845页。

[2] 伊吾郡，《隋书·地理志》不载，《新唐书》卷二二一下《西域传》（6257页）“伊吾城”条下云：“隋末内属，置伊吾郡。”《元和郡县图志》卷四〇《陇右道》（中华书局，1983年，1029页）系于大业六年。

动则大都在金山以西，室点密系突厥与隋朝接触很少。自大业年间隋朝开始经营西域起，新疆大部分地区已被阿波系处罗可汗占领，室点密系射匮可汗暂时退居处罗之西南，这时在西方与隋朝直接发生接触者是处罗政权。室点密系突厥与隋朝之间有处罗的阻隔，很少直接发生关系。因此《隋书》没有为室点密系突厥立专传，未可厚非。

由于阿波系突厥居地在于都斤山以西，而《隋书》又没有为更西的室点密系突厥立传，所以《隋书》称阿波系突厥为“西突厥”。这种称呼对《隋书》来说，虽然并不矛盾，但在概念上却极易造成混乱。《通典》、两《唐书》将专指阿波系的《隋书》“西突厥传”与建立“西突厥汗国”的室点密系突厥的内容合为一传，混淆了两个不同系统、不同政权的突厥，尤其是在《通典》、《旧唐书》中，唐以前西突厥历史记载完全照搬《隋书》，这样一来，不但两系相混，而且阿波系之阿波可汗也成了西突厥汗国的创始人。

2.《通典》、两《唐书》合室点密系与阿波系突厥为一传

在《通典》、《旧唐书》“西突厥传”中，对室点密系与阿波系突厥不加区别，凡“西突厥传”中室点密系射匮可汗以前事，多钞自《隋书》“西突厥传”，而且对此没有加以必要的说明。这样的结果，本来分别属于两个政权的阿波系突厥与室点密系突厥的历史被机械地嫁接在了一起，造成了突厥史研究中一系列的混乱。仅就其开头有关部分，试比较分析于下。

第一，据《隋书》，木杆可汗之子大逻便（阿波可汗）与沙钵略有隙，东突厥分裂为二。阿波可汗与沙钵略的分裂，在史书中的记载

《隋书》八四	《通典》一九九	《旧唐书》一九四
西突厥者，木杆可汗之子大逻便也。与沙钵略有隙，因分为二，渐以强盛。 东拒都斤，西越金山，龟兹、铁勒、伊吾及西域诸胡悉附之。	西突厥大逻便（木杆可汗之子），初，木杆与沙钵略可汗有隙，因分为二。 其国居乌孙之故地，东至突厥国，西至雷翥海，南至疏勒，北至瀚海，在京师西北七千里。自焉耆国西北七日行，至其南庭；自南庭又正北八日行，至其北庭。铁勒、龟兹及西域诸国皆归附之。	西突厥本与北突厥同祖。初，木杆与沙钵略可汗有隙，因分为二。 其国即乌孙之故地，东至突厥国，西至雷翥海，南至疏勒，北至瀚海，在长安北七千里。自焉耆国西北七日行，至其南庭；又正北八日行，至其北庭。铁勒、龟兹及西域诸胡国，皆归附之。

是清楚的。而《通典》、《旧唐书》误解了《隋书》原意，钞为“木杆与沙钵略可汗有隙，因分为二”。按，阿波可汗为木杆可汗之子，木杆卒于572年，此后经过佗钵可汗，沙钵略继承汗位在581年，此时上距木杆辞世已有十年，木杆怎么能与沙钵略有隙？《通典》、《旧唐书》误将阿波系突厥与室点密系突厥并入一传，又一误再误，将阿波事误植于木杆，不但混淆了不同的两个政权，而且张冠李戴，父子相混。

第二，《隋书》明谓其“西突厥”领地，“东拒都斤，西越金山”，都斤即于都斤山，岑仲勉先生认为，古人误以“于”为虚字删去，故史籍中屡有“都斤”出现[1]。

在《通典》、《旧唐书》中，阿波可汗的居地变成了“东至突厥国，西至雷翥海，南至疏勒，北至瀚海”，显然这完全是唐代室点密系西突厥汗国的地域范围，与《隋书》所载地域无关。室点密系西突厥与东突厥的传统界线在金山（阿尔泰山），而阿波系突厥的东界则

[1] 岑仲勉《突厥集史》“附录”《外蒙于都斤山考》，中华书局，1958年，1076页。

在于都斤山，虽然阿波系突厥"西越金山"，占据了室点密系的部分领地，但他们在地域上毕竟有明显的区别，《通典》、《旧唐书》径自将阿波系突厥居地改为室点密系居地，使两个系统进一步从地域上混淆，更加真假难辨。

第三，从对处罗投降隋朝的叙述上，也可以看出《通典》、两《唐书》机械地将阿波系突厥插入室点密系的痕迹。

《隋书》卷八四《西突厥传》：

> （炀）帝将西狩，（大业）六年，遣侍御史韦节召处罗，令与车驾会于大斗拔谷。其国人不从，处罗谢使者，辞以他故。帝大怒，无如之何。适会其酋长射匮遣使来求婚，裴矩因奏曰："处罗不朝，恃强大耳。臣请以计弱之，分裂其国，即易制也。射匮者，都六之子，达头之孙，世为可汗，君临西面。今闻其失职，附隶于处罗，故遣使来，以结援耳。愿厚礼其使，拜为大可汗，则突厥势分，两从我矣。"帝曰："公言是也。"……射匮闻而大喜，兴兵袭处罗，处罗大败，弃妻子，将左右数千骑东走。在路又被劫掠，遁于高昌东，保时罗漫山。高昌王麴伯雅上状，帝遣裴矩将向氏亲要左右，驰至玉门关晋昌城。矩遣向氏使诣处罗所，论朝廷弘养之义，丁宁晓谕之，遂入朝，然每有怏怏之色。

处罗被室点密系射匮可汗击败，所余仅数千骑，万不得已，方才入隋。很明显，处罗是在射匮打击下被迫投降隋朝的，所以《隋书》卷六七《裴矩传》说："处罗为射匮所迫，竟随使者入隋。"投降之后，处罗之众被分为三，隋朝赐处罗为曷萨那可汗，在朝。唐高祖又封处罗为归义郡王，后被北突厥使者所杀。同时入朝的还有阙达设和特勤大奈。阙达设被安置在会宁，隋末称阙可汗，后为李轨所灭。特勤大奈处于楼烦，李渊起兵，大奈率其众以从，屡立战功，赐姓史氏，“贞观三年，累迁右武卫大将军，检校丰州都督，封窦国公，实封三百户。十二年卒，赠辅国大将军”[1]。随着处罗入朝，阿波系突厥汗统已绝，所以《隋书》“西突厥传”没有一句关于射匮继承处罗的记载。

射匮击走处罗，恢复了室点密系西突厥领地，这本来是很清楚的事实。但在《通典》、两《唐书》中，不但丝毫看不出射匮击败并逼使处罗降隋的迹象，而且经过删改，射匮竟成了处罗的继承人。《旧唐书》卷一九四下《西突厥传》：

> 初，曷萨那之朝隋也，为炀帝所拘，其国人遂立萨那之叔父，曰射匮可汗。[2]

《新唐书》卷二一五下《西突厥传》：

> 初，曷萨那朝隋，国人皆不欲，即被留不遣，乃共立达头孙，号射匮可汗，建廷龟兹北之三弥山，玉门以西诸国多役属，与东突厥亢。

这里删去了处罗入隋的事实，将室点密系突厥与断绝了汗统的阿波系突厥嫁接在了一起，射匮可汗也就成了继处罗之后的可汗。其实事实是，射匮早在大业初年就已成为室点密系可汗，与处罗在位时间大致相当（说详后）。退一步说，即便射匮真的继承了处罗，如前

[1]《旧唐书》卷一九四下《西突厥传》，5180页。
[2]《通典》卷一九九《突厥》下（5455页）同。

所述，射匮可汗的全部活动都在隋代，按照惯例，射匮也应列入《隋书》“西突厥传”，而不应该由《唐书》越俎代庖。

很明显，《隋书》“西突厥传”不传射匮可汗，是因为《隋书》之“西突厥”只是就阿波系而言，与室点密系射匮可汗无关。而《通典》、两《唐书》则机械照搬《隋书》，将两支不同系统、不同政权的突厥人为地“统一”在了一起。经过《通典》、两《唐书》妄删、妄改，表面看来似乎顺理成章，但实际上却掩盖了历史真相。

这里应该特别指出的是，《新唐书》“西突厥传”在开头虽然叙述了西突厥先祖，但紧接着就插入了阿波系诸可汗，其间杂叙达头、阿波、泥利、处罗诸可汗，在继承关系上，丝毫没有交代室点密系达头可汗与阿波系三可汗的关系，在时间关系上前后错乱，在内容叙述上则忽东忽西，不知所云。造成这种混乱的原因，就在于受《通典》、《旧唐书》的影响，将两支不同系统的突厥糅合在了一起。

史书记载中的这种混乱现象，直接影响了西突厥史的研究，对西突厥初期历史之所以长期争论不休，主要是因为没有认真地对上述史料本身存在的问题进行比较系统的整理分析，在《通典》、两《唐书》的影响下，混淆了不同时期、不同系统的“西突厥”所致。

二、室点密统治的西突厥及其与东突厥之小可汗

1. 室点密系西突厥的形成

突厥兴起于六世纪中叶。546年，突厥酋长土门击败铁勒，降服其众五万余帐，突厥始盛。552年，土门又大破柔然，柔然阿那瓌自杀，土门自号伊利可汗，建立了突厥汗国。《新唐书》明确将西突厥追溯至土门可汗之弟室点密。《新唐书》卷二一五下《西突厥传》云：

> 西突厥，其先讷都陆之孙吐务，号大叶护。长子曰土门伊利可汗，次子曰室点蜜，亦曰瑟帝米。瑟帝米之子曰达头可汗。

《旧唐书》卷一九四下《西突厥传》在叙述室点密五世孙阿史那弥射时，也追述了室点密，“初，室点密从单于统领十大首领，有兵十万众。往平西域诸胡国，自为可汗，号十姓部落，世统其众”。这里“单于”，显指土门可汗。突厥东、西两支在室点密时就已形成。西突厥是在室点密向西方发展的过程中形成的。

室点密在西方的活动细节，汉文史籍阙载，多见于波斯、阿拉伯史书记载[1]。室点密其人，西史作Stembis、Silziboulos、Singibū。据载，室点密与波斯王库萨和一世（Anōsarvān）联姻，结成联盟，在558年之前消灭了哌哒[2]，以阿姆河为界，瓜分了哌哒领地。东至金山、西达铁门的广大地区都被西突厥所控制。

虽然上引《新唐书》称室点密自立为可汗，但这时东、西突厥尚未正式分裂。《周书》卷五〇《突厥传》云：

> 俟斤（即木杆可汗——引者）又西破嚈哒（即哌哒，音译之异——引者），东走契丹，北并契骨，威服塞外诸国。其地东自辽海以西，西至西海万里，南自沙漠以北，北至北海五六千里，皆属焉。

《隋书》卷八四《突厥传》也记载：

---

[1] 参见沙畹《西突厥史料》所引Tabari，Dinavari、Mirkhond、Menander诸人的记载。

[2] 沙畹认为哌哒灭亡在563—567年间，余太山取内田吟风说，认为应在558年之前（余太山《哌哒史研究》，齐鲁书社，1986年），此从后说。

> 木杆勇而多智，遂击茹茹，灭之，西破挹怛（即哌哒，音译之异——引者），东走契丹，北方戎狄悉归之，抗衡中夏。

以上两段记载中，有两点值得注意。其一，将东至辽海、西至西海的广大地区作为突厥汗国的领土；其二，将室点密灭哌哒（挹怛）事系于木杆名下。第一点说明，此时的突厥汗国包括了东、西突厥的全部领地；第二点则说明此时东突厥木杆可汗为突厥汗国最高可汗，故史书将灭哌哒事归于木杆。以上事实在突厥文《阙特勤碑》中也可以反映出来：

> 当上面蓝天，下面褐色大地造成时，在二者之间（也）创造了人类之子，在人类之子上面，坐有我祖先布民可汗和室点密（Istämi）可汗，他们即位后，创建了突厥人民的国家和法制。
>
> （这时）四方皆是敌人，他们率军征战，取得了所有四方的人民，全部征服了（他们），使有头的顿首臣服，有膝的屈膝投降，并使他们住在东方直到兴安岭，西方直到铁门（关）的地方。[1]

碑文中室点密因功劳卓著，被尊为突厥始祖之一。从碑文中可以看出，在突厥人自己的思想中，这时的突厥汗国也是一个统一的政治实体。

2. 室点密系西突厥非东突厥之西方可汗

室点密活动时间，大致与东突厥乙息记可汗、木杆可汗和佗钵

[1] 此据耿世民先生的汉译文。原文载林幹《突厥史》“附录”《突厥文碑铭译文》，内蒙古人民出版社，1988年，255—256页。

可汗相当。自木杆可汗起，东突厥分封了若干小可汗。由于《周书》、《隋书》不载室点密，而东突厥又在西方分封了若干小可汗，薛宗正先生认为，室点密系西突厥就是《周书》、《隋书》中的西方小可汗[1]。为了便于叙述，将东突厥分裂之前的大小可汗列表如下。

大可汗				小可汗
汗号	汗名	嬗递关系	年代	
伊利可汗	土门	大叶护子	552—553	
乙息记可汗	科罗	土门子	553	
木杆可汗	俟斤（燕尹）	科罗弟	553—572	地头可汗（阿史那库头），统东方。 步离可汗，统西方。
佗钵（他）可汗		俟斤弟	572—581	尔伏可汗（步离），统东面。 步离可汗（褥但可汗子），居西方。
庵罗可汗	庵罗	佗钵可汗子	581	
沙钵略可汗	摄图	科罗子	581—587	第二可汗（庵罗），居独洛水。 阿波可汗（大逻便），居北牙。 贪汗可汗，居贪汗山。 潘那可汗。

《周书》卷一九《杨忠传》：“（保定）三年（563），乃以忠为元帅、大将军……突厥木汗可汗控地头可汗、步离可汗等，以十万骑来会。”《通鉴》卷一六九同年亦载此事，“周杨忠拔齐二十余城。齐人守陉岭之隘，忠击破之。突厥木杆、地头、步离三可汗以十万骑会之”。“胡注”云：“木杆分国为三部，木杆牙帐居都斤山，地头可汗

[1] 薛宗正《西突厥开国史考辨——兼评沙畹说和王譞说》，载《新疆社会科学》1985年第4期。以下所引薛说俱出此文，不另注。

统东方，步离可汗统西方。”是突厥木杆可汗时有西方步离可汗。又，《隋书》卷八四《突厥传》:“佗钵以摄图为尔伏可汗，统其东面，又以其弟褥但可汗子为步离可汗，居西方。”是佗钵可汗时也有一西方步离可汗，此可汗为褥但可汗子。

薛说认为，此两位步离、褥但可汗即室点密，换言之，两步离、褥但、室点密均为同名异译，四名实际指同一人。

薛说首先证明两步离为一人。薛说认为，短短九年间（563—572）同名之二步离相传承，与突厥小可汗终身制不合，故二步离为一人。

按，传统文献中并没有二步离为一人的任何记载。563年木杆佐周伐齐，出现第一位步离可汗。到572年，佗钵可汗继位后，“又以其弟褥但可汗子为步离可汗”，是为第二位步离可汗。563年出现第一位步离可汗，并不等于他在563年始任可汗，其任可汗最晚也在563年之前，故两可汗相距不止九年。薛说作为怀疑自无不可，但如果用作论据，似欠坚实。

薛说进而证明褥但与步离为一人。其主要根据为《北史》卷九九《突厥传》:“他钵以摄图为尔伏可汗，统其东面，又以其弟褥但可汗为步离可汗，居西方。”据《北史》褥但即步离。

按，前引《隋书》明言，步离可汗为褥但可汗子。《通典》卷一九七《突厥》上亦云:“至他钵可汗，以摄图为尔伏可汗，统其东面，又以其弟但褥可汗子为步离可汗，居西方（尔伏与步离皆小可汗——杜佑自注）。”[1]

---

[1]《太平寰宇记》卷一九四《四夷》（中华书局，2007年，3720页）同。“他钵”《隋书》作“佗钵”，“但褥”疑为“褥但”之倒误。

详味《北史》文意，“以其弟褥但可汗为步离可汗”，文意欠通，疑《北史》脱“子”字，当以成书较早的《隋书》为准。而且从《隋书》原文分析，步离也应为褥但之子。现将《隋书》卷八四《突厥传》相关内容节录于下：

> 木杆在位二十年，卒，复舍其子大逻便而立其弟，是为佗钵可汗。佗钵以摄图（乙息记可汗子——引者）为尔伏可汗，统其东面，又以其弟褥但可汗子为步离可汗，居西方。……（佗钵）在位十年，病且卒，谓其子菴罗曰：“吾闻亲莫过于父子。吾兄不亲其子，委地于我。我死，汝当避大逻便也。”及佗钵卒，国中将立大逻便，以其母贱，众不服。菴罗母贵，突厥素重之。摄图最后至，……（菴罗）因以国让摄图。国中相与议曰：“四可汗之子，摄图最贤。”因迎立之。

所谓“四可汗之子者”，乙息记可汗子摄图，木杆可汗子大逻便，佗钵可汗子庵罗，褥但可汗子步离。如果以褥但与步离为一人，则前后文意失去照应，“四可汗子”没有着落。可见褥但与步离实为父子二人，《北史》误。

薛说在认定褥但与二步离为一人之后，最后又证明褥但即室点密。薛先生说：

> 依《周书》，土门乃乙息记、木杆、佗钵诸汗之父，则突厥大汗之兄终弟及制始自木杆，依《北史》土门与阿逸（乙息记）、木杆、佗钵等皆为兄弟关系，则突厥大汗之兄终弟及制始自乙息记。沙畹、护雅夫、王譞等皆尊《周书》而贬《北史》，

我却以为后者较为可信。

据《北史》，薛说认为乙息记、木杆、佗钵、褥但诸可汗均为土门之弟，而室点密也是土门之弟，室点密与褥但可汗班辈相同，而且在位时间、对音也相符，故褥但与室点密也是同一人。

按，《北史》杂钞各书而成。对于土门与乙息记可汗的关系，同是《北史》卷九九《突厥传》就有两种不同记载。《北史》云："（伊利——即土门）卒，弟阿逸可汗（即乙息记）立，又破蠕蠕。"此即薛说土门与乙息记为"兄弟关系"之所本，但《北史》下文又云："土门死，子科罗立。科罗号乙息记可汗，又破叔子于沃野北赖山。"此又明谓土门为乙息记之父。同一书而存两说，是李延寿父子对此也无定见，不可取其一说，否定另一说。

《隋书》卷八四《突厥传》："（伊利）卒，弟逸可汗立，又破茹茹。""逸可汗"，《北史》作"阿逸可汗"，同指乙息记可汗，显然，《北史》之兄弟说源于《隋书》。

《周书》卷五〇《突厥传》："土门死，子科罗立，科罗号乙息记可汗，又破叔子于沃野北木赖山。""木赖山"，《北史》作"赖山"，《通鉴》卷一六五亦作"木赖山"，疑《北史》脱"木"字。《北史》之父子说源于《周书》。

《周书》与《隋书》的记载，究竟哪种可信呢？司马光采取了《周书》父子说。《通鉴》卷一六五承圣二年（553）二月："突厥伊利可汗卒，子科罗立，号乙息记可汗。"《考异》曰："颜师古《隋书·突厥传》云：'弟逸可汗立。'今从《周书》及《北史》。"《考异》摒弃了兄弟说。但应该指出，《北史》两说并存，《考异》称"从《北史》"，欠妥。我们也认为应以父子说为是，理由如下：

据《隋书》卷八四《突厥传》，摄图认为其子雍虞闾软弱，遗令立其弟处罗侯，雍虞闾迎处罗侯，处罗侯推辞说："我突厥自木杆可汗以来，多以弟代兄，以庶夺嫡，失先祖之法，不相敬畏。汝当嗣位，我不惮拜汝也。"此时距土门去世仅30余年，处罗侯的话，应该是可信的。据此，突厥之兄终弟及制始自木杆可汗，而非乙息记。乙息记为土门之子，《周书》不误。

我们从另一个角度也可以推知，《隋书》以土门与乙息记为兄弟关系是错误的。如果土门与乙息记为兄弟关系，则土门与乙息记之子沙钵略应为叔侄关系；而室点密为土门之弟，依《隋书》推论，则室点密之子达头与沙钵略应为从兄弟关系。但《通典》卷一九七《突厥》上云：

> 达头者，名玷厥，沙钵略之从父也，旧为西面可汗。[1]

明谓达头为沙钵略从父。很明显达头与乙息记同辈，乙息记与其弟木杆、佗钵、褥但均为室点密之侄，室点密与褥但不可能是同一个人。试将与本文有关的突厥辈份关系图示如下：

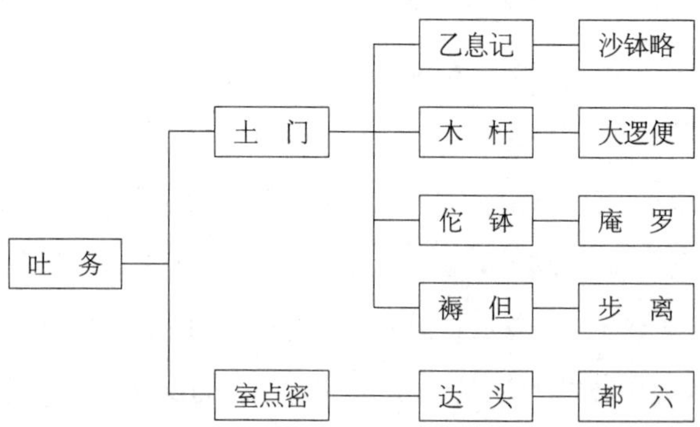

[1]《隋书》卷八四《突厥传》（1868页）、《太平寰宇记》卷一九七《四夷》（3720页）同。

综上所述，室点密系西突厥与东突厥分封的西方小可汗有着明显的区别，但是他们之间的关系究竟如何呢？

3. 室点密系西突厥与东突厥小可汗的关系

突厥汗国自建国初期起，分为东、西两个系统，大可汗位置由东突厥系统土门可汗后裔继承，室点密系西突厥作为分封国存在。东突厥又在其境内分封了若干小可汗。薛说认为，突厥汗国不存在东、西两个系统，而是四部分国，即室点密系西突厥与东突厥之小可汗一样，都是一方可汗，而且位于最末。试将薛说图示如下：

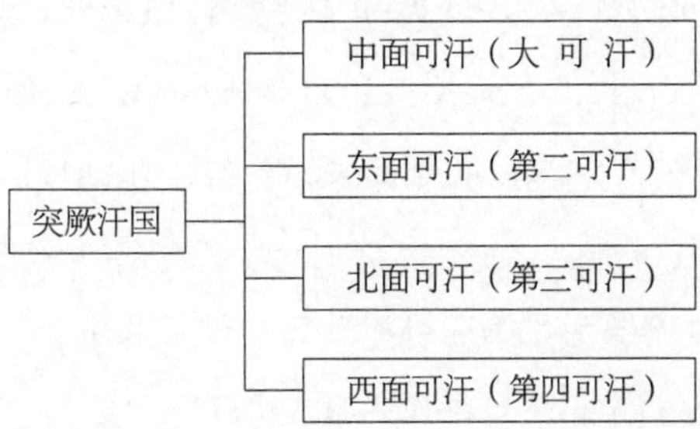

薛先生说：

> 种种迹象表明，四可汗间存在着尊卑、长幼等严格的班序关系，突厥敬天拜日，尚蓝，以“蓝突厥”为最荣，可知东面可汗最尊，阿史那库头、摄图、处罗侯等皆以此职入继大统，实居储君之位。如以中面大可汗为第一可汗，东面可汗应为第二可汗，顺序而下即为北面可汗，故《北史》记庵罗为第三可汗，《隋书》记之为第二可汗者误。西面可汗处日落之方，“兵强而位下”，实为第四可汗。

下面分两个方面谈谈我们的看法。第一，薛说所列的四可汗之班序关系实际并不存在。薛先生列举了由东面可汗继承大汗位的三位可汗，并以此证明东面可汗居储君之位。三位可汗中，摄图继承大可汗之前确为东面可汗，姑置不论。阿史那库头又称地头可汗，统东方。《周书》卷二三《杨荐传》："突厥可汗弟地头可汗阿史那库头居东面，与齐通和，说其兄欲背先约。计谋已定，将以荐等送齐。"突厥大可汗中，并无阿史那库头其人。薛先生云"疑即佗钵可汗"，没有提出任何理由，不可为据。处罗侯继承汗位前虽居东面，但不称可汗。《隋书》卷五一《长孙晟传》"处罗侯号突利设"，《隋书》卷八四《突厥传》"遗令立其弟叶护处罗侯"，均不言处罗侯为小可汗。《长孙晟传》又云："(开皇）七年，摄图死，遣晟持节拜其弟处罗侯为莫何可汗。"处罗侯之为莫何可汗，是摄图死后隋朝所拜，也不能以处罗侯来证明东面突厥最尊。东面可汗居储君之位，证据不足。

又，记载庵罗为"第三可汗"者，仅《北史》一家。《隋书》、《通典》、《太平寰宇记》等都作"第二可汗"。"二"、"三"形近，极易讹误。《北史》之"突厥传"杂钞周、隋诸书而成，在无其他证据的情况下，当以《隋书》为准。而且庵罗以大汗之位让与摄图，摄图以其为"第二可汗"，较之"第三可汗"更合情理。要之，不可以《北史》一家之言，否定诸书记载。

最后，以室点密系西突厥为第四可汗，也与事实不合。室点密平西域，灭哌哒，与土门一起，被突厥人自己尊为始祖（见前引《阙特勤碑》)，不可谓西突厥地位最低。所谓"兵强位下"者，出自长孙晟之口。这段话对于说明西突厥与东突厥小可汗间的关系很重要，迻录于下：

臣于周末，忝充外使，匈奴倚伏，实所具知。玷厥之于摄图，兵强而位下，外名相属，内隙已彰，鼓动其情，必将自战。[1]

玷厥即西突厥达头可汗，摄图即突厥汗国大可汗沙钵略。显然“兵强位下”，指西突厥部与突厥汗国大可汗的关系而言，而不是指西突厥与东突厥小可汗的关系。“兵强位下”正好说明西突厥虽然名义上臣属大可汗，但其实力已超过居大可汗之位的东突厥，更远非东突厥小可汗可比。

第二，我们认为，不但突厥汗国不存在四可汗之间严格的班序关系，也不存在四部分国制。“四部说”不能反映东、西突厥之间，西突厥与东突厥小可汗之间的关系。

“四部说”，最主要的依据是弥南（Menander）《希腊史残卷》。据载，567年，康居人曼尼阿克（Maniach）作为突厥可汗室点密的使臣出使东罗马，呈递粟特（Scythe）字国书，其书云：“突厥分为四部，然全国大权皆属室点密（Dizaboul）一人。”[2]一般认为“四部”指突厥汗国而言。按，西突厥是突厥汗国的封国，名义上臣属于大可汗，如果以此四部指突厥汗国，则“全国大权皆属室点密一人”，显与事实不合。室点密“自为可汗，世统其众”，而且独立遣使外国，对外称“国”，自无不可。这里，使臣为室点密所遣，叙述的也是室点密之事，所以，“分为四部”，应指西突厥而言，其中详细划分，史籍阙载，已不可知。

---

[1]《隋书》卷五一《长孙晟传》，1330页。

[2] 沙畹《西突厥史料》，210页。

我们认为，突厥汗国分为东、西两部，西突厥虽然“外名相属”，但实际上处于独立地位，故两《唐书》“西突厥传”称西突厥“自为可汗，号十姓部落，世统其众”。《希腊史残卷》称“全国大权皆属室点密一人”。汉文史料中甚至称室点密为天子，《续高僧传》卷一二《道判传》：“（道判）以周保定二年（562）达于京邑，……经逾两载，上表乞循先志，又蒙开许，敕给国书，并资行调，……便至高昌国，是小蕃附庸突厥。又请国书，至西面可汗所（此云天子治所也——自注）。”“天子治所”，虽不无夸张之嫌，但足以证明西突厥实际上的独立地位。

在东、西两部之下，东突厥自木杆可汗起又分封了若干小可汗。东突厥之小可汗是根据具体情况而设，因时因地而异，并无定制。仅就汉文记载所及，木杆、佗钵时期各有二小可汗，到沙钵略时则变为四。而且汉文也没有记载全部东突厥之小可汗。《通典》卷一九七《突厥》上云：有时置附邻可汗（附邻，狼名也，取其贪杀为称——杜佑自注），亦有可汗位在叶护下者，或有居家大姓相呼为遗可汗者，突厥呼屋为遗，言屋可汗也。可见所谓小可汗也各不相同。“附邻可汗”、“遗可汗”、“屋可汗”，均不见别处记载，汉文传统文献中的小可汗阙略必多，如以现存记载中的小可汗证明突厥实行“×面可汗制”，恐怕很难得出比较科学的结论。

试将西突厥与突厥汗国以及东突厥小可汗的关系图示如下：

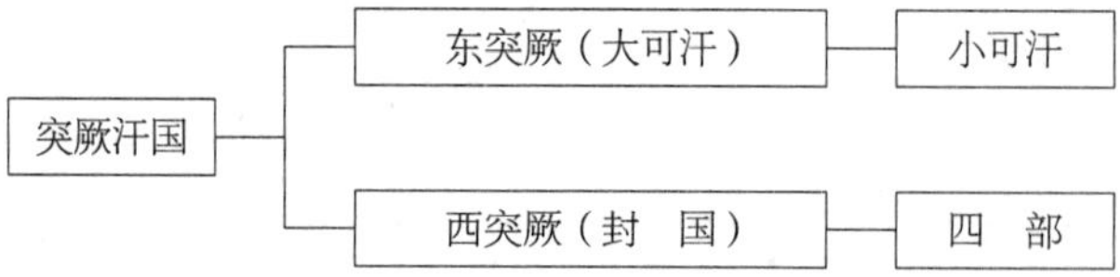

三、西突厥联盟的形成以及达头可汗争夺突厥汗国大可汗的斗争

1. 阿波系突厥的由来

土门可汗死后，突厥汗国大可汗由土门诸子乙息记、木杆、佗钵可汗先后继承，历时近30年（553—581）。这时大可汗实际统治的只有东突厥部，但在名义上仍然是东、西突厥的共主。自581年沙钵略继位起，突厥汗国内外形势都发生了很大变化。

突厥继承制度，初期为父子世袭，从木杆可汗开始，转为兄终弟及制。佗钵可汗去世后，四可汗子凭借各自实力，争夺汗位。以汗位继承权问题为导火索，导致了突厥汗国各种矛盾的激化。佗钵临终，嘱其子庵罗将汗位让与阿波可汗，但因摄图极力反对，阿波未能继承汗位，庵罗嗣立为大可汗。庵罗因惧怕阿波可汗的威胁，后又将汗位让与摄图，摄图立，号沙钵略可汗。沙钵略虽然在汗位争夺中取得了胜利，但他已无力控制各部，《隋书》卷八四《突厥传》载隋文帝诏云："且彼渠帅，其数凡五，昆季争长，父叔相猜，外示弥缝，内乖心腹。"在东突厥诸可汗争权夺利的同时，西突厥部达头可汗也借机觊觎大可汗位置，前引《隋书》卷五一《长孙晟传》："玷厥之于摄图，兵强而位下，外名相属，内隙已彰，鼓动其情，必将自战。"突厥汗国内部的分裂形势已经形成。

突厥汗国与其所属各部的矛盾也进一步激化。前引诏书又说：

> 东夷诸国，尽挟私仇，西戎群长，皆有宿怨。突厥之北，契丹之徒，切齿磨牙，常伺其便。达头前攻酒泉，其后于阗、

> 波斯、挹怛三国一时即叛。沙钵略近趣周槃，其部内薄孤、束纥罗寻亦翻动。往年利稽察大为高丽、靺鞨所破，娑毗设又为纥支可汗所杀。与其为邻，皆愿诛剿。部落之下，尽异纯民，千种万类，仇敌怨偶，泣血拊心，衔悲积恨。

沙钵略即位之始，就陷入了内外矛盾交困之中。

与此同时，中原与突厥之间的形势也发生了很大变化。南北朝时期，南北划江而治，北方周、齐二国为了削弱对方，都竭力拉拢突厥，以为己援，周齐政治上的分裂，为突厥的强盛提供了非常有利的外部环境。581年杨坚建隋，一反南北朝时期一意奉迎突厥的政策，一方面“修保障，峻长城”，加强防卫，同时又“远交而近攻，离强而合弱”，积极展开攻势，对突厥构成了极大的威胁。

开皇二年，沙钵略率领其弟及潘那可汗，联合西突厥达头可汗，总共四十万众，入侵隋朝[1]。西至临洮，东至幽州，隋军全线失败。沙钵略虽然取得了胜利，但因达头不从，引兵先归，而且自己后方不稳，最后无功而还。

开皇三年，隋军以卫王杨爽为统帅，分兵八道，全线反击，凉州一路由窦荣定统帅，长孙晟利用阿波可汗与沙钵略的矛盾，说和阿波，阿波“请盟而去”[2]，阴寿、杨弘等将帅也大破突厥，中路卫王爽与沙钵略接战，

---

[1]《隋书》卷八四《突厥传》云：“控弦之士四十万”（1866页），《隋书》卷五三《达奚长儒传》云“十余万”（1950页），《隋书》卷五一《长孙晟传》云“摄图四十万骑自兰州入，……玷厥不从，引兵而去”（1331页）。或十余万仅指东突厥，四十万则是合东、西突厥兵力而言。

[2]《隋书》卷三九《窦荣定传》，1151页。

> 大破之，虏获千余人，驱马牛羊巨万，沙钵略可汗中重创而遁。[1]

沙钵略兵败，与阿波矛盾进一步激化，转而击败阿波，《隋书》卷八四《突厥传》:“既而沙钵略以阿波骁悍，忌之，因其先归，袭击其部，大破之，杀阿波之母。阿波还无所归，西奔达头可汗。”突厥汗国大小可汗之间的矛盾由相互猜忌，上升为兵戎相见。自583年阿波可汗西奔室点密系达头可汗起，东突厥分裂为沙钵略与阿波二系，西突厥达头可汗乘机介入东突厥内部矛盾，突厥汗国爆发了全国内乱。

2. 以达头为首的西突厥联盟与沙钵略的斗争

阿波可汗西奔达头之后，达头遣阿波率兵东归，攻打沙钵略，阿波旧部纷纷归附。东突厥贪汗可汗、地勤察也分别叛归达头与阿波[2]。这样东突厥内部的战乱，扩大为东、西突厥之间的战争。达头一方除了西突厥本部外，还有阿波、贪汗、地勤察等东突厥分裂势力，形成了反对突厥汗国大可汗沙钵略的联盟。阿波可汗由于得到达头帮助，很快就击败了沙钵略。《隋书》卷五一《长孙晟传》:“(阿波)乞师十余万，东击摄图，复得故地，收散卒数万，与摄图相攻，阿波频胜，其势益张。”

沙钵略在西突厥联盟的打击下，明显改变了对隋朝的态度。开皇四年，“摄图又遣使朝贡，公主自请改姓，乞为帝女，上许之”[3]。应沙钵略的请求，隋文帝派徐平和出使，封沙钵略妻，周宇文氏女

---

[1]《隋书》卷四四《杨爽传》，1224页。

[2]《隋书》卷八四《突厥传》，1868页。

[3] 事见《隋书》卷五一《长孙晟传》，1332页。《通鉴》卷一七六（5475—5476页）系于长城公至德二年（584）。

千金公主为大义公主[1]。沙钵略再次遣使，上书称臣，《隋书》卷八四《突厥传》载沙钵略致隋文帝书云："皇帝是妇父，即是翁，此是女夫，即是儿例。两境虽殊，情义是一。今重叠亲旧，子子孙孙，乃至万世不断，上天为证，终不违负。此国所有羊马，都是皇帝畜生，彼有缯彩，都是此物，彼此何有异也！"

沙钵略态度突然转变，与受到西突厥联盟的打击，想要得到隋朝的帮助，有直接关系。

隋朝虽然明显改善了与沙钵略的关系，但隋文帝一方面保护沙钵略，不致被消灭，另一方面又无意插手突厥内部矛盾。《隋书》卷八四《突厥传》载，阿波与沙钵略"连兵不已，各遣使诣阙，请和求援，上皆不许"。同传又载，徐平和出使时，晋王广请乘突厥内乱，攻打沙钵略，也被隋文帝拒绝。在与沙钵略保持友好关系的同时，隋文帝在开皇五年五月，"遣上大将军元契使于突厥阿波可汗"[2]。很明显，隋文帝这时采取了中立观望政策。

到开皇五年七月，沙钵略力不能支，退居白道川。《隋书》卷八四《突厥传》："沙钵略既为达头所困，又东畏契丹，遣使告急，请将部落度漠南，寄居白道川内，有诏许之"。

可见沙钵略此时已退居白道川。据《冀州图》：

> 云中周回六十里，北去阴山八十里，南去通漠长城百里，

[1]《隋书》卷五一《长孙晟传》系改封公主事于虞庆则名下，称"遣晟副虞庆则使于摄图，赐公主姓为杨氏，改封大义公主"。但据《隋书》卷八四《突厥传》，使臣为徐平和（《通鉴》卷一七六同）。沙钵略致隋文帝书云："使人开府徐平和至，辱告言语，具闻也。皇帝是妇父，即是翁，此是女夫，即是儿例。"高祖接沙钵略书后，始"特别遣大臣虞庆则往彼看女，复看沙钵略也"。显然公主赐姓改封在前，虞庆则出使在后，改封公主使者为徐平和，《长孙晟传》误。

[2]《隋书》卷一《高祖纪》，22页。

即白道川也。南北远处三百里，近处百里，东西五百里，至良沃沙土而黑，省功多获，每至七月乃热。白道川当原阳镇北，欲至山上，当路有千余步地，土白如石灰色，遥去百里即见之，即是阴山路也。[1]

白道川大体位置在今呼和浩特市北，大青山南。足证沙钵略节节溃退，漠北之地已为达头西突厥联盟控制。突厥两派力量对比的变化，促使隋朝改变了中立政策，遵循“离强而合弱”的方针，隋文帝转而支持沙钵略，合击阿波。《通鉴》卷一七六叙此事较详，开皇五年七月，沙钵略告急，“隋主许之，命晋王广以兵援之，给以衣食，赐之车服鼓吹。沙钵略因西击阿波，破之[2]。而阿拔国乘虚掠其妻子；官军为击阿拔，败之，所获悉与沙钵略。”

隋朝的介入，使达头一方转胜为败。开皇七年，沙钵略卒，同年，沙钵略的继承人莫何可汗乘胜生擒阿波。《隋书》卷五一《长孙晟传》：

七年，摄图死，遣晟持节拜其弟处罗侯为莫何可汗，以其子雍闾为叶护可汗。处罗侯因晟奏曰：“阿波为天所灭，与五六千骑在山谷间，伏听诏旨，当取之以献。”乃诏文武议焉。乐安公元谐曰：“请就彼枭首，以惩其恶。”武阳公李充曰：“请生

[1] 据《太平寰宇记》卷四九《河东道》，1035页引。

[2]《隋书》卷八四《突厥传》作“破擒之。”（1869页）《通鉴》卷一七六陈后主祯明元年（587）《考异》云：“《隋·突厥传》前云‘沙钵略西击阿波，破擒之’，后又云‘处罗侯生擒阿波’。《长孙晟传》曰：处罗侯因晟奏曰：‘阿波为天所灭，与五六千骑在山谷间伏听诏旨，当取之以献。’按前云‘沙钵略破擒之’，‘擒’字衍耳，处罗侯云‘当取以献’，则是得否未可必，隋安得豫议其死生乎！今从《突厥传》后。”岑仲勉先生认为应两说并存（《突厥集史》，509页）。此从《通鉴》。

> 将入朝，显戮以示百姓。”上谓晟曰：“于卿何如？”晟对曰：“若突厥背诞，须齐之以刑，今其昆弟自相夷灭，阿波之恶，非负国家。因其困穷，取而为戳，恐非招远之道。不如两存之。”上曰：“善。”

阿波为天所灭，与五六千骑在山谷间伏听诏旨，当与开皇五年败于沙钵略有关。这里只言及处罗侯请取阿波以献，隋朝不置可否，采取了两存之的暧昧态度，不言处罗侯进兵与否，胜负如何。《隋书》卷八四《突厥传》则云：

> （处罗侯）以隋所赐旗鼓西征阿波。敌人以为得隋兵所助，多来降附，遂生擒阿波。既而上书请阿波死生之命。上下其议。左仆射高颎进曰：“骨肉相残，教之蠹也。存养以示宽大。”上曰：“善。”

据此，确知阿波可汗在开皇七年被处罗侯擒获。开皇八年，处罗侯乘胜再次西征，中流矢而卒。随着阿波遭擒和处罗侯战死，达头势力退出漠北，东突厥也无力西征，东西突厥集团处于相持状态。

论者或以为，阿波可汗此时侵吞了室点密系达头可汗的部众与领地，建立了西突厥汗国[1]。这种观点主要根据为《隋书》记载达头于开皇四年二月来降，据此推测，阿波击败沙钵略后不久，与达头发生冲突，压迫达头并占领其地，迫使达头降隋。

[1] 松田寿男、王譞均持此说。见王譞《阿波可汗是西突厥汗国的创始者》引松田寿男文。

按，达头降隋记载，见于《隋书》卷一《高祖纪》:“(开皇四年二月) 庚戌，幸陇州。突厥可汗阿史那玷 (厥) 率其属来降。”[1]司马光没有采纳《隋纪》,《通鉴》卷一七六记为 :“突厥达头可汗请降于隋。”《考异》曰 :“《隋·帝纪》云 :‘突厥阿史那玷厥帅其属来降。’按时玷厥方强，盖文降耳。”《隋纪》这条记载，无任何旁证，司马光的怀疑是有道理的。

段连勤从时间上证明阿波不可能在开皇四年二月败达头，使其降隋。段说认为，583年五月，阿波在河西凉州高越原与窦荣定对阵，六月，经长孙晟劝说，“因留塞上，使人随晟入朝”。六至七月，沙钵略掩袭阿波，八至九月，阿波败奔达头，乞师十余万，东击沙钵略。584年二月，“阿史那玷厥率其属来降”。从阿波只身西逃达头，乞师东击沙钵略，到达头降隋，其间只有四个月，阿波不可能在四个月内先东败沙钵略，收复故地，又转而西并达头，迫使达头降隋[2]。段说是。

又，开皇四年、五年间，与沙钵略直接交战的是阿波可汗，但《隋书》卷八四《突厥传》记载，开皇五年“沙钵略既为达头所困”，请居漠南，沙钵略得隋助之后，“因西击阿波可汗”。《隋书》的记载说明两点 : 第一，沙钵略实际受困于阿波，但因阿波属达头联盟，故《隋书》记为困于达头。证明至开皇五年达头与阿波联盟并未破裂。第二，如果达头在开皇四年已败于阿波，则他不可能在开皇五年败沙钵略，逼其迁居漠南。

[1] “阿史那玷”,《通鉴》卷一七六陈长城公至德二年《考异》引《隋书》作“阿史那玷厥”(《北史》卷一一《文帝纪》同)。点校本《隋书》脱“厥”字,“校勘记”失校。

[2] 段连勤《关于西突厥与西突厥汗国早期历史的几个问题》，载《新疆社会科学》1984年第3期。

此时达头联盟与沙钵略连兵不已，为了求得隋朝援助，至少避免与隋朝为敌，达头遣使请降，事或有之，但以此说达头兵败降隋，则与事实相悖。《隋书》卷八四《突厥传》云：

> 达头者，名玷厥，沙钵略之从父也，旧为西面可汗。既而大怒，遣阿波率兵而东，其部落归之者将十万骑，遂与沙钵略相攻。又有贪汗可汗，素睦于阿波，沙钵略夺其众而废之，贪汗亡奔达头。沙钵略从弟地勤察别统部落，与沙钵略有隙，复以众叛归阿波。连兵不已，各遣使诣阙，请和求援，上皆不许。

联系上下文，“遣使诣阙，请和求援”，正在开皇四年。疑《隋书》“突厥传”所记与此为同一事件。总之，阿波可汗此时没有也不可能建立“西突厥汗国”。如前所述，阿波系突厥政权与西突厥汗国虽然都称为“西突厥”，但却是两个不同的政权。“阿波说”延续了《通典》、两《唐书》的错误，合二为一，将阿波政权与西突厥汗国等同了起来。

3. 达头再次进军漠北及其溃败

开皇八年处罗侯死后，东突厥都蓝可汗继任突厥汗国大可汗。东突厥与以达头为首的西突厥联盟之间处于胶着状态。《隋书》卷四六《长孙平传》：

> 突厥达头可汗与都蓝可汗相攻，各遣使请援。上使平持节宣谕，令其和解，赐缣三百匹，良马一匹而遣之。平至突厥所，为陈利害，遂各解兵。

据岑仲勉先生考证，事在开皇十四年[1]。这是开皇八年以后见于记载的第一次战争，经过隋朝使节的调节，双方各自罢兵。

开皇十七年以后，隋朝利用都蓝可汗与沙钵略之子突利可汗之间的矛盾，故意厚礼突利，离间东突厥，突厥内部矛盾又一次激化。《隋书》卷八四《突厥传》：

> 十七年，突利遣使来逆女，上舍之太常，教习六礼，妻以宗女安义公主。上欲离间北夷，故特厚其礼，遣牛弘、苏威、斛律孝卿相继为使，突厥前后遣使入朝三百七十辈。突利本居北方，以尚主之故，南徙度斤旧镇，锡赉优厚，雍虞闾怒曰："我，大可汗也，反不如染干！"于是朝贡遂绝，数为边患。

雍虞闾即都蓝，染干即突利。突利受到隋朝支持，都蓝为了保持大可汗位置，向达头求援，达头借机再次东进，问鼎漠北。《隋书》卷五三《达奚长儒传》：

> 高祖遣凉州总管独孤罗、原州总管元褒、灵州总管贺若谊等发卒备胡，皆受长儒节度。长儒率众出祁连山北，西至蒲类海，无虏而还。

事在开皇十七年[2]。上文虽未明言所备对象，但从"出祁连山北"、"西至蒲类海"看，很可能是邀击达头联盟的军队。《隋书》卷四八《杨素传》亦云：

[1]《突厥集史》卷二《编年》，68—69页。
[2]《突厥集史》卷二《编年》，69—70页。

> 十八年，突厥达头可汗犯塞，以素为灵州道行军总管，出塞讨之，赐物二千段，黄金百斤。……（达头）率精骑十余万而至。素奋击，大破之，达头被重创而遁，杀伤不可胜计，群虏号哭而去。

开皇十七年达奚长儒西至蒲类海备胡，十八年达头进犯灵州，从时间、地点及所叙对象看，十七年隋军所备者，应为达头可汗。“阿波说”推测，达头自开皇三年以后，没有离开过漠北，并以此作为达头旧地尽失的证据，似误。

达头与都蓝联盟击败突利可汗，尽杀其兄弟子侄，染干逃入蔚州。虽然达头一方取胜，但突利被隋朝册拜为意利珍豆启民可汗，得到隋朝的全力支持。由于隋朝的介入，战争由突厥内战扩大为隋与突厥的战争，由开皇十八年一直延续到仁寿二年（602）。试用图表概括如下：

<table>
<tr><th rowspan="2">年代</th><th colspan="2">隋军将帅</th><th rowspan="2">地点</th><th rowspan="2">战况</th><th rowspan="2">材料来源</th></tr>
<tr><th>主帅</th><th>诸道将领</th></tr>
<tr><td>开皇十八年</td><td>蜀王秀</td><td>杨素
李安</td><td>灵州道
长川</td><td>大破达头
破突厥</td><td>《突厥传》、48《杨素传》
50《李安传》</td></tr>
<tr><td>开皇十九年</td><td>汉王谅</td><td>高颎
杨素
燕荣
段文振
史万岁
杨义臣</td><td>朔州道
灵州
幽州
沃野
马邑道
白道</td><td>破达头

破突厥
破达头
大破达头</td><td>《突厥传》、74《赵仲卿传》
《突厥传》
《突厥传》
60《段文振传》
《本记》、53《史万岁传》
63《杨义臣传》</td></tr>
<tr><td>开皇二十年</td><td>晋王广</td><td>杨素
韩僧寿
史万岁
姚辩
史祥</td><td>灵州
庆州
定襄道
河州
灵武</td><td>

破达头

破突厥</td><td>《突厥传》
《突厥传》
67《裴矩传》、65《李景传》
《突厥传》
63《史祥传》</td></tr>
</table>

（续表）

年代	隋军将帅		地点	战况	材料来源
	主帅	诸道将领			
仁寿元年	杨素	韩洪	恒安 云州	洪大败 连破突厥	52《韩洪传》 48《杨素传》、37《李浑传》

（材料来源限于《隋书》）

开皇二十年，都蓝可汗被其部下所杀，达头自立为步迦可汗，成为突厥汗国大可汗。达头夺取大可汗的目的虽已达到，但却引起了突厥诸部的反叛。《隋书》卷八四《突厥传》:“都蓝为其麾下所杀，达头自立为步迦可汗，其国大乱。”《隋书》卷五一《长孙晟传》:“二十年，都蓝大乱，为其部下所杀。晟因奏请曰:‘今王师临境，战数有功，贼内携离，其主被杀。乘此招诱，必并来降，请遣染干部下分头招慰。’上许之，果尽来附。”两传详略互见。达头国乱，染干分头招诱，“果竟来附”。很明显达头联盟内部开始崩溃。仁寿元年正月，达头大败韩洪于恒安，但到同年五月乙丑，又有“突厥男女九万口来降”[1]。都蓝旧部已尽叛达头。

仁寿二年，长孙晟又督促染干派遣使节，分别往北方铁勒诸部招降，到仁寿三年，“有铁勒思结、伏利具、浑、斛萨、阿拔、仆骨等十余部，尽背达头，请来降附。达头众大溃，西奔吐谷浑”[2]。

达头远离本土，深入漠北，从自立为大可汗后，都蓝旧部和铁勒是他依靠的主要力量，尤其铁勒，是突厥所凭借的重要军事力量，《隋书》卷八四《铁勒传》云:“自突厥有国，东西征讨，皆资其用。”

[1]《隋书》卷一《高祖纪》，46页。

[2]《隋书》卷五一《长孙晟传》，1335页。

都蓝旧部离贰于前，铁勒部众背叛于后，使达头彻底崩溃。这时达头归路已被铁勒所断，西奔吐谷浑，不详所终。

法人沙畹首先提出，达头可汗创建了西突厥汗国，并将东、西突厥的正式分裂定为582年，这一观点得到了学术界的普遍认可[1]。我们认为“达头说”也与事实不合。

首先，如果达头建立了“西突厥汗国”，那么《隋书》“西突厥传”何以不记载达头可汗，对此，达头说无法回答。而且，既然达头建立了西突厥汗国，他与阿波系突厥政权的关系究竟如何？对此，“达头说”也没有提出一种较为合理的解释。

其次，583年突厥内乱之前，达头“兵强而位下”，名义上臣属于突厥大可汗。内乱爆发之后，达头两次东进漠北，旨在争夺大可汗，并在漠北自立为步迦可汗，直到603年溃败，其间主要活动都在漠北。史载达头“旧为西面可汗”，显然是相对于达头自立为突厥汗国大可汗而言。达头没有也无意建立西突厥汗国。《隋书》“西突厥传”记载，583年阿波可汗与沙钵略有隙，因分为二。“达头说”与“阿波说”虽然差异很大，但实际上与“阿波说”一样，持“达头说”者也误信《通典》、两《唐书》，混淆了阿波政权与西突厥汗国的区别，将东突厥小可汗阿波与大可汗沙钵略分裂的时间，误定为东西突厥分裂的时间。

---

[1] 沙畹《西突厥史料》（193页）将东、西突厥分裂定为582年，在同书另一处（231页）又将分裂时间定在581年。巴托尔德也将东、西突厥分裂定为佗钵死后的581年（V. V. Barthold, *Four Studies on The History of Central Asia*, Translated from the Russian by V. and T. Minorsky, Volume I, Leiden, E. J. Brill, 1956）。马长寿认为，583年阿波、贪汗等东突厥小可汗投奔达头，形成了西突厥汗国（《突厥人和突厥汗国》，上海人民出版社，1957年），段连勤同。

四、西突厥汗国的建立

1. 泥利可汗不是西突厥汗国的创立者

泥利可汗是继阿波之后的阿波系可汗。《隋书》卷八四《西突厥传》:“大逻便为处罗侯所执，其国立鞅素特勤之子，是为泥利可汗。”由此知泥利任可汗在开皇七年。

仁寿三年，铁勒诸部大规模反叛，使达头西突厥联盟彻底崩溃。薛宗正先生认为，达头溃败后，阿波系泥利可汗建立了西突厥汗国。薛先生说：

> 达头亡奔吐谷浑，西部突厥陷入群龙无首的境地，泥利地据金山，与启民可汗所据漠北毗邻，率先与之约和分境，划疆而治，站稳脚跟之后，进而统兵西向，迫使达头之子咄六向其称臣，这样，原来作为突厥汗国一部分的西部突厥乃演变成为独立的西突厥汗国。

下面分两个方面谈谈我们的看法。

第一，铁勒诸部散处突厥之北，“自西海之东，依拒山谷，往往不绝”[1]。西海即里海，里海以东都有铁勒活动。染干遣使分头招降，铁勒反叛并不限于漠北。《隋书》卷八四《突厥传》:“是岁（仁寿三年），泥利可汗及叶护俱被铁勒所败，步迦寻亦大乱，奚、霫五部内附，步迦奔吐谷浑。”可见在达头可汗溃败之前，金山附近的泥利可汗已经先为铁勒所败，金山一带被铁勒占领，达头北方归路被铁勒所

---

[1]《隋书》卷八四《铁勒传》，1879页。

断，所以取道吐谷浑。既然泥利可汗先于达头而败，显然他已无力建立西突厥汗国。

第二，从时间上讲，泥利也没有可能建立西突厥汗国。泥利的继任者为其子泥撅处罗可汗。处罗继位确切时间失载，但我们可以推知大概。《隋书》卷八四《西突厥传》："当大业初，处罗可汗抚御无道，其国多叛，与铁勒屡相攻，大为铁勒所败。"《隋书》卷八四《铁勒传》系处罗可汗击铁勒事于大业元年。参照两传可知，大业元年处罗击铁勒，则最晚在仁寿四年（604），处罗已继泥利成为阿波系可汗。仁寿三年泥利败，四年处罗继位，显然泥利不可能东和启民，西击咄六，建立西突厥汗国。

最后，更为重要的是，薛说只是推测，并无史料根据。所以我们认为，泥利可汗是达头联盟的一员，不是西突厥汗国的创建者。

2. 阿波系处罗可汗的西迁

处罗可汗，又称泥撅处罗可汗，名达漫，泥利可汗之子。仁寿三年，泥利、达头相继败于铁勒，处罗继泥利成为阿波系可汗。《隋书》卷八四《铁勒传》：

> 大业元年，突厥处罗可汗击铁勒诸部，厚税敛其物，又猜忌薛延陀等，恐为变，遂集其魁帅数百人，尽诛之。由是一时反叛，拒处罗，遂立俟利发俟斤契弊歌楞为易勿真莫何可汗，居贪汗山。复立薛延陀内俟斤字也咥为小可汗。处罗可汗既败，莫何可汗始大。

由上可知，泥利败后，处罗一度又使铁勒臣服，但因征敛过重，再加上诛杀薛延陀首领，导致了铁勒诸部更大规模的反抗，进而脱离处罗可汗自立。贪汗山原为东突厥小可汗贪汗可汗所居。《隋书》卷八三《高昌传》:“(高昌都城)北有赤石山，山北七十里有贪汗山，夏有积雪，此山之北，铁勒界也。”贪汗山即今天山东部博格达山脉。薛延陀部在阿尔泰山西南。阿尔泰山以南，博格达山以北，今新疆北疆东部大部已被铁勒占领。

与此同时，今新疆南疆东部与铁勒相邻的西域诸国也向铁勒臣服。《铁勒传》又云:“莫何勇毅绝伦，甚得众心，为邻国所惮，伊吾、高昌、焉耆诸国悉附之。”直到大业七年处罗入隋，新疆东部一直在铁勒控制之下。大业八年冬，高昌王麴伯雅归蕃，下令国中“解辫削衽”，但因为惧怕铁勒，没能实行,《隋书》卷八三《高昌传》:“然伯雅先臣铁勒，而铁勒恒遣重臣在高昌国，有商胡往来者，则税之送于铁勒。虽有此令取悦中华，然竟畏铁勒不敢改也。”至迟在大业八年，高昌还在铁勒控制之下。

阿波系突厥“东拒都斤，西越金山”，铁勒独立后，占据了阿波系突厥大部分领地。处罗兵败，被迫向西移动。《隋书》卷八四《西突厥传》:“处罗可汗居无恒处，然多在乌孙故地。复立二小可汗，分统所部。一在石国北，以制诸胡国，一在龟兹北，其地名应娑。”这里反映的地域，已与阿波可汗时有了明显区别。石国在今乌兹别克斯坦共和国首都塔什干，“应娑”即“鹰娑”，即今新疆库车北裕勒都斯河谷。西迁后处罗可汗的居地，大致在裕勒都斯河与楚河之间。突厥诸部“虽移徙无常，而各有地分”[1]。所谓“居无恒处”，正反映了处罗西迁的情况。

---

[1]《周书》卷五〇《突厥传》，910页。

处罗西迁后，建立了一个强大的突厥政权。大业四年，隋朝欲击吐谷浑，炀帝遣崔君肃出使处罗[1]，劝处罗与隋夹击吐谷浑。崔君肃对处罗说："突厥本一国也，中分为二，自相仇敌。每岁交兵，积数十年而莫能相灭者，明知启民与处罗国其势敌耳。"[2]可见此时处罗政权已与东突厥启民可汗不相上下，也正因此，《隋书》专为阿波系突厥列传。

研究西突厥者虽然在创始可汗问题上有很大分歧，但都认定处罗可汗是"西突厥汗国"可汗。我们认为，达头联盟崩溃之后，处罗可汗确实在室点密系西突厥领地上建立了一个强大的汗国，但这与后世的"西突厥汗国"有明显的区别。大业六年，处罗可汗兵败降隋，余众随其入隋，阿波系突厥的"汗国"也随之消亡，此后以室点密系射匮可汗为首，形成了完全独立于东突厥的"西突厥汗国"，如果以处罗为"西突厥汗国"可汗，那么《隋书》"西突厥传"不传射匮与叶护二可汗就无法解释。论者之所以将处罗列入"西突厥汗国"可汗之列，根本原因就在于混淆了阿波系突厥政权与"西突厥汗国"的区别。

3. 射匮可汗是西突厥汗国的创立者

达头可汗败于漠北，对室点密系突厥产生了很大影响。仁寿三年之后的室点密系可汗史籍阙载[3]，大业初年，达头之孙射匮已成为室点密系可汗。大业元年至四年之间，阿波系处罗可汗在铁勒的打击下西迁，占据了室点密系大片封地，在处罗的压迫下，射匮可汗也向西南迁移。射匮西迁虽然史无明确记载，但也有迹可寻。

---

[1] "崔君肃",《隋书》卷二《炀帝纪》（71页）作"崔毅"。

[2]《隋书》卷八四《西突厥传》，1877页。

[3] 射匮之父都六（咄六）是否为可汗，史无明文。一般都将都六列为可汗。如是，则应在仁寿三年至大业初年。

《隋书》卷八三《石国传》:“石国，居于药杀水，……其俗善战，曾贰于突厥，射匮可汗兴兵灭之，令特勤甸职摄其国事，……甸职以大业五年遣使朝贡，其后不复至。”甸职为射匮所立，只有射匮先灭石国，才会有甸职入朝事，射匮灭石国当在大业五年之前。《新唐书》卷二一五下《石国传》:“隋大业初，西突厥杀其王，以特勒匐职统其国。”此处所记，与《隋书》为同一事件，“甸”“匐”形近，未知孰是。《新唐书》系此事于大业初，近是。

药杀水即锡尔河，随着处罗西迁，大业初年射匮可汗已退至锡尔河一带。《隋书》云处罗立二小可汗，一在石国北，以制诸胡国，这里诸胡国很可能不是单纯指昭武九姓诸国，而是包括了室点密系突厥。据《隋书》卷八四《西突厥传》，射匮可汗臣服了处罗，“射匮者，都六之子，达头之孙，世为可汗，君临西面，今闻其失职，附隶于处罗，故遣使来，以结援耳。愿厚礼其使，拜为大可汗，则突厥势分，两从我矣”。

虽然射匮失职，附隶于处罗，但他又遣使隋朝，谋结援打击处罗，可见这种臣服只是权宜之计。射匮遣使结援在大业六年。

射匮得到隋朝认可，于大业六年击败处罗可汗。据《隋书》卷八四《西突厥传》，处罗大败，弃妻子，率数千骑东逃，途中又被劫掠，最后逃于高昌东，保时罗漫山，在射匮的打击下，被迫投降隋朝。

时罗漫山，《旧唐书》卷四〇《地理志》、《新唐书》卷四〇《地理志》作“折罗漫山”,《括地志》作“初罗漫山”。《史记》卷一〇九《李将军列传》“正义”引《括地志》云:“天山一名白山，今名初罗漫山，在伊吾县北百二十里。”据《金石萃编》卷四五《姜行本碑》，贞观十四年（640）侯君集平定高昌途中，曾驻军于此，其文云:“以贞观十四年五月十日师次时罗漫山北。”处罗在被射匮击败后，逃到了伊吾之北。

据上引《隋书》卷八三《高昌传》，大业八年，高昌诸地尚臣服于铁勒，处罗东奔伊吾，并不能证明射匮占领了今新疆东部。处罗与铁勒交恶，新疆东部大部分地区在铁勒控制之下，故处罗失败后，越过铁勒，直奔伊吾。“在路又被劫掠”，可能指处罗奔逃途中受到铁勒袭击。

大业六年击败处罗之后，射匮可汗继续向东发展，征服铁勒，恢复了室点密系突厥的传统封地。此时东突厥在历时几十年的战乱之后，已无力保持大可汗的名义，东、西突厥正式分立，射匮继承祖业，建立了西突厥汗国。

《旧唐书》卷一九四下《西突厥传》：“射匮可汗者，达头可汗之孙也。既立后，始开土宇，东至金山，西至海，自玉门已西诸国皆役属之。遂与北突厥为敌，乃建庭于龟兹北三弥山。”明言射匮疆域东至阿尔泰山，西至里海，控制了玉门已西诸国。但这里没有具体记载射匮征服铁勒事。《旧唐书》卷一九九下《铁勒传》：“西突厥射匮可汗强盛，延陀、契苾二部并去可汗之号以臣之。”随着射匮可汗的东进，铁勒部薛延陀、契苾都去可汗号，臣服了射匮。射匮征服铁勒的具体时间失载，只能根据相关记载做一些推测。《隋书》卷六七《裴矩传》：“（大业）十一年，帝北巡狩，始毕率骑数十万，围帝于雁门。诏令矩与虞世基每宿朝堂，以待顾问。及围解，从至东都。属射匮可汗遣其犹子，率西蕃诸胡朝贡，诏矩宴接之。”据《隋书》卷八三《高昌传》，大业八年高昌诸国尚臣于铁勒，而到了大业十一年射匮之子率西蕃诸胡朝贡，则射匮征服铁勒的具体时间，应该在大业八年至十一年之间。

结论

1. 室点密系西突厥不等于东突厥之西方小可汗。

2.《隋书》卷八四《西突厥传》专传阿波系突厥，阿波系政权与西突厥汗国是两个不同的政权。

3. 达头可汗时期，突厥汗国战乱不已。达头旨在夺取大可汗，没有建立西突厥汗国。

4. 西突厥汗国是室点密系射匮可汗驱逐了东突厥阿波系处罗可汗之后建立的突厥政权。

（载《西北民族研究》1988年第1期。）

贰

阿史那弥射考

唐初西突厥将领阿史那弥射，是唐代西域史上的一位重要人物。贞观十三年（639），阿史那弥射降唐；十九年，随唐太宗征高丽；显庆二年（657），以右卫大将军任流沙安抚大使，随苏定方参加了平定阿史那贺鲁的战争，因功被封为左卫大将军、昆陵都护、兴昔亡可汗，管辖西突厥五咄陆诸部，在唐朝统治西域的过程中起了积极作用。弄清阿史那弥射的生平，对研究西突厥史和唐代西域史都不无裨益。薛宗正先生《阿史那弥射生平析疑》一文[1]，读后很受启发，兹就阿史那弥射生平有关问题提出一些不同看法，敬祈指正。

一、刘善因并未册立阿史那弥射

贞观年间，唐鸿胪少卿刘善因曾充使西突厥，册立可汗。据两《唐书》记载，刘善因册立的可汗分别是泥孰与阿史那弥射。

《旧唐书》卷一九四下《西突厥传》：

> 咄陆可汗泥孰者，亦称大渡可汗。父莫贺设，本隶统叶护。武德中（618—626），尝至京师。时太宗居藩，务加怀辑，与之

[1] 见《民族研究》1985年第1期。以下所引薛说，俱出此文，不另注。

> 结盟为兄弟。既被推为可汗，遣使诣阙请降，太宗遣使赐以名号及鼓纛。贞观七年，遣鸿胪少卿刘善因至其国，册授为吞阿娄拔奚利邲咄陆可汗。[1]

《新唐书》卷二一五《突厥传》:

> （泥孰）或曰伽那设。既立，遣使诣阙，不敢当可汗号。帝诏鸿胪少卿刘善因持节册号吞阿娄拔利邲咄陆可汗，赐鼓纛，段彩巨万。泥孰遣使谢。

参照《通典》卷一九九《突厥》下可知，《新唐书》汗号脱“奚”字。《新唐书》记载中有两点为《旧唐书》所无。其一，泥孰或曰伽那设；其二，泥孰接受册封后曾遣使谢恩。《册府元龟》记载了泥孰遣使事，如卷九七〇《外臣部·朝贡》:“（贞观七年）五月吐谷浑、七月高昌、九月盘盘国、十月西突厥悉利苾咄陆可汗并遣使朝贡。”由此可见，刘善因于贞观七年册立泥孰，同年十月，泥孰遣使朝贡谢恩。受封者为泥孰，似可无疑。

但同书又载，册立者为阿史那弥射。《旧唐书》卷一九四下《西突厥传》:

> 阿史那弥射者，室点密可汗五代孙也。……弥射在本蕃为莫贺咄叶护。贞观六年，诏遣鸿胪少卿刘善因就蕃立为奚利邲咄陆可汗，赐以鼓纛、彩帛万段。[2]

---

[1] “泥孰”、“大渡可汗”、“吞阿娄拔奚利邲咄陆可汗”，《通典》卷一九九《突厥》下（中华书局，1996年，5456—5457页）分别作“泥熟”、“大度可汗”。

[2]《新唐书》卷二一五《突厥传》（6064页）同。

据此，阿史那弥射也被刘善因册立为奚利邲咄陆可汗。除了册立时间相差一年外，册立情节完全相同。

这里存在四种可能性：其一，阿史那弥射与泥孰都曾接受过刘善因册封；其二，受封者为弥射，称泥孰受封误；其三，受封者为泥孰，称弥射受封误；其四，阿史那弥射与泥孰实际是同一个人，两《唐书》因涉译写不同，误以一人两传。

在相关记载中，阿史那泥孰受封的可汗号有吞阿娄拔奚利邲咄陆可汗、奚利邲咄陆可汗、咄陆可汗三种不同记载，前者为全称，后两种为简称。而上引《突厥传》阿史那弥射的可汗号也是奚利邲咄陆可汗。唐使刘善因在两年内册立两位可汗，自无不可，但同时册立汗号相同的两位可汗，则于理不通，故第一种可能性可以排除。而且阿史那弥射与泥孰也不可能是同一个人（说详后），第四种可能性也可以忽略不计。只有第二、三两种可能性供我们选择，即阿史那弥射与阿史那泥孰，两人中只有一人是刘善因册封的西突厥可汗。

据新、旧《唐书》记载，阿史那泥孰受封在贞观七年，阿史那弥射在贞观六年。但《资治通鉴》却将泥孰受封的时间定为贞观六年七月丁酉。《通鉴》卷一九四贞观六年七月云：

> 肆叶护性猜狠信谗，有乙利可汗，功最多，肆叶护以非其族类，诛灭之，由是诸部皆不自保。肆叶护又忌莫贺设之子泥孰，阴欲图之，泥孰奔焉耆。设卑达官与弩失毕二部攻之，肆叶护轻骑奔康居，寻卒。国人迎泥孰于焉耆而立之，是为咄陆可汗，遣使内附。丁酉，遣鸿胪少卿刘善因立咄陆为奚利邲咄陆可汗。

按，贞观六年七月无丁酉，丁酉为八月二十六日，七月丁酉，疑为八月丁酉之脱误。《册府元龟》卷九六四《外臣部·封册》也记载了刘善因贞观六年八月册立西突厥可汗事，其文云："(贞观)六年八月，遣鸿胪少卿刘善因立四（西）突厥莫贺设为奚利邲咄陆可汗，赐以鼓纛，彩万段。"又，《册府元龟》卷九七四《外臣部·褒异》也记载："贞观六年八月，赐西突厥莫贺设鼓纛，彩万段。"这里只提及"莫贺设"，而不言其姓名，那么"莫贺设"究竟是谁呢？

《旧唐书》卷一九八《焉耆传》："西突厥莫贺设与咄陆、弩失毕不协，奔于焉耆，咄陆复来攻之。六年，遣使言状，并贡名马。"卷一九四下《西突厥传》："肆叶护素惮泥孰，而阴欲图之，泥孰遂适焉耆。其后设卑达干与突厥弩失毕二部豪帅潜谋击之，肆叶护以轻骑遁于康居，寻卒。国人迎泥孰于焉耆而立之，是为咄陆可汗。"前云奔焉耆者莫贺设，后称"泥孰遂适焉耆"，可知莫贺设即泥孰。阿史那泥孰父为莫贺设，父位子袭，《册府元龟》记载刘善因于贞观六年八月所册立之"莫贺设"，显然就是咄陆可汗泥孰。刘善因以贞观六年八月丁酉从长安出发，贞观七年抵西突厥。《通鉴》、《册府元龟》系册立事为贞观六年，是指刘善因出发时间而言，新、旧《唐书》称贞观七年册拜泥孰，则是刘善因到达西突厥的时间，两种说法并不矛盾。也就是说，唐朝册封的奚利邲咄陆可汗就是阿史那泥孰，而非阿史那弥射，贞观六年册封阿史那弥射的记载是错误的。

我们认为刘善因贞观六年册立的西突厥可汗不是阿史那弥射，还有如下几个理由。

其一，较之新、旧《唐书》成书更早的《通典》，明确记载了刘善因册立泥孰一事，但却没有册立阿史那弥射的记载。《通典》卷一九九《突厥》下：

> 阿史那弥射者，室點密可汗五代孙也。初，室點密从单于统领十大首领，有兵十万众，往平西域诸胡国，自立为可汗，号十姓部落，世统其众。弥射在本蕃为莫贺咄叶护，与族兄步真有隙，以贞观十三年率所部处月、处密等入朝，授右监门大将军。

《通典》此条记载除了没有提及阿史那弥射曾受刘善因册封外，其他内容与《旧唐书》卷一九四下《西突厥传》有关阿史那弥射的记载完全相同，显然出自相同的史料来源。《通典》没有弥射接受册封的内容，益可证实阿史那弥射受封奚利邲咄陆可汗，应属误记。岑仲勉《西突厥史料补阙及考证》说，

> （《通典》）并无贞观六年册立之事。由此可假定旧《弥射传》误复前文；否则杜氏亦早知此节有误，故从删去。至《新传》史料，除别有增加者外，余率因仍旧《传》。新、旧《传》之相同，不过多一重沿讹之表示，未足以证《旧传》之信值也。

岑说甚是。

另外，《册府元龟》卷九六七《外臣部·继袭》详述了西突厥史事，其中贞观初年的西突厥可汗，有咄陆可汗泥孰，无阿史那弥射。上引《册府元龟》卷九六四《外臣部·封册》也只有贞观六年八月刘善因册立泥孰（莫贺设）为奚利邲咄陆可汗的记载，而无片言只字提及弥射。《册府元龟》即使有脱漏，也不至于两处恰好都漏记了阿史那弥射。所以我们认为应以《通典》、《册府元龟》为准，新、旧《唐书》称阿史那弥射受封，误。

其二，《新唐书》卷二一五下《西突厥传》：

> 族兄步真谋杀弥射，欲自立，弥射不能国，即举所部处月、处蜜等入朝，拜右监门卫大将军。而步真遂自为咄陆叶护，众不厌，去之，亦与族人来朝，拜左屯卫大将军。

诚如钱大昕所说，弥射与其族兄步真争立失败，率众入朝，步真取弥射而代之。如果弥射在贞观六年就已被唐朝册立为可汗的话，那么取代了弥射的步真也应是可汗，但诸书明确记载，步真自立为咄陆叶护[1]。这从另一个角度证明，阿史那弥射实际上并没有受唐朝册封。

其三，除了《旧唐书》本传外，没有别的记载证明阿史那弥射曾为西突厥可汗。《新唐书》本传只是延续了《旧唐书》的记载，阿史那弥射受封只有孤证。

我们推测，很可能是因为史称刘善因所册立之可汗为"莫贺设"，不称泥孰（见前引《册府元龟》卷九六四），而弥射在本蕃为"莫贺咄"；泥孰为咄陆可汗，而步真则继弥射为咄陆叶护，"莫贺设"与"莫贺咄"，"咄陆可汗"与"咄陆叶护"都极易混淆，《旧唐书》在记载阿史那弥射传的事迹时，遂误将"莫贺设"（即泥孰）受封奚利邲咄陆可汗的事，误植在了"莫贺咄"（即弥射）名下，《新唐书》则以讹传讹，不足为据。

那么，有没有阿史那弥射与泥孰就是同一个人的可能呢？我们的回答也是否定的。

---

[1] 见钱大昕《潜研堂全书》收《通鉴注辨正》卷二（嘉兴郡斋原刻本，嘉庆十二年）。

二、阿史那弥射与泥孰

司马光最早对阿史那弥射被唐朝册封为西突厥可汗一事表示怀疑，在《通鉴》中，没有采纳新、旧《唐书》册封弥射的记载，对弥射只称为西突厥酋长，而不称奚利邲咄陆可汗。但同时司马光又提出了阿史那弥射与泥孰是否是同一个人的疑问。

《通鉴》卷二〇〇显庆二年《考异》云：

> 《旧·西突厥咄陆传》："咄陆可汗泥熟，父莫贺设，贞观七年，遣鸿胪少卿刘善因册为吞阿妻状奚利苾咄陆可汗[1]。明年，泥熟卒，弟同娥设立，为咥利失可汗。"《弥射传》云："弥射者，室點密可汗五代孙也，世统十姓部落，在本蕃为莫贺咄叶护，贞观六年，诏遣鸿胪少卿刘善因就蕃立为奚利邲咄陆可汗……"《新传》略同。今欲以咄陆、弥射为二人，则事多相类；以为一人，则事又相违，疑不能明，故但云西突厥酋长。

胡三省则进一步认定，阿史那弥射就是泥孰。《通鉴》贞观六年七月记载，刘善因册立咄陆可汗泥孰为奚利邲咄陆可汗。"胡注"云："咄陆即阿史那弥射，此当参观高宗显庆二年《考异》而详辨之。"[2]其实，显庆二年《考异》只是怀疑，并没有明确结论，明确肯定阿史那弥射即泥孰，应该是胡三省的发明。

---

[1]《旧唐书》卷一九四下《西突厥传》（中华书局，1975年，5183页）"泥熟"作"泥孰"，"吞阿妻状"作"吞阿娄拔"，《考异》所引《旧传》或别有所本。

[2]"胡注"误弥射为咄陆。参见《通鉴注辨正》卷二。

钱大昕曾对“胡注”提出质疑，《通鉴注辨正》云：

> 按，咄陆本名泥孰，泥孰与弥射非一人，温公《考异》已疑之，今反复参考，则当时所册立者，实泥孰也。泥孰以受册之明年卒，而弥射入唐以后累立战功，没于高宗之世，其非一人审矣。《弥射传》虽有贞观中遣刘善因立为可汗之文，意者立为小可汗而非大可汗乎？且弥射与步真争立，弥射入朝而步真自立为咄陆叶护，则或弥射当日亦但为叶护而非可汗乎？《金石录》有《阿史那弥射碑》，今已不传，无从决其然否。要之，此咄陆必非弥射也。[1]

钱大昕虽然历数了弥射、泥孰非一人的理由，但对胡三省致误的原因，却并未深究。如果结合显庆二年与贞观六年“胡注”进行分析，就会发现，胡三省以弥射、泥孰为一人，纯属误解《考异》原意而致。

上引《通鉴》显庆二年《考异》所说的“咄陆”，明明是指咄陆可汗泥孰，《通鉴》所怀疑者，是泥孰与弥射是否为一人。但“胡注”却说：

> 余按弥射为咄陆可汗，唐所册也；步真为咄陆叶护，自称也。咄陆之号虽同，而可汗、叶护，位之尊卑有异，不必泥咄陆之号而传疑，而弥射、步真实二人也。[2]

在这里，胡三省误以《考异》之咄陆可汗泥孰为弥射，进而将《考异》所怀疑的泥孰与弥射，说成是弥射与步真。在贞观六年七月，

[1] 钱大昕《通鉴注辨正》卷二。

[2]《资治通鉴》卷二〇〇显庆二年正月，中华书局，1956年，6302页。

“胡注”又一误再误，肯定“咄陆即阿史那弥射”。从“胡注”所称“当参观显庆二年《考异》而详辨之”可知，胡三省的结论，建立在对显庆二年《考异》误解的基础上，泥孰与弥射并非同一人。

主张阿史那弥射与泥孰非一人者，除钱大昕外，还有岑仲勉先生[1]，兹不赘引。薛宗正先生认为，阿史那弥射就是泥孰。所以此事有必要进一步讨论。

薛先生列举了弥射与泥孰的七点相似之处：1. 姓名相近；2. 汗号相同；3. 爵位相似；4. 谱系相当；5. 同受唐使刘善因册封；6. 即位、受封时间相同；7. 同具亲唐倾向。

以上7条中，2、5、6条，指刘善因册封弥射事，既然弥射实际上不曾受封，则此三条可略而不论。而1、3、4、7诸条，似乎都无法证明阿史那弥射就是泥孰。其实阿史那弥射与泥孰事迹有很大的差异，试比较如下：

其一，姓名不同。泥孰又名伽那设、大渡可汗，在有关阿史那弥射的记载中，没有上述异称。薛先生谓“泥孰、弥射之中古读音相差无几”，并不足以证明二者为同名异译。

其二，官爵不同。泥孰世为莫贺设，肆叶护死后，被西突厥推为咄陆可汗，其受封在成为可汗之后，而弥射“在本蕃为莫贺咄叶护”，两人所历官爵显然不同。

其三，据《旧唐书》、《通典》、《通鉴》记载，泥孰死于贞观八年（634）[2]，而弥射则于贞观十三年入朝，屡立战功，死于龙朔二年（662）。薛先生以“死因未详”，判断“泥孰实未死”，证据尚嫌不足。

---

[1] 岑仲勉《西突厥史料编年补阙》，《西突厥史料补阙及考证》，中华书局，1958年，127—128页。

[2]《旧唐书》卷一九四下《西突厥传》，5183页；《通典》卷一九九《突厥》下，5457页；《通鉴》卷一九四太宗贞观八年，6110页。

其四，阿史那弥射的继任者为其族兄阿史那步真，泥孰的继任者为其弟同娥设，前者自立为咄陆叶护，后者则为沙钵罗咥利失可汗，二人事迹，迥然相异。

据此，我们认为应以钱大昕的考证为是，泥孰与弥射实为二人。

三、阿史那弥射与东突厥之右贤王

据《旧唐书》卷一九四下《突厥传》，阿史那弥射在贞观十三年降唐之后，"从太宗征高丽有功，封平襄县伯。显庆二年（657），转右武卫大将军"。[1]

太宗征高丽在贞观十九年（645），贞观十三至十九年间，阿史那弥射事迹阙载。薛宗正先生认为，在这六年间，阿史那弥射是东突厥阿史那思摩麾下的右贤王，阿史那弥射与东突厥之阿史那泥孰也是同一个人。换言之，按照薛先生的意见，西突厥奚利邲咄陆可汗泥孰，西突厥之莫贺咄阿史那弥射，东突厥之右贤王阿史那泥孰，三者都是同名异译。

按，东突厥阿史那泥孰又名阿史那忠，为东突厥小可汗苏尼失之子，贞观四年助唐擒降东突厥颉利可汗，随父入朝[2]。贞观十三年，

---

[1]《新唐书》卷二一五下《西突厥》（中华书局，1975年，6064页）"平襄县伯"作"平壤县伯"，《通典》卷一九九《突厥》下（中华书局，1996年，5461页）"右武卫大将军"作"左武卫大将军"。

[2]《阿史那忠碑》："公亦□命言归，咸承缋袷之赏，石奋父子，共沐朝恩，秺侯仁孝，式流家祉。"（张沛编著《昭陵碑石》，三秦出版社，1993年，190—192页。）按，《汉书》卷四六《石奋传》："奋长子建、次甲、次乙、次庆，皆以驯行孝谨，官至二千石。于是景帝曰：'石君及四子皆二千石，人臣尊宠乃举集其门。'凡号奋为万石君。"所谓"石奋父子，共沐朝恩"，显指阿史那忠与其父苏尼失同时入朝而言。

唐遣阿史那思摩率领内附突厥返回漠南，阿史那泥孰为右贤王，辅佐思摩[1]。《新唐书》误以阿史那泥孰一人两传。

《新唐书》卷二一五上《突厥传》：

> 右贤王阿史那泥孰，苏尼失子也。始归国，妻以宗女，赐名忠。及从思摩出塞，思慕中国，见使者必流涕求入侍，许之。

《新唐书》卷一一〇《阿史那忠传》：

> 阿史那忠者，字义节，苏尼失子也。资清谨，以功擢左屯卫将军，尚宗室女定襄县主，始诏姓独著史。居父丧，哀慕过人。会立阿史那思摩为突厥可汗，以忠为左贤王。及出塞，不乐，见使者必泣，请入侍，许焉。[2]

对照两传记载，可知阿史那泥孰即阿史那忠，阿史那泥孰是其原名，阿史那忠则为唐朝所赐。王鸣盛曾指出《新唐书》一人两传的错误。《十七史商榷》卷九二称："然以忠与泥熟为二，此本《旧书》之失，《新书》袭之，一人而前后两传，则《新书》之谬也。"中华书局点校本《新唐书》"校勘记"也采纳了王说[3]。阿史那泥孰即阿史那

[1] 《旧唐书》卷一九四上《突厥传》（5164页）："又以左屯卫将军阿史那忠为左贤王，左武卫将军阿史那泥孰为右贤王以贰之。"王鸣盛云："其上文《思摩传》中牵叙处，竟误认忠与泥孰为二人。及徐读至下文，方知忠即泥熟，并非二人，岂非谬中之谬乎？"（《十七史商榷》卷九二《阿史那忠》，上海古籍出版社，2016年，1390—1391页。）

[2] 参见《旧唐书》卷一〇九《阿史那苏尼失传》附《阿史那忠传》，3290页。

[3] 《新唐书》卷二一五上《突厥传》"校勘记"〔四〕云："按阿史那忠与阿史那泥孰本为一人，据下文阿史那泥孰赐名忠可知。此承《旧书·突厥传》误作二人，又于《诸夷蕃将传》和《突厥传》中各立一传，更属大谬。"

忠，殆无疑义。

但阿史那泥孰究竟是左贤王，还是右贤王，尚无法断定。《旧唐书》卷一九四上《突厥传》：“又以左屯卫将军阿史那忠为左贤王，左武卫将军阿史那泥孰为右贤王以贰之。”《旧唐书》在此以阿史那忠与泥孰为二人之失误，已由王鸣盛指出。但揆诸常理，阿史那泥孰兼左、右贤王二职的可能性很小，《新唐书》卷二一五上《突厥传》以泥孰为右贤王，而同书《阿史那忠传》又以为左贤王，在没有别的证据前，姑从《突厥传》，作右贤王。

有关阿史那泥孰（忠）的记载比较集中。除了新、旧《唐书》本传外，《阿史那忠碑》和《阿史那忠墓志》也保留了珍贵的史料[1]。现根据有关记载，将阿史那忠的事迹摘要如下，以资比较。

贞观四年，阿史那忠入朝，为左屯卫将军。贞观九年受封为薛国公[2]。贞观十一年，检校长州都督。贞观十三年，随李思摩出塞，任右贤王。贞观十九年，任西州道安抚使，镇抚西域。《文馆词林》卷六六四《贞观年中抚慰处月、处密诏》：“门下，西域之地，经途遐阻，自遭乱离，极历岁月，……可令左屯卫将军阿史那忠为西州道抚慰使，屯卫将军苏农泥熟仍兼为吐屯，检校处月、处密部落，宣布威恩，招纳降附，问其疾苦，济其危厄，务尽绥怀之道，称朕意焉。”[3]

---

[1] 参见张沛《昭陵碑石》，三秦出版社，1993年，190—192页；《阿史那忠墓志》见同书，187—189页。

[2] 此据《阿史那忠碑》，据《旧唐书》卷一〇九《阿史那忠传》（3290页），阿史那忠封薛国公在永徽初。

[3] 岑仲勉先生将阿史那忠为西州道抚慰使的时间定在贞观十九年。岑云：“按《阿史那忠碑》：‘诏公□域安抚，载叶□如之寄，右地耆□，加授上柱国，廿年，……’则此当是廿年以前事，故附在十九年末。‘□域’可补作‘西域’。”此从岑说。

贞观二十年，迁右武卫大将军[1]。显庆五年，充长岑道行军大总管，讨伐契丹。乾封元年（666），兼右卫大将军。[2]总章初（668—669），为青海道行军大总管。上元二年（676），逝于洛阳尚善里私弟。

显然阿史那弥射与东突厥阿史那泥孰（阿史那忠）也不可能是同一个人。薛先生以弥射与东突厥泥孰为一人的理由有四，兹全文逐录于下：

> 一、姓名相同。西突厥之阿史那泥孰乃阿史那弥射的同名异译，而此东突厥之右贤王亦名阿史那泥孰，何能如此巧合？
>
> 二、事迹相接。西突厥之泥孰与弥射既为一人，则其事迹至贞观十三年而中断，此右贤王泥孰之事迹则始于是年，其来历、去向皆所不明，唯有使之衔接起来始可得到合理的解释。
>
> 三、资历相合。思摩之左贤王阿史那忠降唐前曾为颉利小可汗，此右贤王资历宜与之相侔。而右贤王职在主宰西面，以西突厥可汗出任此职，资位至当。
>
> 四、官爵相类。右贤王阿史那泥孰之唐赐官号为“右武卫将军”，而弥射传载显庆二年被拜为右武卫大将军，二者之异仅在一“大”字。或者史有阙文，刊有窜加；或者“大将军”乃将军的晋升，其实官号基本相同。

[1]《旧唐书》卷一〇九《阿史那社尔传》附《阿史那忠传》：“（贞观九年）迁右卫大将军。”岑仲勉云：“据《忠碑》，则忠兼右卫大将军在高宗封泰山后，唯贞观二十年迁右武卫大将军，此两句疑误。”（《突厥集史》，中华书局，1958年，778页。）

[2]《阿史那忠碑》：“封金岱趾，□□□□□□旧勋，诏公兼右卫大将军，检校羽林如故，式彰巡警之效，聿陪登降之礼，嘉庆是覃，鸿私允洽。”高宗封泰山在乾封元年正月，兹姑附于乾封元年。

下面试就薛说所列诸条，谈谈我们的看法。其一，泥孰本突厥之一部，突厥人名泥孰者很多，同名未必同人。《旧唐书》卷八三《薛仁贵传》:“今泥孰仗素干，不伏贺鲁，为贼所破，虏其妻子。”上引《文馆词林》中也有“苏农泥孰”。此外汉籍中往往以部族名加官职称呼突厥人，如泥熟俟斤[1]、泥熟特勤[2]、泥熟啜[3]等，可见同名不可作为证据。更何况阿史那弥射与阿史那泥熟其实并不同名。

其二，东突厥阿史那泥孰在贞观四年就被唐朝授为左屯卫将军，贞观十一年检校长州都督，而阿史那弥射晚至贞观十三年才降唐，二人事迹并不相接。由上列阿史那忠经历可知，贞观十三年之后，二人事迹也没有共同之处。

其三，阿史那泥孰与阿史那忠一人两传，此条也不能成立。

其四，西突厥阿史那泥孰接受唐朝官爵事，《新唐书》卷二一五下《西突厥传》阙载。据《旧唐书》卷一〇九《阿史那忠传》，阿史那忠在贞观九年迁右卫大将军，《新唐书》卷一一〇《阿史那忠传》云，阿史那忠曾任右骁卫大将军，而据《阿史那忠碑》记载，阿史那忠贞观二十年“迁右武卫大将军”，乾封元年“兼右卫大将军”。诸书均无曾任“右武卫将军”的记载。薛说云阿史那泥孰唐赐官号为“右武卫将军”，不知何据。依《阿史那忠碑》，阿史那忠确曾任“右武卫大将军”，与阿史那弥射官职相同，但一在贞观二十年，一在显庆二年，第四条理由也无法证明阿史那弥射即东突厥之阿史那泥孰。

---

[1]《新唐书》卷二一五下《西突厥传》(6065页):“碎叶镇守使韩思忠又破泥熟俟斤及突厥施质汗、胡禄等。”

[2]《旧唐书》卷六二《李大亮传》(2388页):“时颉利可汗败亡，北荒诸部相率内属。有大度设、拓设、泥熟特勤及七姓种落等，尚散在伊吾。”

[3]《旧唐书》卷一九四下《西突厥传》(5185页):“咄陆初以泥孰啜自擅取所部物，斩之以徇。”

综上所述，我们的结论是，1. 刘善因册立的是西突厥咄陆可汗泥孰，非阿史那弥射。2. 阿史那弥射与西突厥咄陆可汗泥孰不是同一个人。3. 阿史那弥射与东突厥之右贤王阿史那泥孰（阿史那忠）也不是同一个人。

（载《民族研究》1988年第3期。）

附　记：

本文第三节《阿史那弥射与东突厥之右贤王》，遵从王鸣盛先生《十七史商榷》的意见，认为阿史那忠与阿史那泥孰其实是同一个人，《新唐书》一人二传。今按，诚如《十七史商榷》指出的那样，《新唐书》卷二一五上《突厥传》中，重复记载了同书卷一一〇《阿史那忠传》的内容。但是《旧唐书》卷一九四上《突厥传》、《通典》卷一九七《突厥》上、《新唐书》卷二一五上《突厥传》、《通鉴》卷一九五贞观十三年、《册府》卷九六四《外臣部·封册》都明确记载，“以左屯卫将军阿史那忠为左贤王，左武卫将军阿史那泥孰为右贤王”，随同李思摩出塞。如果认定阿史那忠与阿史那泥孰是同一人，则诸史中明确记载的，与阿史那忠同时受命辅佐李思摩的右贤王阿史那泥孰就无从解释。因此，《十七史商榷》的观点应该略作修正。即《新唐书》的失误，不仅在于在《突厥传》和《阿史那忠传》中重复记载了阿史那忠的事迹，更重要的是，在《突厥传》中误将阿史那忠当成了“右贤王阿史那泥孰”，从而将阿史那忠的事迹系在了阿史那泥孰的名下。《十七史商榷》没有意识到这个问题，从《新唐书》误。本文从误。但是这个问题对本文的基本观点并无影响，特作说明。

叁

阿史那贺鲁降唐诸说考异

阿史那贺鲁是唐初一位重要人物。贺鲁原为西突厥叶护，贞观末年降唐，唐太宗授他瑶池都督职务，“统（西突厥）五啜、五俟斤二十余部”[1]。唐高宗永徽二年（651），贺鲁起兵反叛，唐朝先后三次派遣梁建方、程知节、苏定方等率领大军征讨，直到显庆三年（658）方才平定叛乱，再设“四镇”。贺鲁其人对唐初西域史影响很大，本文试就记载分歧较多的阿史那贺鲁降唐问题进行一些粗浅探讨，以求教于同道。

一、刻写讹误的两种记载及阿史那贺鲁降唐的确切时间

由于汉文史料记载的差异以及研究者对史料的不同理解，对于阿史那贺鲁降唐问题，有五种不同说法，试以时间为序，排列于下：

1. 贞观十四年（640）；
2. 贞观二十年（646）；
3. 贞观二十二年（648）二月癸丑；
4. 贞观二十二年四月乙亥；
5. 贞观二十三年（649）；

[1]《旧唐书》卷一九五《回纥传》，中华书局，1975年，5197页。

在以上五说中，贞观二十年说与贞观二十三年说纯系史书刻写脱误，在此先作简略交代。

贞观二十年说出自《旧唐书》卷四〇《地理三》陇右道之“北庭都护府”：

> 贞观十四年，侯君集讨高昌，西突厥屯兵于浮图城，与高昌相响应。及高昌平。二十年四月，西突厥泥伏沙钵罗叶护阿史那贺鲁率众内附，乃置庭州，处叶护部落。

按，《旧唐书》此处误将设置庭州与处置贺鲁部落混为一年（详后）。其所记贺鲁降唐年代，也有脱误。据《通鉴》卷一九九、《唐会要》卷七三《安西都护府》及《册府元龟》卷一七〇《帝王部·来远》等记载，贺鲁内附在贞观二十二年四月，岑仲勉先生认为，《旧唐书》夺“二”字，二十年四月应为二十二年四月之误[1]，甚是。

二十三年说出自《通典》卷一九九《突厥》下：

> 其后，咄陆西走吐火罗国，射匮可汗遣兵迫逐，贺鲁不常厥居，贞观二十三年，乃率其部落内属，诏居庭州。寻授左骁卫将军、瑶池都督。

“二十三年”《旧唐书》卷一九四下《西突厥传》作“二十二年”，《通典》此节内容与《旧唐书》完全相同，二传明显出自相同史源。贺鲁降唐时间，汉文史籍多在唐朝平定龟兹之“贞观二十二

[1] 岑仲勉《西突厥史料编年补阙》，《西突厥史料补阙及考证》，中华书局，1958年，25页。以下所引岑说，凡不注出处者，均出此书，不另注。

年”，与《旧唐书》同（详后）。贺鲁之归附，在唐朝发兵龟兹之际，诸书记载均同，故贺鲁降唐不可能晚至贞观二十三年。《通典》之“二十三”应为“二十二”之误，《通典》系涉“二”“三”形近致讹[1]。

据各种基本史料记载，阿史那贺鲁降唐确切时间为贞观二十二年四月乙亥。《旧唐书》卷一九四下《西突厥传》、《新唐书》卷二一五下《西突厥传》将贺鲁降唐时间系于贞观二十二年，不系月日；《册府元龟》卷一七〇《帝王部·来远》、卷九七三《外臣部·助国讨伐》、卷九七四《外臣部·褒异》、《旧唐书》卷四〇《地理志》[2]系于二十二年四月，不系日；《资治通鉴》卷一九九、《册府元龟》卷一〇九《帝王部·宴享》系于二十二年四月乙亥。《唐会要》卷七四《安西都护府》则记为四月二十五日：

> 贞观二十二年四月二十五日，突厥泥伏沙钵罗叶护阿史那贺鲁率众内附，置庭州。

按，贞观二十二年四月辛亥朔，乙亥适为二十五日，参照《资治通鉴》与《唐会要》的记载，阿史那贺鲁降唐在贞观二十二年四月乙亥（二十五日），殆无疑义。

贺鲁归附唐朝在贞观二十二年四月乙亥，研究者均无异词。但是在汉文记载中，贞观十四年与二十二年二月癸丑，分别有“西突厥叶护”和“西蕃沙钵罗叶护”降唐，在以往的研究中，将此二人也比

[1] 岑仲勉先生已指出《通典》之“二十三”为“二十二”之讹，但他认为致误原因是唐朝平定龟兹在二十三年，似欠妥。

[2]《地理志》作“二十年”，夺“二”，见上文。

定为阿史那贺鲁。我们认为，这种比定尚缺乏坚实的根据。贞观十四年降唐的西突厥叶护不是阿史那贺鲁，似应为阿史那步真，二十二年二月降唐的沙钵罗叶护也不是阿史那贺鲁。下面试分别对这两个问题进行讨论。

二、贞观十四年降唐之“西突厥叶护”非阿史那贺鲁

《新唐书》卷四〇《地理志》误将贺鲁降唐系于贞观十四年，而同年又有“西突厥叶护”降唐，岑仲勉先生在误信《新唐书》记载的基础上，将阿史那贺鲁与十四年降唐的西突厥叶护等同了起来，认为阿史那贺鲁即阙名之西突厥叶护[1]。在此，首先对《新唐书》的记载进行讨论，然后对阿史那贺鲁与“西突厥叶护”的关系，提出一些不同看法。《新唐书》卷四〇《地理志》陇右道之“北庭大都护府”云：

> 北庭大都护府，本庭州，贞观十四年平高昌，以西突厥泥伏沙钵罗叶护阿史那贺鲁部落置，并置蒲昌（类）县，寻废，显庆三年复置，长安二年为北庭都护府。

这里明确将贺鲁归附系于贞观十四年。如前所述，根据诸书记载，贺鲁降唐在贞观二十二年，除《新唐书·地理志》，另外没有十四年的记载。不仅如此，从贺鲁降唐前后史实看，十四年降唐也是不可能的。《旧唐书》卷一九四下《西突厥传》：

[1] 王治来先生也认为，阿史那贺鲁驻兵可汗浮图城，640年与麹文泰降唐。见《中亚史》，中国社会科学出版社，1980年，184页。

阿史那贺鲁者，曳步利设射匮特勤之子也。初，阿史那步真既来归国，咄陆可汗乃立贺鲁为叶护，以继步真，居于多逻斯川，在西州直北一千五百里，统处密、处月、姑苏、歌罗禄、弩失毕五姓之众。其后，咄陆西走吐火罗国，射匮可汗遣兵迫逐，贺鲁不常厥居。贞观二十二年，乃率其部落内属，诏居庭州。

《新唐书》卷二一五下《西突厥传》与《旧唐书》所载情节大致相同，但对贺鲁降唐经过则较《旧唐书》更为详备，其文云：

咄陆之走吐火罗也，乙毗射匮以兵迫逐，贺鲁无常居，部多散亡。有执舍地、处木昆、婆鼻三种者，以贺鲁无罪，往请可汗，可汗怒，欲诛执舍地等，三种乃举所部数千帐，与贺鲁皆内属，帝优抚之。会讨龟兹，请先驰为向导，诏授昆丘道行军总管，宴嘉寿殿，厚赐予，解衣衣之。

都不曾提到贺鲁在贞观十四年降唐。参照两传可知，咄陆可汗西奔吐火罗之后，贺鲁在射匮可汗的追逐下狼狈失据，与执舍地等部落一起降唐。乙毗咄陆可汗西奔在贞观二十一年五月[1]，以此推之，贺鲁降唐当在二十一年五月之后。又，唐朝征讨龟兹在贞观二十二年，此云贺鲁降唐之际，适“会讨龟兹”，贺鲁请为向导，种种记载都与二十二年说相吻合，说明贺鲁降唐确在贞观二十二年。

有没有可能阿史那贺鲁曾在贞观十四年降唐，而被两《唐书》

[1]《册府元龟》卷九九五《外臣部·交侵》（中华书局，1960年，11686页）：“（贞观）二十一年五月，西蕃咄陆可汗为郭葛吐鸱俟利发所破，奔于波斯。”此云“奔于波斯”，与两《唐书》所载“西奔吐火罗”不同。

的“西突厥传”漏记了呢？回答也是否定的。《新唐书》卷四〇《地理志》称贺鲁为“泥伏沙钵罗叶护”，说明贺鲁降唐必在成为叶护之后。上引《旧唐书》卷一九四下《西突厥传》云：“初，阿史那步真既来归国，咄陆可汗乃立贺鲁为叶护，以继步真。”（《新唐书》、《通典》同）贺鲁被立为叶护在阿史那步真降唐之后。阿史那步真何时降唐，姑置不论。据《旧唐书》，阿史那步真立为叶护在贞观十三至十四年间（详后），阿史那贺鲁在步真降唐后继立为叶护，则贺鲁成为叶护的时间，最早也在贞观十四年之后，换言之，阿史那贺鲁根本不可能在贞观十四年作为西突厥叶护降唐，《新唐书·地理志》显系误记。

《新唐书·地理志》因何而误，不可确知。我们推测，《新唐书·地理志》的错误与《旧唐书·地理志》的记载失误有直接关系。有关阿史那贺鲁入降庭州的记载，史书中有的记载为“居庭州”[1]，有的为“内属于庭州”[2]，以上两种说法，意思非常明确，不会造成误解，但有些记载意义模糊。

如《唐会要》卷七三《安西都护府》云：“阿史那贺鲁率众内附，置庭州。”此“置”含义模棱两可，可作“安置”，也可作“设置”。就阿史那贺鲁入降唐朝言，其为安置，自无可疑。但由于修史者不谙西突厥史事，极易造成误解。前引《旧唐书》卷四〇《地理志》云：“贞观二十（二）年四月，西突厥泥伏沙钵罗叶护阿史那贺鲁率众内附，乃置庭州，处叶护部落。”庭州始设于贞观十四年，史料凿凿有据，这里显然是误以“处置”为“设置”，错误地将设置庭州系于贞观二十二年[3]。

---

[1]《旧唐书》卷一九四下《西突厥传》，5186页。

[2]《册府元龟》卷一七〇《帝王部·来远》，2052页。

[3] 岑仲勉先生在《旧唐书·地理志》下注释说：“庭州十四年已置，本年乃‘处置’其部落，观《元龟》及《通鉴》知之。《志》误为建置之置，《校勘记》亦失校。”岑说是。

很可能正是《旧唐书》的这一错误，导致了《新唐书》的失误。《新唐书》延续了《旧唐书》以“处置”为“设置”的错误，也称庭州是“以西突厥泥伏沙钵罗叶护阿史那贺鲁部落置”，又因庭州始设于贞观十四年，故径将《旧唐书》之“贞观二十（二）年”改成了“贞观十四年”，就庭州设置时间而言，《新唐书》的改动无疑是正确的。但由于《新唐书》不察《旧唐书》以“处置”为“设置”的情由，虽然改正了庭州设置时间，但却错上加错，将阿史那贺鲁降唐的时间也误系在了贞观十四年。

如上所述，阿史那贺鲁降唐不在贞观十四年，但在贞观十四年确有一“不知名”的西突厥叶护降唐。据史载，贞观十四年唐军进攻高昌，西突厥乙毗咄陆可汗遣其叶护驻兵可汗浮图城，与高昌共同抵御唐军，但慑于唐军威力，西突厥叶护与高昌王相继投降，唐以高昌置西州，可汗浮图城置庭州。岑仲勉先生认为，贞观十四年投降的西突厥叶护就是阿史那贺鲁，并据此认为《新唐书》贞观十四年的记载“非无可信”。岑先生在解释《新唐书·地理志》贞观十四年阿史那贺鲁降唐的记载时说：

> 按《通典》一九一所云“西突厥遣其叶护屯兵可汗浮图”，依《新书》二二一上，西突厥系指欲谷设，亦即乙毗咄陆可汗。又《通典》同卷称阿史那步真既来归国，乙毗咄陆乃立贺鲁为叶护以继步真。步真何年来归，史虽无考，但当在弥射来朝后（贞观十三年）不久。故十四年屯兵可汗浮图之叶护，或得为贺鲁。意其时怵于高昌新下之军威，暂时款附；置庭州云者，犹是羁縻之号：此（丁）说（即《新唐书·地理志》贞观十四年说——引者）之非无可信也。

此处之“西突厥”，确如岑先生所说，是指欲谷设（乙毗咄陆可汗），但这不能说明屯兵可汗浮图城的叶护，必然就是阿史那贺鲁。岑先生所引《通典》卷一九一《西戎总叙》的记载，又见于《旧唐书》卷一九八《高昌传》、《新唐书》卷二二一《高昌传》及《唐会要》卷九五《高昌》，诸书记载大体相同，惟《唐会要》卷九五所载较详，兹抄录于下：

> 初，西突厥遣其叶护屯兵于可汗浮图城，与高昌为影响，至是惧而来降，以其地为庭州，并置蒲类县。国威既震，西域大惧，焉耆王诣军门请谒，留兵镇守，刻石纪功而还。每岁调发千人防边。

各书均不载叶护具体姓名。上引文字是在记述贞观十四年侯君集平定高昌，唐朝在高昌设置西州时的追述之语，从前后文意看，此叶护降唐确在贞观十四年。岑先生认为此叶护即阿史那贺鲁的主要理由，实际只是二人官职都是叶护。我们认为，贞观十四年降唐的叶护不是阿史那贺鲁，理由如下：

1. 如前所述，阿史那贺鲁成为西突厥叶护在贞观十四年之后，而此叶护在贞观十四年已经降唐。

2. 贞观十四年内附之西突厥叶护“屯兵于可汗浮图城，与高昌为影响”，而阿史那贺鲁则居于远离西州一千五百里的多逻斯川，二地相去甚远。

3. 各种史料明确记载了阿史那贺鲁降唐在贞观二十二年四月，除了《新唐书·地理志》误记外，没有别的史料说明阿史那贺鲁曾在贞观十四年降唐。

在有关阿史那贺鲁的记载中，没有贺鲁两次降唐的记载，如果将贞观十四年降唐的叶护定为阿史那贺鲁，就明显与阿史那贺鲁贞观二十二年降唐的记载相矛盾。为了解释这一矛盾，岑先生说，贞观十四年阿史那贺鲁是“临时款附”，“置庭州云者，犹是羁縻之号”，意即贞观十四年降唐之西突厥部并非正式降唐，置庭州云云，也只是有名无实的羁縻措施。其实从文献记载看，庭州的设置与所谓羁縻府州有很大区别，二者不可相提并论。《通典》卷一七四《北庭府》：

> 庭州在流沙之西北，前汉乌孙之旧壤，后汉车师后王之地，历代为胡虏所居。大唐贞观中，征高昌。于时西突厥屯兵于可汗浮图城，与高昌相影响。及高昌既平，惧而来降，以其地为庭州，后置北庭都护府。领县三：金满、蒲类、轮台（其三县并贞观中平高昌后同置——杜佑自注）。

据此，唐朝在设置庭州的同时，还在其下设置了金满、蒲类、轮台三县[1]。不仅如此，《通典》卷一九一《西戎总叙》记载，唐朝“每岁调内地更发千人”镇遏其地，凡此种种措施，都与所谓的羁縻统治大相径庭。而且，在两《唐书》中，都将庭州及其属县列为唐朝正式州县，与羁縻府州分别排列[2]，显然庭州与西州一样，都不是所谓羁縻府州。

根据以上论证，我们认为贞观十四年降唐的叶护不是阿史那贺

[1] 参见《旧唐书》卷四〇《地理志》，1644—1645页；《元和郡县图志》卷四〇《陇右道》，中华书局，1983年，1030—1031页。

[2]《旧唐书·地理志》将羁縻府州附于每道之后，《新唐书·地理志》则别立“羁縻州”一卷，总附于《地理志》后，以区别于唐朝正式州县。参见王鸣盛《十七史商榷》卷七九《羁縻州》，上海古籍出版社，2016年，1118页。

鲁。那么他究竟是谁呢？有理由认为，此叶护是阿史那步真。

贞观十四年在叶护率领下，由可汗浮图城降唐的西突厥部，具体属于西突厥哪个部落，在汉文史料中没有明确记载，我们认为，贞观十四年降唐的就是处月、处密部落。理由有二。

其一，自贞观十四年西突厥叶护降唐，至贞观二十二年唐朝发兵龟兹，在此之间，除了十四年西突厥叶护所率一部外，汉文记载中尚未见有另外降唐的西突厥。但据《文馆词林》记载，高昌平定之后不久，唐太宗曾遣使抚慰处月、处密部落，证明处月、处密二部已降唐。《文馆词林》卷六六四《贞观年中抚慰处月、处密诏》云：

> 门下：西域之地，经途遐阻，自遭乱离，亟历岁月，君长失抚驭之方，酋帅乘叶赞之义，虐用种落，肆行残忍，遂使部众离心，战争不息，远近涂炭，长幼怨嗟，大监小王，无所控告，顿颡蹶角，思见含养。朕受命三灵，君临六合，御朽之志，无忘寝兴；纳隍之怀，宁隔夷夏？乃睠西顾，良深矜惕；宜命𬨎轩，星言拯救。可令左屯卫将军阿史那忠为西州道抚慰使，屯卫将军苏农泥孰仍兼为吐屯，检校处月、处密部落，宣布威恩，招纳降附，问其疾苦，济其危厄，务尽绥怀之道，称朕意焉。

诏令具体时间失载，但据《阿史那忠碑》，阿史那忠受命安抚西域的时间，最晚也在贞观二十年之前[1]。从诏令内容看，当是贞观十四年之后不久，唐朝为了安定已经投降的高昌与处月、处密部而

[1] 见张沛编著《昭陵碑石》，三秦出版社，1993年，190—192页。

下，所谓“君长失抚驭之方，酋帅乖叶赞之义”，“部众离心，战争不息”云云，都是形容贞观二年肆叶护可汗死后，西突厥长期战乱的。此处由唐使抚慰之处月、处密部落，显然就是贞观十四年由其叶护率领降唐的西突厥部落。

其二，唐朝讨伐高昌的重要理由之一，就是麴文泰“轻肆凶威”，攻破焉耆[1]。而贞观十二年与高昌联合攻破焉耆的部落，正是处月、处密部。《旧唐书》卷一九八《焉耆传》:“十二年，处月、处密与高昌攻陷焉耆五城，掠男女一千五百人，焚其庐舍而去。”[2]贞观十二年，处月、处密部落就与高昌联兵，而贞观十四年降的西突厥部也在贞观十三年“屯兵于可汗浮图城，与高昌为影响”，共同抵御唐军。这从另一方面证明，贞观十四年降唐的西突厥部落，就是处月、处密部落。

岑仲勉先生虽然没有明言贞观十四年降唐的西突厥部落就是处月、处密部。但既然岑先生认定贞观十四年率众降唐的叶护是阿史那贺鲁，而阿史那贺鲁为阿史那步真之后的处月、处密部首领，所以岑先生实际等于承认，贞观十四年降唐的西突厥是处月、处密部。

贞观十四年，处月、处密在其叶护率领下降唐，其时，处月、处密二部的首领正是咄陆叶护阿史那步真。《旧唐书》卷一九四下《西突厥传》:

> (弥射)族兄步真欲自立为可汗，遂谋杀弥射弟侄二十余

[1] 宋敏求《唐大诏令集》卷一三〇《讨高昌王麴文泰诏》，商务印书馆，1959年，702—703页。

[2] “五城”，《新唐书》卷二二一上《焉耆传》(6229页)、《资治通鉴》卷一九五贞观十二年(6142页)同。《旧唐书》卷一九八《高昌传》(5294页)、《新唐书》卷二二一《高昌传》(6221页)作“三城”。

人。弥射既与步真有隙，以贞观十三年率所部处月、处密部落入朝，授右监门大将军。其后步真遂自立为咄陆叶护，其部落多不服，委之遁去。步真复携家属入朝，授左屯卫大将军。

贞观十三年阿史那弥射入朝，阿史那步真代为叶护，不久，阿史那步真也投降唐朝。阿史那步真担任处月、处密二部叶护的时间，正好在贞观十三年至十四年之间。由此可知，贞观十四年降唐的西突厥叶护，就是阿史那步真。

贞观十四年左右，西突厥分为乙毗咄陆与乙毗沙钵罗肆叶护可汗二部，互相征战不已，西突厥情况很复杂。岑仲勉先生将十四年降唐的西突厥叶护比定为阿史那贺鲁的一个重要根据是，降唐之叶护为乙毗咄陆所遣，而阿史那贺鲁亦为乙毗咄陆所立，意即二者同属乙毗咄陆部下。我们必须弄清的一个问题是，阿史那步真是否也归附了乙毗咄陆可汗，对此《旧唐书》卷一九四下《西突厥传》在记述阿史那步真的内容中没有明确记载。但在记载阿史那贺鲁的内容下云："阿史那步真既来归国，咄陆可汗乃立贺鲁为叶护，以继步真。"《新唐书》卷二一八《沙陀传》亦云："弥射惧，率处月等入朝。而步真势穷亦归国。其留者，咄陆以射匮特勒劫越之子贺鲁统之。"详其文意，实际等于告诉我们，阿史那步真之为叶护也是乙毗咄陆可汗所立，或者至少可以看出，阿史那步真此时属乙毗咄陆可汗管辖。

综上所述，贞观十三年，乙毗咄陆可汗遣阿史那步真驻兵可汗浮图城，与高昌相呼应，抵御唐军。十四年，侯君集平高昌，乙毗咄陆可汗"惧而西走千余里"[1]，阿史那步真率处月、处密部降唐，唐朝

[1]《旧唐书》卷六九《侯君集传》，2511页。

以可汗浮图城置庭州。此后，咄陆可汗以阿史那贺鲁为叶护，取代步真，统辖姑苏、歌罗禄、毕矢[1]及未降唐的处月、处密残部。这时，可汗浮图城一带已为唐有，阿史那贺鲁的主要居地也迁到了多逻斯川（额尔齐斯河）。贞观十四年降唐的不是阿史那贺鲁，而是阿史那步真。

三、贞观二十二年二月癸丑归附的西蕃沙钵罗叶护非阿史那贺鲁

《旧唐书》卷三《太宗纪》下、《新唐书》卷二《太宗纪》没有记载贞观二十二年四月乙亥阿史那贺鲁降唐事，但《旧唐书》在同年二月，记载了阙名的“西蕃沙钵罗叶护”归附唐朝一事，其文云：

> （贞观二十二年二月）癸丑，西番沙钵罗叶护率众归附，以其俟斤屈裴禄为忠武将军，兼大俟斤。戊午，以结骨部置坚昆都督。

沙畹首先认定，这里的西蕃沙钵罗叶护就是阿史那贺鲁其人。沙畹在注释《旧唐书》卷一九四下《西突厥传》有关阿史那贺鲁贞观二十二年率众内属庭州的记载时说：

> 《旧唐书》卷三志其事云，贞观二十二年二月癸丑，西蕃沙钵罗叶护率众归附，以其俟斤屈裴禄为忠武将军，兼大俟斤。

[1] “毕矢”，《旧唐书》卷一九四下《西突厥传》（5186页）作“驽失毕”，《资治通鉴》卷一九九贞观二十二年（6256页）作“矢毕”。未知孰是，姑存疑。

> 按沙钵罗叶护，即贺鲁之号。[1]

将阿史那贺鲁降唐与沙钵罗叶护归附，比定为同一事件。岑仲勉先生也根据《旧唐书》卷三《太宗纪》这条记载，将阿史那贺鲁降唐定为二月癸丑，认为“二十二年四月，乃贺鲁来朝之时，其实是年二月（贺鲁）先已内附”。

按，将阿史那贺鲁比定为沙钵罗叶护的唯一根据，就是所谓“官号相同”。虽然对唐代边疆部族首领只称官职，不记载具体姓名，即以官称为姓名者，在传统文献中屡见不鲜，但阿史那贺鲁似乎不属此例。据我们统计，新、旧《唐书》中对阿史那贺鲁的称呼有以下几种：1. 西突厥泥伏沙钵罗叶护阿史那贺鲁[2]；2. 瑶池都督沙钵罗叶护阿史那贺鲁[3]；3. 西突厥沙钵罗可汗贺鲁[4]；4. 瑶池都督阿史那贺鲁[5]；5. 西突厥可汗阿史那贺鲁[6]；6. 西突厥阿史那贺鲁[7]；7. 阿史那贺鲁；8. 贺鲁。以上对贺鲁的各种称谓大体可分为五类：其一，部族名、官职、姓名连称，如1、3、5；其二，官职与姓名连称，如2、4；其三，部族名与姓名连称，如6；其四，用姓名全称，如7；其五，用姓名简称，如8。在各种称呼中，尚未见有单独称阿史那贺鲁为“沙钵罗叶护”的记载。可见阿史那贺鲁能否单独称为“沙钵罗叶护”，是值得怀疑的。

沙钵罗（yschbara），又译始波罗、沙波罗、沙钵略等，意为

[1] 沙畹著，冯承钧译《西突厥史料》，中华书局，1958年，39页，注（八）。
[2]《旧唐书》卷四〇《地理志》，1645页；《新唐书》卷四〇《地理志》1047页同。
[3]《旧唐书》卷四《高宗纪》，68页。
[4]《旧唐书》卷四《高宗纪》，78页。
[5]《新唐书》卷三《高宗纪》，53页。
[6]《旧唐书》卷一九五《回纥传》，5197页。
[7]《新唐书》卷一一〇《契苾何力传》，4119页。

“勇健”，屡见于突厥首领名称之中[1]，如西突厥乙毗沙钵罗叶护可汗，又称“沙钵罗叶护”[2]，阿史那苏尼失亦称“沙钵罗设”[3]，突厥车鼻部乙注车鼻可汗之子称为“沙钵罗特勤”[4]，唐护蜜国王也称为“沙钵罗颉利发”[5]。而叶护（yabghu）则更是匈奴、大月氏、乌孙、铁勒、突厥等游牧民族习用的官职。官称相同者，并不一定是同一个人。退一步说，即使贺鲁可以单独称为“沙钵罗叶护”，也不可仅仅据此认为，他与贞观二十二年二月癸丑入降的沙钵罗叶护是同一个人。

我们认为阿史那贺鲁与“西蕃沙钵罗叶护”不是同一个人。

第一，阿史那贺鲁入降在四月乙亥，而沙钵罗叶护则在二月癸丑[6]就已归附，二人降唐时间不同。对于二人入降时间的差异，沙畹不置一词。岑仲勉先生解释说“二月系降使先至”，四月则是“贺鲁亲来后所下处分，故相距余两月也”。从《资治通鉴》记载来看，岑先生的解释似缺乏根据。据《通鉴》卷一九八贞观二十二年记载，唐军发兵龟兹之后，唐太宗曾向侍臣估计龟兹战事进程，

> （三月）甲午，上谓侍臣曰：“朕少长兵间，颇能料敌，今昆丘行师，处月、处密二部及龟兹用事者羯猎颠、那利每怀首鼠，必先授首，弩失毕其次也。”

[1] 参见韩儒林《突厥官号考释》,《穹庐集》，上海人民出版社，1982年，304—325页。

[2]《新唐书》卷二一五下《西突厥传》，6059页。

[3]《旧唐书》卷一〇九《阿史那社尔传》，3290页。

[4]《旧唐书》卷一九四上《突厥传》上，5165页。

[5]《新唐书》卷二二一下《护蜜传》，6255页。

[6] 二月壬子朔，癸丑为二日。《唐会要》卷七三《安北都护府》（1558页）作“二月四日”，此姑两存之。

三月辛巳朔，甲午为二十四日。这时阿史那贺鲁统领处月、处密部落，此处所谓处月、处密二部必先授首云云，当系指阿史那贺鲁降唐而言。如果二月癸丑贺鲁降使已先至，唐太宗绝不可能在三月甲午推测处月、处密部落会先投降。换言之，唐廷得知贺鲁投降的消息，最晚也应在三月甲午之后，贺鲁没有在二月癸丑降唐的可能性。

第二，除了《旧唐书》卷三《太宗纪》之外，《唐会要》也曾两次提及沙钵罗叶护归附事。《唐会要》卷七三《安北都护府》云："二十二年二月四日，西蕃沙钵罗叶护率众归附。七日，以结骨部置坚昆都督。"同年"灵州都督府"下亦载："贞观二十三（二）[1]年二月四日，西蕃沙钵罗叶护归附。"两处都将沙钵罗叶护入降系于二月，不言沙钵罗叶护曾在四月入降；反之，《唐会要》卷七三《安西都护府》及卷九四《西突厥》也都只记载了阿史那贺鲁四月归降之事，不言贺鲁早在二月已降。如果沙钵罗叶护与贺鲁是同一个人，为什么在有关沙钵罗叶护投降的记载中，只有二月没有四月，而在贺鲁降唐的记载中则只有四月没有二月，这显然是不合情理的。

第三，阿史那贺鲁初降，唐朝将其部众安置于庭州，《新唐书》卷二一八《沙陀传》："贺鲁来降，诏拜瑶池都督，徙其部庭州之莫贺城。"对此，阿史那贺鲁本传及两《唐书·地理志》记载都完全一致。很明显，贺鲁及其部众内附，与安北都护府并无关系。但是如果按照沙畹、岑仲勉的意见，贺鲁与沙钵罗叶护是同一个人，那么为什么《唐会要》将其入降系于"安北都护府"之下呢？这也是无法解释的。

《册府元龟》保留了两条重要记载，对于说明沙钵罗叶护与阿史

[1]《旧唐书》卷三《太宗纪》（60页）、《册府元龟》卷一七〇《帝王部·来远》（2052页）、《册府元龟》卷九七七《外臣部·降附》（11480页）及前文引《唐会要》卷七三《安北都护府》（1558页）俱作"二十二年"，此"二十三"，应为"二十二"之误。

那贺鲁的关系很有帮助。《册府元龟》卷一七〇《帝王部·来远》:

> （贞观）二十二年，西蕃沙钵罗叶护率众归附，以其俟斤屈裴禄为忠武将军。四月，西宝（突）厥泥伏沙钵罗叶护阿史那贺鲁率众内属于庭州，拜为左骁卫大将军，赐其所部缯帛有差。

除了没有明确记录沙钵罗叶护归附月日，不载以屈裴禄“兼大俟斤”外，有关沙钵罗叶护归附的记载，与《旧唐书》卷三《太宗纪》完全相同。“西宝厥”显为“西突厥”之误。“左骁卫大将军”，新、旧《唐书》,《资治通鉴》均作“左骁卫将军”。《册府元龟》卷九七七《外臣部·降附》亦云:

> （贞观）二十二年二月，西蕃沙钵罗叶护率众归附。四月，西突厥泥伏沙钵罗叶护阿史那贺鲁率众属于庭州。

两处记载详略互见，情节与诸书相同。这里特别值得我们注意的是,《旧唐书·太宗纪》只记载了二月癸丑沙钵罗叶护入降，漏记了同年四月阿史那贺鲁的归附,《册府元龟》在这里完整地记录了这两次降唐事件，应该别有所本。从以上《册府元龟》记载可知，二月沙钵罗叶护归附，四月阿史那贺鲁入降庭州，沙钵罗叶护与贺鲁是在不同时间降唐的两个人，不是同一个人。

所谓“西蕃沙钵罗叶护”究竟属于西方哪个部族，尚不可确知。《旧唐书·太宗纪》、《唐会要》卷七三都将沙钵罗叶护入朝，与唐朝以结骨部置坚昆都督府系于一处，由此看来，沙钵罗叶护与结骨部落似不无关系。《新唐书》卷四三下《地理志》关内道安北都护府下所设“突厥州”云，坚昆都督府，“贞观二十二年以沙钵罗叶护部落置”。又在同卷“回鹘州”下云，坚昆都督府，“以结骨部置”。以《新唐书·地理志》之意，似乎沙钵罗叶护即属结骨部落[1]。

贞观二十二年结骨部首领入朝，唐朝以结骨部置坚昆都督府事，《新唐书》卷二一七下《回鹘传》、《唐会要》卷一〇〇《结骨国》、《册府元龟》卷九九九《外臣部·入觐》以及《资治通鉴》卷一九八都有比较详细记载，各书所记大致相同，兹将《通鉴》记载转录于下，以资比较：

> 结骨自古未通中国，闻铁勒诸部皆服，（贞观二十二年）二月，其俟利发失钵屈阿栈入朝。其国人皆长大，赤发绿睛，有黑发者以为不祥。上宴之于天成殿，谓侍臣曰：“昔渭桥斩三突厥首，自谓功多，今斯人在席，更不以为怪邪！”失钵屈阿栈请除一官，“执笏而归，诚百世之幸”。戊午，以结骨为坚昆都督府，以失钵屈阿栈为右屯卫大将军、坚昆都督，隶燕然都护。[2]

---

[1] 岑仲勉先生认为《新唐书·地理志》系误植。但其主要理由是“沙钵罗叶护系指贺鲁，与坚昆无涉”（见《突厥集史》，260页）。又，《新唐书》“校勘记”亦取岑说（《新唐书》卷四三下“校勘记”①）。按，《新唐书·地理志》所载固然与其他记载不相吻合，但岑说所列理由，尚不足以否定《新唐书》的记载。此存疑。

[2] “有黑发者以为不祥”，《唐会要》卷一〇〇《杂录》引安西都护盖嘉运撰《西域记》（2120页）云：“其有黑发、黑睛者，则李陵之后。”不云以黑发为不祥。又，《新唐书》卷二一七下《黠戛斯传》（6147页）云：“人皆长大，赤发、皙面、绿瞳，以黑发为不祥，黑瞳者，必曰（李）陵苗裔也。”三说各异。“右屯卫大将军”，《新唐书》、《唐会要》及《册府元龟》均作“左屯卫大将军”。

据以上记载，二十二年二月入朝之结骨部首领为俟利发失钵屈阿栈。戊午，唐朝置坚昆都督府，以失钵屈阿栈为都督，坚昆都督府的设置与沙钵罗叶护似又无关。沙钵罗叶护的归属问题，还有待于进一步探讨。

（载《新疆大学学报》1989年第1期。）

肆

高昌供食文书中的突厥

吐鲁番阿斯塔那三〇七、三二九、五一七号墓等三座麴氏高昌时期的墓葬中，出土了九件供食文书，其中六件内容与突厥有关。在供食客使中，出现了阿博珂寒（阿波可汗）、贪浑珂寒（贪汗可汗）、怨罗珂寒（处罗可汗）、南厢珂寒（可汗）、北厢珂寒（可汗）等突厥可汗派遣的使团。此外，还记载了“外生儿”（外甥）以及突厥可汗的铁师、金师等名称。这批文书的刊布，对于研究突厥史、高昌与突厥的关系不无裨益。本文试就文书中与突厥有关的问题略作考释[1]。

一

《吐鲁番出土文书》第二、三、四册中，共有二十余件文书内容与供食有关，但在供食对象、内容及记帐格式等方面，差异较大。由于文书残缺过甚，尚无法进行明确分类。据我们初步考察，供食文书大致可分为两类。第一类供食对象较为复杂，除客使外，还有供“上现”者、供“碑堂”者、供“镇军”者等等。其供食种类也较多，除面、粟、糜、麸等主食外，还包括肉、自死肉、肝、肺、羊头、枣、

[1] 参见王素《〈吐鲁番出土文书〉前三册评介》，《中国史研究》1983年第2期。

酒等副食，甚至还有领取麻、毫、驼毛、羊皮、靴、裙等日用品的记录。第二类文书供食对象较为单一，绝大多数为客使，个别有“亡来人”等，供食品种也基本只限于面、粟、糜、麸等四种主食，对于供食情况的记载，这类文书也较为详尽，而且对供食客使一般按其身份高下，分为上、中、下三等[1]。我们认为，第二类供食文书，可能是高昌客馆接待外国客使的供食纪录。本文讨论的六件内容与突厥有关的文书，均属于第二类文书。

六件文书均无年代。五一七号墓系合葬墓，出《高昌延昌三十一年（591）张毅妻孟氏墓表》、《高昌延昌三十七年张毅墓志》各一方。女尸上出《高昌延昌三十一年缺名随葬衣物疏》，男尸上出《高昌延昌三十七年武德随葬衣物疏》，“衣物疏”与墓志（表）年代相同[2]。三〇七、三二九号墓无墓志及墓表，同出诸文书亦无年代，“题解”据墓葬形制和同出文书、文物特征，将二墓时间定为麹氏高昌晚期。又，三〇七号墓出土“调薪车残文书”一件，“题解”根据其中“至闰八月初”一语，判断为麹氏高昌延寿九年（632）。三墓同出文书、文物所见具体年代，最早者为延昌三十一年（591），最晚者为延寿九年（632），略晚于文书中突厥诸可汗活动时间。试将文书中突厥可汗出现次数（表一）以及同墓所出文书、文物年代与突厥可汗活动年代（表二）列表于下，以资参考[3]：

[1] 作者在本书第柒篇《试论两件高昌供食文书》一文中，就三〇七号墓所出《高昌竺佛图等传供食帐》、《高昌□善等传供食帐》进行了讨论，初步研究了第二类文书中，以半月为单位结账的供食账目涉及的有关问题，可供参考。

[2] 五一七号墓同出有《唐开耀二年（682）西州蒲昌县上西州都督府户曹牒为某驿修造驿墙用单功事》等五件唐代文书，“题解”认为，这五件文书是后世盗扰混入，与本墓年代无关，姑置不论。

[3] 表一“珂寒”栏，为文书中姓名残缺的可汗。表二“史书记载年代”，详见本文第二部分。

表一

墓别	文书	阿博珂寒	贪汗珂寒	恕罗珂寒	南厢珂寒	北厢珂寒	珂寒
TAM307	竺佛图帐	1			1		1
	□善帐	1	1		3		3
	令狐帐		1				
	都子帐				1		
TAM329	元治帐			1		1	2
TAM517	都子帐		2				

表二

可　　汗	同墓文书（物）年代	史书记载年代	年代差
阿博珂寒	591—632?	583—587	4—49
恕罗珂寒	麹氏高昌晚期	604—611	
贪汗珂寒	591—632?	583	7—49
南厢珂寒	591—632?	缺	
北厢珂寒	麹氏高昌晚期	缺	

这里有一个问题需要加以解释，三〇七号墓所出文书无具体年代，《吐鲁番出土文书》“题解”将其中一件“调薪车残文书”推定为延寿九年，但根据三〇七号墓文书中出现的人物看，本墓与五一七号墓的年代大体应该相同。证据有三：

第一，阿博珂寒与贪汗珂寒同见于三〇七号墓《高昌□善等传供食帐》，而贪汗珂寒又见于五一七号墓《高昌都子等传供食帐》。

第二，三〇七号墓《高昌虎牙都子等传供食帐》第3行有“□

虎牙都子传，十五斤”，《高昌口善等传供食帐》第一片第7行“次虎牙都子传”，而五一七号墓《高昌都子等传供食帐》第一片第2行载“□都子传，一斛四斗”，此“都子”应即三〇七号墓之“虎牙都子”，“都子”上缺文应为“虎牙”，二者实为一人。

第三，三〇七号墓《高昌竺佛图等传供食帐》第二片第6行有“明威佛奴”其人，五一七号墓《高昌都子等传供食帐》第一片第3行则有“□佛奴”，此“佛奴”上缺文应为“明威”，与三〇七号墓之“明威佛奴”亦为同一人。

“贪汗珂寒”、“虎牙都子”、“明威佛奴”三人，同时出现于三〇七号墓与五一七号墓所出文书，故此，我们将二墓年代定为同一时期。

由上表可知，同墓出土文书（物）年代，较之历史文献中可以查考的年代晚4—49年。如果不计文书编辑者推定出的延寿九年（632），仅以墓志、墓表（或衣物疏）为准，则文书中所涉及的突厥可汗的活动时间，较之墓志、墓表的时间，只早4—14年。墓中文书为墓主生前之物，时间较早，应该是合乎情理的。

二

文书中阿博珂寒出现两次，贪汗珂寒四次，恕罗珂寒一次。这三位可汗都见于汉文史书记载，是突厥历史上的重要人物，试分别解释如下。

阿博珂寒，即阿波可汗，其事迹主要见于《隋书》卷八四《西突厥传》。阿波又称大逻便，为突厥大可汗东突厥木杆可汗（553—572）之子。572年木杆可汗死，传位于其弟佗钵可汗。581年佗钵可汗死后，东突厥四可汗之子（乙息记可汗之子摄图，即沙钵略可汗；木杆可汗之子大逻便，即阿波可汗；佗钵可汗之子菴罗；褥但可汗之子步离）开始争夺汗位。最后大可汗位由乙息记之子摄图夺得，号沙钵略可汗。作为一种妥协，沙钵略可汗又以木杆之子大逻便为阿波可汗。

582年，沙钵略可汗率突厥军队分头入侵隋朝，凉州一路以阿波可汗为首。次年，隋军分八道反击，阿波与隋军凉州道行军元帅窦荣定相遇。窦荣定偏将长孙晟利用阿波与沙钵略之间的矛盾，说和阿波，劝其依附隋朝，连结达头，相合为强，阿波采纳长孙晟的意见，与隋和解，遣使入朝。在这次战役中，突厥大可汗沙钵略大败于白道。沙钵略失败之后，因阿波怀贰，迁怒于阿波，转而袭击阿波可汗牙帐所在地北牙，"尽获其众而杀其母"。阿波还无所归，西奔西突厥室点密之子达头可汗[1]。

自阿波可汗逃奔西突厥始，突厥汗国内部由土门系诸小可汗争夺汗位的内讧，演变为东（土门系）、西（室点密系）突厥之间的战争。此后，阿波可汗在西突厥达头可汗的支持下，"东击摄图，复得故地"[2]。直至开皇七年（587）被沙钵略可汗的继承人莫何可汗（处罗侯）生擒。阿波可汗与沙钵略的分裂，一方面使东突厥分裂为二，同时也成为东、西突厥之间长期战乱的契机，在突厥史上具有重要意义。阿波系第三代可汗处罗，乘达头败于漠北之机，曾据有西突厥大部分地区，一度迫使室点密系射匮可汗向其臣服，故《隋书》径将阿波系突厥称为"西突厥"。但应该指出的是，阿波系之阿

[1] 参见《隋书》卷八四《西突厥传》，1876—1877页；《隋书》卷五一《长孙晟传》，1330—1332页；《隋书》卷三九《窦荣定传》，1151页；《隋书》卷四四《杨爽传》1224页。

[2]《隋书》卷五一《长孙晟传》，1332页。

波、泥利二可汗均附属于达头可汗，其居地应在突厥汗国牙帐所在地西北，大体在于都斤山与金山之间[1]。文书中阿波可汗遣使高昌的时间，应当在开皇三年与七年之间，这一时间与墓志、墓表的时间也是吻合的。

贪浑珂寒在《高昌都子等传供食帐》中有两种写法，一为“贪浑珂寒”，一为“贪旱珂寒”，二者显为一人。“旱”、“汗”二字，在吐鲁番文书中经常相假，如《高昌义和四年缺名随葬衣物疏》“中衣旱衫一具”之“旱衫”应即“汗衫”[2]，又如《高昌某人夏镇家麦田券》第2行“租在夏价中，依官斛斗取，使净好。若有灾汗随□”[3]，其中“灾汗”显为“灾旱”。总之，此“贪浑（旱）珂寒”，应即史书所载之“贪汗可汗”。

贪汗可汗活动年代与阿波可汗同时。583年，阿波可汗与沙钵略分裂，贪汗可汗因与阿波关系密切，被沙钵略所废，也投靠西突厥达头可汗。《隋书》卷八四《突厥传》:“又有贪汗可汗，素睦于阿波，沙钵略夺其众而废之，贪汗亡奔达头。”历史文献中，贪汗可汗仅此一见。

贪汗与阿波二可汗，地居东突厥之西境，“贪汗”一名，当与高昌北之贪汗山有关。《隋书》卷八三《高昌传》叙述高昌地理时说：

> （高昌）北有赤石山，山北七十里有贪汗山，夏有积雪。此山之北，铁勒界也。

---

[1] 参见段连勤《关于西突厥与西突厥汗国早期历史的几个问题》,《新疆社会科学》1984年第3期。

[2]《吐鲁番出土文书》第三册，文物出版社，1981年，61页。

[3]《吐鲁番出土文书》第三册，191页。

贪汗山即今新疆境内天山东部的博格达山。“铁勒界”云云，是就大业初年铁勒部占据贪汗山之后的情况而言的。大业之前，此地一直由突厥控制。贪汗山或因系贪汗可汗之驻牧地而得名[1]。贪汗山地接高昌，交通便利，故贪汗可汗与高昌使节往还甚密。

“贪汗”在历史文献中与人名连用，除了“贪汗可汗”之外，还有“移力贪汗”。松田寿男说：

> 在《隋书·突厥传》中，可以看到有个贪汗可汗，而《旧唐书·突厥传》中则有个叫做移力贪汗的人物。后者所表示的贪汗大概是官号达干，前者所表示的贪汗，说不定也许是同样的词。[2]

池田温也怀疑吐鲁番文书中的“贪旱”一词为Targan（达干）之异译[3]。

按，Tarqan为突厥官职，见于《暾欲谷碑》、《阙特勒碑》、《毗伽可汗碑》《翁金碑》等突厥文碑铭[4]。Targan一词在北方游牧民族中源远流长，应用甚广，前后变化也较大。柔然之“塔寒”，突厥、回鹘

---

[1] “贪汗山”，《隋书》原作“贪污山”，中华书局标点本改作“贪汗山”，《校勘记》说：“‘汗’原作‘污’，据本书《突厥传》、《北史·高昌传》、《通典》一九一改。”松田寿男认为，应以“贪污山”为是（见《古代天山历史地理学研究》第三部分《论隋唐史籍所载天山形势》第一考《突厥勃兴史论》，陈俊谋汉译本，中央民族学院出版社，1987年）。今按，诸书均作“贪汗山”，“污”显为“汗”之讹，此不从松田说。

[2] 见上引松田寿男《古代天山历史地理学研究》，278页。

[3]《高昌年次未详迦匕贪旱等钱谷备忘》“贪旱”注，池田温《中国古代籍帐研究》，东京东洋大学东洋文化研究所，1979年，311页。

[4] 本文所引突厥文碑文，均采用耿世民先生汉译本，见林幹《突厥史》（内蒙古人民出版社，1988）附《突厥文碑铭译文（耿世民译）》。下文不另注。

之“达干”，蒙古之“答刺罕”，均为Tarqan的异译[1]。在唐代，除了达干外，还有“达官”[2]、“铎干”、“达幹”[3]等译法。但据突厥语专家耿世民先生的意见，“贪汗”一词的突厥语对译应为tamghan，而不是Tarqan，如突厥文之isbara tamghan cur与bilgö isbara tamghan tarqan，耿译分别为“始波罗贪汗啜”，“毗伽始波罗贪汗达干”[4]。这一问题似乎还有待于进一步研究。

贪汗（贪淖、贪旱）一词在吐鲁番文书中多用作突厥人名，如“贪淖珂寒”、“贪淖提懃”、“吐别贪旱”、“喇举贪淖”、“孤艮贪淖”[5]、“贪旱大官”[6]、“贪淖”[7]等。在传统汉文史籍中，突厥人多以官职为名，贪汗之词义虽然尚不能肯定，但它为突厥官职名称，似可无疑。

恕罗珂寒，即史籍记载阿波系第三代可汗处罗。处罗可汗全称泥撅处罗可汗，名达漫，其母向氏为汉族。

开皇七年阿波可汗败于漠北，国人立鞅素特勤子为泥利可汗。仁寿三年（603），铁勒诸部起兵反对突厥，泥利可汗败于铁勒。次年，泥利可汗之子处罗可汗继位。《隋书》卷八四《西突厥传》比较系统地叙述了处罗可汗的事迹，但对处罗继位前后的记载，似乎有误。兹迻录于下：

---

[1] 见韩儒林《穹庐集》（上海人民出版社，1982）所载《蒙古答刺罕考》、《突厥官号考释》二文。

[2]《通典》卷一九九《突厥》下（5453—5464页）除“莫贺达干”作“莫贺达于”外，凡“达干”均作“达官”，《大慈恩寺三藏法师传》卷二（28—29页）亦作“达官”。又，《通典》卷一九七《突厥》上、卷一九八《突厥》中“达干”多讹作“大于”。

[3] 参看岑仲勉《突厥集史》，中华书局，1958年，867页。

[4]《翁金碑》正面，第4、5行。

[5] 以上诸名见于本文录文部分所引六件供食文书。

[6] 见《吐鲁番出土文书》第四册，文物出版社，1983年，132页。《高昌延寿十四年兵部差人看客馆客使文书》，以及前引《高昌年次未详迦匕贪旱等钱谷备忘》。

[7]《吐鲁番出土文书》第四册（29页）《高昌元礼等传供食帐》。

> 大逻便（即阿波可汗——引者）为处罗侯所执，其国立鞅素特勤之子，是为泥利可汗。卒，子达漫立，号泥撅处罗可汗。其母向氏，本中国人，生达漫而泥利卒，向氏又嫁其弟婆实特勤。开皇末，婆实共向氏入朝，遇达头乱，遂留京师，每舍之鸿胪寺。

本段记载，疑点有二。

第一，从前后文意分析，“生达漫而泥利卒”，意在强调“生达漫”与“泥利卒”两件事在时间上非常接近。泥利卒年，史无明文。《隋书》卷八四《突厥传》说："是岁，泥利可汗及叶护俱被铁勒所败。步迦寻亦大乱，奚、霫五部内徙，步迦奔吐谷浑。”步迦即达头可汗。《隋书》上承仁寿元年，下接大业三年，从史书行文惯例看，“是岁”应指仁寿元年。但《隋书》卷五一《长孙晟传》载：

> 仁寿元年……诏杨素为行军元帅，晟为受降使者，送染干北伐。二年，军次北河，值贼帅思力俟斤等领兵拒战，晟与大将军梁默击走之，转战六十余里，贼众多降。晟又教染干分遣使者，往北方铁勒等部招携取之。三年，有铁勒、思结、伏利具、浑、斛萨、阿拔、仆骨等十余部，尽背达头，请来降附。达头众大溃，西奔吐谷浑。

《资治通鉴》卷一七九所系时间与《长孙晟传》相同。显然铁勒等部背叛，泥利、达头等溃败，均在仁寿三年。上引《隋书》卷八四《突厥传》及《隋书》卷四八《杨素传》因杨素受命出征在仁寿元年，故将此事系于仁寿元年。仁寿三年，泥利溃败。一年之后，继承泥利可汗之位的处罗可汗也因击铁勒而被击败。《隋书》卷八四《铁勒传》：

大业元年（605），突厥处罗可汗击铁勒诸部，厚税敛其物，又猜忌薛延陀等，恐为变，遂集其魁帅数百人，尽诛之。

处罗可汗继位最晚也在大业元年之前。换言之，泥利可汗去世与处罗可汗继位，应同在仁寿三年至四年之间。“生达漫”与“泥利卒”二事在时间上是不能相提并论的。

第二，更为重要的是，《西突厥传》说，泥利卒，“向氏又嫁其弟婆实特勤。开皇末，婆实共向氏入朝”。《通典》卷一九九《突厥》下也说：“生达漫而泥利卒，而（疑衍）向氏又嫁其弟婆实特勤。隋开皇末，婆实与向氏诣长安。”《通鉴》卷一八〇也延续二书记载说：“泥利卒，子达漫立，号处罗可汗。其母向氏，本中国人，更嫁泥利之弟婆实特勒（勤）。开皇末，婆实与向氏入朝。”

隋文帝开皇共二十年，起581年，至600年，开皇之后为仁寿（601—604）。据上文讨论可知，泥利卒年在仁寿三年至四年之间，向氏既然在泥利死后改嫁，则其改嫁时间最早也应在仁寿四年之后，入朝应该更晚，而不应在泥利在位的开皇末年。

处罗可汗在仁寿四年继位，大业元年败于铁勒，被迫西迁。西迁之后，处罗势力一度很大，室点密系射匮可汗曾臣服于处罗。但在大业六年，射匮可汗击败处罗；次年，处罗被迫率众降隋，被隋朝封为曷萨那可汗[1]，妻隋信义公主。隋亡之后，又于武德元年降唐，封

[1]《隋书》卷六七《裴矩传》（1582页）、《隋书》卷八四《西突厥传》（1879页）、《新唐书》卷二一五下《西突厥传》（6056页）、《旧唐书》卷一九四下《西突厥传》（5180页）作“曷萨那”，《隋书》卷四《炀帝纪》（86页）、《旧唐书》卷五五《李轨传》（2249页）作“曷娑那”。“曷萨那”与“曷娑那”显为同名异译。《通鉴》卷一八一大业八年作“曷婆那”。《考异》说：“《唐·李轨传》作‘曷娑那可汗’，今从《隋书》。”“胡注”说：“按今《隋书》作‘曷萨那’。”今按，司马光、胡三省所说《隋书》，当指《隋书》卷八四《西突厥传》。疑“曷婆那”为“曷娑那”之误，而“曷萨那”为后人据他处记载所改。又，《通鉴》卷一八六武德元年作“曷娑那”，是。

为归义王[1]；次年，被东突厥使所杀。处罗可汗在西域活动时间前后八年（604—611），在阿波系三可汗中，时间最长。

出现“恕罗珂寒”的三二九号墓无具体年代，根据处罗可汗的活动年代，我们可以将具体时间定在604年至611年之间，这与“题解”推断的麹氏高昌晚期，大体相符。

三

在供食文书中，南厢珂寒（可汗）与阿波可汗、贪汗可汗同时出现（583—587），北厢珂寒（可汗）则与处罗可汗同时出现（604—611），稍晚于南厢可汗。南相对于北而言，没有北厢可汗也就无所谓南厢可汗，反之亦同。虽然南、北二厢可汗在文书中有先后之别，但正如贞观年间西突厥分为东、西二厢一样，我们认为南、北厢可汗也应该是同时出现的。也就是说，文书中南、北厢可汗的年代，应在583年至611年之间。

汉文传统史籍中，没有关于南厢可汗、北厢可汗的记载，但提到了西突厥南庭、北庭。南、北庭的记载，最早见于《通典》卷一九九《突厥》下：

> 西突厥大逻便（木杆可汗之子——杜佑自注），初，木杆[2]与沙钵略可汗有隙，因分为二（大逻便即阿波可汗——杜佑自注），其国居乌孙之故地，东至突厥国，西至雷翥海，南至疏

[1]《通鉴》卷一八六武德元年（5829页）、《册府元龟》卷九六四《外臣部·封册》（11337页）作“归义王”，《旧唐书》卷一九四下《西突厥传》（5180页）作“归义郡王”。

[2]“木杆”应作“大逻便”或“阿波可汗”，《通典》误。

勒，北至瀚海，在京师西北七千里。自焉耆国西北七日行，至其南庭，自南庭又正北八日行，至其北庭。铁勒、龟兹及西域诸国皆归附之。其人杂有都陆及弩失毕、葛逻禄、处月、处密、伊吾等诸种。

在本段记载中，自“其国居乌孙之故地”至“西域诸国皆归附之”，所载为室点密系西突厥汗国的疆域，学界对此均无异议。此后，《旧唐书》卷一九四下《西突厥传》与《新唐书》卷二一五下《西突厥传》关于西突厥南、北庭的记载，大体延续《通典》。“自南庭又正北八日行”句，《旧唐书》作“正北八日行”，《新唐书》作“北八日行”，诸书的记载以《通典》最为明确。

沙畹《西突厥史料》[1]引希腊史料记载，公元568年，东罗马遣Zémarque出使突厥，在Ektag山会见了突厥可汗Dizaboul（室点密）。576年，又遣Valentin再次出使突厥，修订Zémarque与室点密订立的条约。适逢室点密去世，在Ektel山会见了Tardou（达头）可汗。沙畹认为，Ektel即Ektag，Ektag为Ak-tag之讹译。Ak-tag意为白山。汉文史料所载龟兹北之“白山”，为其意译，而“阿羯田山”、“阿羯山”均为其音译。沙畹、松田寿男都认为，室点密与达头两次会见东罗马使臣的驻地，与诸书《西突厥传》序文部分的“南庭”同在一地。但对南庭的具体地点，二人则持不同看法。

沙畹在《旧唐书·西突厥传》注解中，从《西域图志》说，认为南庭在空格斯河沿岸。后来在论证弥南（Menander）所记Ektag山之突厥可汗汗庭时，又说：“西突厥诸可汗之南庭，地在今库车北山外之

[1] 沙畹著，冯承钧译《西突厥史料》，中华书局，1958年。下文所引沙畹说，俱出此书，不另注。

特克斯流域。”松田寿男对南庭进行了详细考证，否定了特克斯河说，认为南庭在大裕勒都斯河谷。两说相比，应以松田寿男说为是[1]。

沙畹认为“北庭”位置有两地可取，一为今伊犁城附近，一为额毕湖（今艾比湖）附近。松田寿男则认为：“这里所说的北庭，大概可以和后来设置于乌鲁木齐以东吉木萨尔的都护府被命名为北庭一事合并加以考虑，大致是在别失八里地区内。”[2]今按，松田寿男此说欠妥。《通典》明言，“自南庭又正北八日行，至其北庭”，特意强调北庭在南庭正北。松田寿男将南庭置于大裕勒都斯河谷，而所谓“别失八里”，则在大裕勒都斯河谷正东偏北，其地望与史书所载相去甚远。松田寿男致误的原因在于误解了史书原文。松田寿男所引为《旧唐书》卷一九四下《西突厥传》，《旧唐书》为求行文简练，删去了“自南庭”三字，作“自焉耆国西北七日行，至其南庭，又正北八日行，至其北庭”。此处虽经删节，文意也很明显，即北庭在南庭正北，行程八日。但松田寿男却强调南庭、北庭是以焉耆为基准。换言之，松田寿男将“又正北八日行”理解为“自焉耆又正北八日行”，所以将北庭置于别失八里。但《旧唐书》此节源于《通典》，而《通典》则明确记为“自南庭又正北八日行”。北庭的“基准”是南庭，而不是焉耆，松田寿男说显误。

以地望言之，我们认为应该从沙畹第二说，北庭在额毕湖附近。这里不但地望与史书所载相符，而且水草丰美，是理想的游牧地区。唐高宗永徽年间（650—655），西突厥阿史那贺鲁叛唐之后，“总有西域诸郡，建牙于双河及千泉，自号沙钵罗可汗，统摄咄陆、弩失毕十

[1] 松田寿男《西突厥王庭考》，《古代天山历史地理学研究》，陈俊谋译，中央民族学院出版社，1987年，319—333页。

[2] 松田寿男《古代天山历史地理学研究》，321页，补注⑥。

姓"[1]。千泉，即Bing-yul（屏聿）的意译，地在白水城与怛逻斯之间。双河，《西域图志》认为应即博罗塔拉河流域[2]，陶保廉则认为在精河与博罗塔拉河之间[3]。精河与博罗塔拉河都流入额毕湖，二说虽不尽相同，但大体不出今新疆博尔塔拉蒙古自治州之精河、博乐二县附近。这与诸书所载，自南庭（大裕勒都斯河谷）又正北八日行，也大体相符。可见额毕湖一带确为突厥建牙之地，以此为西突厥之北庭，似更合理。

因为上文所论之"南庭"、"北庭"出现在诸书《西突厥传》的序文部分，一般在引用时，都将其作为西突厥初期的情况。但实际上，《通典》混淆了室点密系西突厥与《隋书·西突厥传》所记载的由东突厥分裂出的阿波系突厥，两《唐书》则延续了《通典》的错误[4]。仅就上文所引《通典》序文部分而言，所载地域为室点密系西突厥，自无可疑。但其余部分，则与室点密系西突厥无关。其开头部分，自"西突厥大逻便"至"因分为二"，钞自《隋书》，所讲内容为阿波系突厥的由来，与室点密系西突厥的起源毫不相干。下文云"其人杂有都陆及弩矢毕、葛逻禄、处月、处密、伊吾等诸种"（《旧唐书》卷一九四下《西突厥传》同）句，意思是说，"西突厥"人中，除了其基本成分之外，还杂有都陆、弩矢毕、葛逻禄、处月、处密等成分。《新唐书》卷二一五下《西突厥传》对此记载得更为明确，"由焉耆西北七日行得南庭，北八日行得北庭，与都陆、弩失毕、歌逻禄、处月、处蜜、伊吾诸种杂"。"都陆"即"咄陆"，"弩矢毕"即"弩失

[1]《旧唐书》卷一九四下《西突厥传》，5186页。

[2]《钦定皇舆西域图志》卷二五，文渊阁《四库全书》，第500册，490—449页。

[3]《辛卯侍行记》卷六，《续修四库全书》第737册，上海古籍出版社，2002年，617页。

[4] 参见本书第壹篇《西突厥新考》。

毕”。这里明确将咄陆、弩失毕排除于“西突厥”基本成份之外，与葛逻禄等属部并列。但我们知道，咄陆五姓与弩失毕五姓是室点密系西突厥的基本组成部分。这里所载，显然是《隋书》阿波系突厥，而非室点密系西突厥。隋大业元年至六年之间，阿波系处罗可汗曾占有室点密系西突厥大片地区，迫使室点密系射匮可汗臣服，“杂有都陆、弩矢毕”诸种云云，当指这时的情况而言。既然《通典》、两《唐书》混淆了两个不同系统的突厥政权，我们就很难仅仅根据诸书“序文”的记载，将“南庭”、“北庭”的设置时间，定为西突厥初期。

松田寿男对南、北庭的设置时间进行了论讨，认为“西突厥出现南庭、北庭这两个名称是在唐贞观中季以后该国开始分裂，内部斗争趋于激烈的时候”。但松田寿男所说的西突厥分裂后的南、北庭，是指咄陆可汗在镞曷山西建立的北庭和沙钵罗叶护可汗在虽合水北建立的南庭，这与松田寿男本人所讨论的诸书《西突厥传》序文部分的南、北庭，风马牛不相及。所以松田寿男后来又说，将贞观中期的南、北庭与序文中的南、北庭混为一谈，是自己的疏忽，序文中的南、北庭“好象是摘自于记载唐初情况的记录，是可以清楚地区别贞观中期以后南、北庭的记事，而且可以认为是再无其他可资参考的相类似的唯一记事”[1]。

参照诸书有关西突厥的记载，除序文部分之外，自隋末射匮可汗复兴至唐贞观年间西突厥分裂之前，均无南、北庭的记载，松田寿男将设置南、北庭系于贞观初年，根据似嫌不足。吐鲁番文书中南、北厢可汗的出现，为研究西突厥“南庭”、“北庭”的设置时间，提供

[1] 松田寿男《古代天山历史地理学》，321页[补注]6。

了很有价值的线索。

我们认为，文书中的南厢可汗与北厢可汗，应是对驻牧于南庭、北庭的突厥可汗的称呼。由上文可知，南、北厢可汗的具体年代在583年至611年，大体相当于西突厥达头可汗（576—603）与射匮可汗（605—616）时期。果如是，则最晚在西突厥达头可汗统治中期，西突厥就已设置了南、北厢可汗。揆诸常理，南、北厢可汗应与南、北庭同时设置，或晚于南、北庭，如果以上推论不误，则可将西突厥南、北庭的上限定于583年至587年之间（与文书中同出的“阿波可汗”同时）。

583年至587年间，东突厥分裂，其阿波可汗、贪汗可汗、地勤察等先后投奔西突厥达头可汗，形成了以达头为首的反对突厥大可汗沙钵略的联盟。达头借东突厥分裂之机，出兵漠北，争夺大可汗汗位，并于开皇二十年在漠北自立为步迦可汗，成为突厥大可汗。达头可汗这时在西突厥本土设立南、北厢小可汗，是完全合乎情理的。

在此应该强调指出的是，仁寿三年（603）之后，西突厥政治局势发生了很大变化。随着铁勒诸部的反叛，达头联盟彻底崩溃。阿波系泥利可汗败于铁勒，随后已在漠北称大可汗的达头也因诸部叛离，西奔吐谷浑，不知所终。这样阿波系东突厥与室点密系西突厥都陷于群龙无首的地步。阿波系处罗可汗继位之后，一度使铁勒降服，但不久之后，以薛延陀为首的铁勒诸部又起而反抗，占领了今新疆东部大部分地区[1]。处罗可汗被迫西迁，室点密系西突厥大部领土被处罗所占，室点密系射匮可汗迁徙至锡尔河一带，向处罗

[1]《隋书》卷八四《铁勒传》，1880页。

可汗称臣。《隋书》卷八四《西突厥传》:“处罗可汗居无恒处，然多在乌孙故地。复立二小可汗，分统所部。一在石国北，以制诸胡国，一居龟兹北，其地名应娑。”应娑即裕勒都斯河谷，原为室点密系西突厥室点密、达头二可汗牙帐所在地，也是诸书所记载的南庭。但处罗所立石国北之小可汗，则与达头建于额毕湖一带的北庭地点不一。文书中与“处罗可汗”一起出现的“北厢可汗”，其具体居地在石国北，还是在额毕湖一带，尚难确定。从吐鲁番文书中的“北厢可汗”可知，阿波系处罗可汗在占据了西突厥大部领土之后，也继承了西突厥南、北厢可汗制度。如果《隋书》所记载的二小可汗就是处罗可汗属下的南、北厢可汗，那么，在处罗可汗时期，南厢可汗居地未变，而北厢可汗则由原额毕湖一带，迁徙到了石国之北。

四

三〇七号墓所出《高昌☐善等传供食帐》第一片第3行：“☐斗，供外生儿提懃珂都虔四十五人，☐。”同文书第二片第9行亦载：“☐六斗，供外生儿☐虔四十五人，尽三十日，合☐。”两处所记，显为一事。文中之“提懃”即“特勤”之异译，为突厥官职。“珂都虔”显为人名，而“外生儿”则应为“外甥”之异称。以“外甥”作“外生”，在文献中，也有例可证。《宋史》卷四九〇《高昌传》载西州回鹘云：“太平兴国六年（981），其王始称西州外生师子王阿厮兰汉。”此处之“阿厮兰汉”，意即“狮子王”。由《宋史》卷四九〇《回鹘传》可知，此“外生”即“外甥”，其文云：“先是，唐朝继以公主下嫁，故回鹘世称中朝为舅，中朝每赐答诏亦曰外甥。五代之后皆因之。"《新五代史》卷七四《回鹘传》也说："当五代之际，有居甘州、西州者尝见中国，而甘州回鹘数至，犹呼中国为舅，中国答以诏书亦呼为甥。"[1]由吐鲁番文书及《宋史·高昌传》可知，自隋至宋，高昌地区都将外甥写为外生。西州回鹘之自称"外生"与吐鲁番文书之"外生儿"不同，前者已演变为一种政治关系的称谓，而后者则表示"提懃珂都虔"其人为高昌王的外甥。

此"外生儿"与"阿博珂寒"同时出现，时间大约在隋开皇三年至七年，相当于高昌王麹乾固之延昌二十三年至二十七年。从其称谓可知，"提懃珂都虔"当为高昌公主之子，麹乾固之甥。又，从其官居"提懃"（特勤）可知，他肯定是突厥人。换言之，麹乾固的姐妹中，当有出嫁突厥者。提懃珂都虔所率使团人数达四十五人，在所有使团中人数最多，也可证明他与高昌关系非同一般。"外生儿"的出现，为研究高昌与突厥的关系提供了新的材料。

政治联姻是突厥人惯用的外交手段。自土门可汗求婚柔然不遂，起兵建立突厥汗国始，至唐初突厥灭亡，突厥与外族联姻史不绝书，东、西突厥均无例外。西突厥为了控制商路，对于丝绸之路沿途绿洲国家，采取了类似于"羁縻统治"的方式，授以西域诸国王颉利发的官职，并派遣吐屯进行监视，督其征赋[2]。与此同时，又通过联姻手段，加深与西域诸国的关系，强化对西域的统治。如西突厥达头可汗女及叶护可汗女，都先后出嫁康国王[3]。疏勒王也娶西突厥女为妻[4]。

---

[1] 参见《旧五代史》卷一三八《回鹘传》，1841页。显然"外生"就是"外甥"。

[2]《旧唐书》卷一九四下《西突厥传》，5181页。

[3] 达头可汗女见《隋书》卷八三《康国传》，1848页；叶护可汗女见《旧唐书》卷一九八《康国传》，5310页。

[4]《旧唐书》卷一九八《疏勒传》，5305页。

西突厥重臣屈利啜之弟曾娶焉耆王女为妻[1]。高昌由于地处交通要冲，与突厥关系尤为密切，自高昌第六代王麴宝茂之后，高昌每代国王都与突厥联姻。

高昌第八代王麴伯雅继位之后，突厥曾逼迫麴伯雅依突厥风俗，娶其大母突厥可汗女。《隋书》卷八三《高昌传》："（麴）坚死，子伯雅立。其大母本突厥可汗女，其父死，突厥令依其俗，伯雅不从者久之。突厥逼之，不得已而从。"按，伯雅之父应为乾固，此作麴坚，误[2]。据先师马雍考证，大母，即祖母。此突厥可汗女，应即西突厥室点密可汗之女，与见于《麴氏造寺碑》，同高昌第六代王麴宝茂联姻之突厥女为同一人。公元555年，室点密嫁女麴宝茂，宝茂死后，由其子乾固继承，乾固既死，突厥又逼迫乾固子伯雅再次继娶。从最初关系言，室点密女为伯雅之大母，但既经其父继娶之后，便成了伯雅后母，所以突厥逼迫伯雅继娶者，仍按子承父妻之例，并非作为孙娶大母看待[3]。

从吐鲁番文书可知，高昌第六代王麴宝茂不但娶了突厥可汗女为妻，而且将自己的女儿出嫁突厥。所生子"珂都虔"，在突厥担任特勤（提懃）官职。《通典》卷一九七《突厥》上载，突厥"可汗，犹古之单于也，……其子弟谓之特勤"。同书卷一九九《突厥》下云，西突厥"其官有叶护、有设、有特勤，常以可汗子弟及宗族为之"[4]。珂都虔官居特勤，由此推之，麴宝茂女所嫁对象，当为突厥可汗或其宗族。

---

[1]《旧唐书》卷一九八《焉耆传》，5302页。

[2] 黄文弼先生说："《北史》、《隋书》'高昌传'均云，嘉死，子坚立，坚死，子伯雅立。然今已实证，得坚死之后尚有玄喜、宝茂诸代，故坚死，伯雅立之说完全不可信，由是则嘉死子坚立之说，亦尚难遽信也。"见黄文弼《高昌麴氏纪年》，载于西北科学考察团丛刊之二，《考古学》第一辑《高昌》第一分本，民国二十年版。

[3] 马雍《突厥与高昌麴氏王朝始建交考》，《向达先生纪念论文集》，新疆人民出版社，1986年。

[4]《旧唐书》卷一九四下《西突厥传》无"有设"二字。

到高昌第八代王麴伯雅，又将自己的女儿嫁与西突厥统叶护可汗长子呾度设为可贺敦，生有一男。《大慈恩寺三藏法师传》卷二：

> 自此（指铁门——引者）数百里渡缚刍河，至活国，即叶护可汗长子呾度设所居之地，又是高昌王妹婿。高昌王有书至其所。比法师到，公主可贺敦已死，呾度设又病，闻法师从高昌来，又得书，与男女等呜咽不能止。……设既死，高昌公主男小，遂被前儿特勤篡立为设，仍妻后母。

缚刍河即阿姆河。活国即Warwāliz或Valvlij，《旧唐书》卷四〇《地理志》作遏换城，《新唐书》卷四三下《地理志》作阿缓城，地在Dashi河与Tālaqān河汇合处，今昆都士河（Qunduz）附近[1]。据《大唐西域记》卷一六，活国“其王突厥也，管铁门已南诸小国，迁徙鸟居，不常其邑”。统叶护使其长子驻扎于活国，是为了管理铁门关以南、兴都库什山以北、葱岭以西、波斯以东诸小国[2]。时高昌王为高昌第九代王麴文泰，呾度设既为高昌王妹婿，则其妻当为麴伯雅之女。据《周书》、《通典》、《旧唐书》之《突厥传》记载，突厥可汗“号其妻为可贺敦，亦犹古之阏氏也”[3]。显然“可贺敦”是突厥可汗妻的称号。麴伯雅之女虽然是呾度设之妻，但也称可贺敦，可见高昌公主在突厥中的地位是很尊贵的。而且此处明言，呾度设死后，高

[1] 参见季羡林等《大唐西域记校注》，中华书局，1985年，963页，“活国”条注解。

[2]《大唐西域记》卷一（100页）“覩货逻国故地”下云：“出铁门至覩货逻国故地，南北千余里，东西三千余里。东阨葱岭，西接波剌斯，南大雪山，北据铁门，缚刍大河中境西流。自数百年王族绝嗣，酋豪力竞，各擅君长，依川据险，分为二十七国，虽画野区分，总役属突厥。”即呾度设所领之地。

[3] “可贺敦”，《新唐书》卷二一五上《突厥传》（6028页）作“可敦”，《吐鲁番出土文书》第二册《高昌众保等传供粮食帐》（283页）有“珂顿”，当即“可敦”之异译。

昌公主男因年纪幼小，被前儿特勤“篡立”为设，证明高昌公主男是呾度设的合法继承人，这应该与高昌公主的地位有直接关系，也可证明突厥人非常重视与高昌的关系。

综上所述，试将高昌与突厥通婚状况列表如下（双线表示嫁娶关系）：

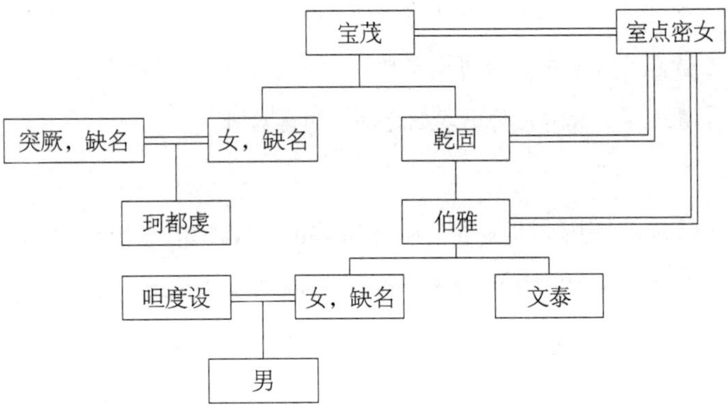

五

在供食文书中，还记载了突厥“铁师”与“金师”。《高昌□善等传供食帐》第一片第3行载：“田阿善传，面五斗，供阿博珂寒铁师居织□。”[1]《高昌令狐等传供食帐》第一片第6行亦载：“□縻米三升，供贪浑（珂）寒金师莫畔陀，上一（人），□。”[2]此“铁师”与“金师”，分别为突厥阿波可汗、贪汗可汗所遣。

[1] 原文作“□善传，面五斗，供阿博珂寒铁师居□。”此据同文书第二片第10行补。详见本文录文部分。

[2] “珂”、“人”二字原文缺，系作者据上下文意补。

在吐鲁番文书中，除铁师、金师外，还有画师[1]、弓师[2]、纸师[3]，以及画匠、皮匠、韦匠、木匠、油匠、杀猪匠[4]等。我们发现在吐鲁番文书中，凡称"×师"者，均见于高昌国时期的文书，而称"×匠"者，则只见于唐代文书。或对于专门从事手工业的工匠，在高昌国时期称"师"，入唐以后则称"匠"。文书中，突厥人"居织"与"莫畔陀"称"铁师"、"金师"，是高昌以本地习惯称呼从事相应职业的突厥人，突厥本族如何称呼，已不可知。顾名思义，铁师即锻造铁器的工匠，金师即制造金银器皿的工匠。

突厥人在历史上与手工金属制造业有着不解之缘。《周书》卷五〇《突厥传》记载，突厥建国之前，"臣于茹茹，居金山之阳，为茹茹铁工"，而茹茹则视突厥为"锻奴"。《隋书》卷八四《突厥传》也说突厥，"世居金山，工于铁作"。上引罗马使臣Zémarque公元568年出使突厥，行抵康居时，有突厥人向他售铁。弥南认为，突厥人意在使罗马使臣知道，突厥国内饶有铁矿。铁还是突厥向其属部征收贡赋的一项重要内容。《新唐书》卷二一七下《回鹘传》附《黠戛斯传》记载，黠戛斯"有金、铁、锡，每雨，俗必得铁，号迦沙，为兵绝犀利，常以输突厥"。《隋书》卷八三《疏勒传》云，疏勒国"土多稻、粟、麻、麦、铜、铁、锦、雌黄，每岁常供送于突厥"[5]。又，与突厥

---

[1]《吐鲁番出土文书》第二册《高昌入作人画师、主胶人等名籍》，333页。

[2]《吐鲁番出土文书》第四册《高昌义和二年（615）都官下始昌县司马主者符为遣弓师侯尾相等诣府事》，172页。

[3]《吐鲁番出土文书》第四册《高昌逋人史延明等名籍》，188页。

[4]《吐鲁番出土文书》第四册《唐何好忍等匠人名籍》。15页。

[5] 中华书局标点本"校勘记"云："'锦'，《北史·疏勒传》作'锡'，《御览》七九三作'银'。今按，《通典》一九二《疏勒》：'土多稻，粟，蔗（应为"麻"之批）、麦，铜，铁，绵锦、雌黄。'或《隋书》'锦'为'绵锦'之省称，而'银''锡'均为'锦'之讹。"。

起源密切相关的博格达山与阿尔泰山两地，前者至今仍以丰富的铁矿资源著称，后者则以盛产金、铜等有色金属闻名于世。铁对于突厥的重要性，历来为人所称道，但见于历史文献者，仅有文意重复的寥寥数条记载，吐鲁番文书中的突厥"铁师"，为研究突厥手工业提供了新材料，吉光片羽，弥足珍贵。

由文献记载可知，突厥人的金银制品也相当精湛。罗马使臣在大帐中谒见西突厥室点密可汗时，"见其坐于两轮金椅之上，行时以一马驾之"。"可汗他时接见罗马使臣之二室，其一中有肖象，可汗卧于金床，室设金瓶、金瓮，其一室有饰金木柱，有一金床，四金孔雀负之，门首有车，满载银盘及银制动物肖像。"显然这些金银制品具有相当高超的工艺水平，给罗马使臣留下了深刻印象，所以特意加以详细描述。无独有偶，玄奘在贞观初年也记载了西突厥统叶护可汗金碧辉煌的牙帐，"可汗居一大帐，帐以金华装之，烂眩人目"[1]。

很明显，在突厥贵族的日常生活中，金银制品已相当普遍。

突厥人工于铁作，历史文献有明确记载，但他们是否擅长金银器的制作，文献中没有提及。历史文献记载只能说明突厥人大量使用金银器，但不能证实这些金银器出自突厥人之手。吐鲁番文书中的突厥"金师"证明，突厥不但"工于铁作"，有"铁师"，而且有"金师"，出现了专门的金银制造业。突厥人中的各种金银制品，完全有可能是突厥人自己制造的。除了丝绸、粮食、人口之外，金银也是突厥贸易与掠夺的重要对象。《暾欲谷碑》：

以前，突厥人民未曾到达过铁门（关）和称作"天子"的

[1] 慧立、彦悰《大慈恩寺三藏法师传》卷二，中华书局，1983年，28页。

山。由于我英明的暾欲谷使其到达那些地方，他们运回了无数的黄金、白银、姑娘和妇人、贵重的鞍鞯、珠宝。

《阙特勤碑》：

统治国家的地方是于都斤山。住在这里，我同中国人民建立了关系。他们慷慨地给了（我们）这么多金、银、粮食、丝绸。

……

从中国皇帝那里来了御史吕向，并带来了许多（直译：一万）珍宝和金银。

《毗伽可汗碑》：

其父李佺大将军率五百人来到，带来了香……金、银无数，……

给我的突厥人民获得了黄金和白银，带有绒边的丝绸，粮食做的饮料，专用的乘马和种马，黑貂和蓝鼠。[1]

几乎凡有所得，必有金银。突厥人大量贸易或掠夺金银，除了用作货币流通之外，肯定有相当一部分用来制作金银制品。突厥之热衷于金银，与金银制造业的发达不无关系。

突厥铁师、金师作为使节来到高昌，其目的应该与铁、金贸易

[1]《暾欲谷碑》第46—48行。《阙特勤碑》南面，第4—5行；北面，第12行。《毗伽可汗碑》南面，第8行；北面，第8行。

事宜有关。在已发表的高昌国时期供食文书中，对外国客使分为上、中、下三个供食等次，这种区分当与客使地位高下有关。“铁师居织”供食等次因文书缺文，不得而知。“金师莫畔陀”供食等次为上等，由此推测，铁师也应与此相当。文书中的铁师、金师不但可以代表突厥可汗出使异国，而且享受最高供食待遇，可见他们在突厥社会中的地位是很高的。或铁师、金师不但具有专门技艺，而且很可能是突厥汗国中管理铁、金手工制造业的一种官职。总之，从铁师、金师供食等次看，与封建社会中原农业民族“耕读为上，商贾次之，工技又次之”的传统认识相比，在突厥人的经济生活中，手工业似乎具有较高的地位。

（载《西北民族研究》1991年第1期。）

伍

回鹘“天亲可汗以上子孙”入唐考

汉文、鲁尼文双语回鹘《葛啜王子墓志》的发现，丰富了非常稀缺的古突厥语文资料的宝库，也为研究八、九世纪之交的回鹘历史和回鹘与唐朝关系史提供了重要的原始史料。以下试根据《葛啜王子墓志》提供的线索，结合汉文传统文献的记载，对“天亲可汗以上子孙”入唐的问题做初步的研究，希望能够加深对跌跌家族取代药罗葛家族，成为回鹘汗国最高统治者的这个重大历史转折的认识。

一

《葛啜王子墓志》载：

> 回鹘葛啜王子，则可汗之诸孙。我国家讨平逆臣禄山之乱也，□□（王子？）父车毗尸特勤，实统戎左右有功焉。故接□（待？）之优，宠锡之厚，殊于他国。王子以去年五月来朝，秩班禁卫，宾籍鸿胪。方宜享兹荣耀，光于蕃部，奈何不淑，以贞元十一年五月廿日遘疾云殂，享年二十。以其年六月七日葬于长安县张杜原，兄王子阿波啜与诸部之属衔哀奉丧。送终

之饰，则有诏所司备仪焉。[1]

葛啜以德宗贞元十一年（795）五月去世，前文所谓“去年五月来朝”，当是指贞元十年五月。《葛啜王子墓志》对葛啜王子兄弟“来朝”日期的确切记录，为解决传统文献中记载不一的回鹘奉诚可汗的卒年提供了有力的旁证[2]，有助于纠正《通鉴》系年的错误。

《通鉴》德宗贞元十一年四月下载：

回鹘奉诚可汗卒，无子，国人立其相骨咄禄为可汗。骨咄禄本姓跌跌氏，辩慧有勇略，自天亲时典兵马用事，大臣诸酋长皆畏服之。既为可汗，冒姓（药葛罗）〔药罗葛〕氏，遣使来告丧。自天亲可汗以上子孙幼稚者，皆内之阙庭。

同年五月下又载：

庚寅，遣秘书监张荐册拜回鹘可汗骨咄禄为腾里逻羽录没密施合胡禄毗伽怀信可汗。[3]

以上《通鉴》两节记载中，提到了三位回鹘可汗。“奉诚可汗”（790—794）是回鹘汗国第六任可汗，骨咄禄即怀信可汗是第七任可

[1]《葛啜王子墓志》可以与传统文献相互映证的内容很多，比如葛啜的父亲车毗尸特勤，就可以比定为汉文传统文献中记载的车鼻施将军。本文只限于讨论包括葛啜王子兄弟在内的“天亲可汗以上子孙”入唐的问题，其他问题从略。

[2] 唐德宗贞元四年九月之前，汉文载籍中多称“回鹘”为“回纥”（参见《资治通鉴》卷二三三，中华书局，1956年，7515页），为避免烦乱，本文一律称“回鹘”，史料中的异称则仍旧。又，《资治通鉴》，以下简称“《通鉴》”。

[3]《通鉴》卷二三五，7568页。又，“药葛罗”当是“药罗葛”之误，径正。

汗（794—805），而天亲可汗（779—789）则是第四任可汗。奉诚可汗的卒年，与所谓“天亲可汗以上子孙”入唐的问题直接相关，对解读《葛啜王子墓志》至关重要，是本文首先必须解决的最关键问题。在第一段记载中，《通鉴》将奉诚可汗的卒年系于贞元十一年四月。如果仅就《通鉴》自身而言，十一年四月回鹘使告丧，同年五月唐朝遣使册拜新可汗，两件事的发生顺序不存在任何问题。但如果结合传世文献其他记载考察，则《通鉴》所载奉诚可汗的卒年就大可怀疑。为讨论方便，试将传统文献中关于此事有具体年代的记载按时间顺序具列如下：

1.《唐会要》卷九八《回纥》：“（贞元）十年四月，奉诚可汗卒。奉诚无子，国人立其相骨咄禄将军，诏（册）册为滕里逻羽禄没密施合（禄胡）〔胡禄〕毗伽怀信可汗”。[1]

2.《册府元龟》卷九六七《外臣部·继袭》：“（贞元）十年，奉诚可汗卒。无子，国人立其相骨咄禄将军。”[2]

3.《旧唐书》卷一三《德宗纪》下：“（贞元十一年二月）甲子，九姓回纥骨咄禄毗伽奉诚可汗卒。”[3]

4.《册府》卷九七六《外臣部·褒异》：“（贞元十一年）二月甲子，以九姓回鹘吐禄毗伽奉诚可汗卒，废朝三日，仍令文武

---

[1] 上海古籍出版社，1991年，2072页。据下文所引史料，本节衍一“册”字，径删；“合禄胡”应为“合胡禄”之误，径改。又，《新唐书》卷二一七上《回鹘传》上（中华书局，1975年，6126页）载：“十一年，可汗死，无子，国人立其相骨咄禄为可汗，以使者来，诏秘书监张荐持节册拜爱滕里逻羽録没蜜施合胡禄毗伽怀信可汗。”所说“十一年”，应该是张荐册拜怀信可汗的时间，而不应理解为奉诚可汗去世的时间。

[2] 中华书局，1960年，11373页。以下简称“《册府》”。

[3] 中华书局，1975年，381页。

三品已上官就鸿胪吊其使者。”[1]

5.《旧唐书》卷一九五《回纥传》:“贞元十一年（六）〔五〕月庚寅，册拜回纥腾里逻羽录没密施（合禄胡）〔合胡禄〕毗伽怀信可汗。”[2]

据上引《旧唐书·德宗纪》和《册府》的记载，贞元十一年二月二十六日甲子，为悼念奉诚可汗去世，唐朝廷特别下诏“废朝三日”，并组织三品以上官员前往鸿胪寺，向前来报丧的回鹘使节致哀。如所周知，在传统历史文献中，就事件发生的年代而言，以“本纪”的记载史料价值最高，最为可信。而且《德宗纪》“十一年二月甲子”的记载有《册府》的旁证，显然唐朝在贞元十一年二月二十六为奉诚可汗举行悼念活动的记载是毋庸置疑的。既然早在贞元十一年二月，唐朝就已经为奉诚可汗举行了吊祭活动，则奉诚可汗不可能卒于《通鉴》记载的“十一年四月”。更重要的是，上文列举的不同来源的史料，形成了一个前后衔接的完整的证据链：

贞元十年四月，奉诚可汗去世，国人立骨咄禄将军为可汗；

十一年二月甲子，唐朝廷为奉诚可汗举行规模庞大的吊唁活动；

同年五月庚寅，唐朝正式派出使节前往漠北册拜骨咄禄将军为怀信可汗。

---

[1]《册府》，11462页。

[2]《旧唐书》卷一九五《回纥传》，5210页；参见《旧唐书》卷一三《德宗纪》下，381页；《册府》卷九六五《外臣部·封册》，11352页；《唐会要》卷九八《回纥》，2072页。本年六月无庚寅，庚寅为五月七日，据《旧唐书》、《册府》及上文《通鉴》卷二三五贞元十一年五月庚寅条改。

传统文献中记载的这些事件排列有序，参差雁行，俨若合契，充分证明奉诚可汗去世的时间只能是贞元十年四月，而不可能是《通鉴》记载的十一年四月。我们推测，《通鉴》的失误有两种可能，一种可能是因为唐朝在十一年五月派遣使节册封怀信可汗，《通鉴》从而将奉诚可汗去世的时间误系在了此前的“十一年四月”之下；第二种可能是《通鉴》误将原始记载中的“十年四月”当成了“十一年四月”，从而出现了年代错误。

特别值得关注的是，奉诚可汗卒于贞元十年四月的记载，得到了新发现的《葛啜王子墓志》的印证。据上文《通鉴》及其他传统文献记载[1]，奉诚可汗去世后，新继位的怀信可汗，将“天亲可汗以上子孙幼稺者，皆内之阙庭”，即将部分回鹘王族子孙遣送到了唐朝。据传世文献，贞元十年四月奉诚可汗去世，怀信可汗将“天亲可汗以上子孙”送往唐朝；而据《葛啜王子墓志》，同年五月，葛啜可汗兄弟就来到了长安。从前后时间和史实判断，传统文献中的“天亲可汗以上子孙幼稺者”，应该包括葛啜王子兄弟在内。换句话说，见诸传统文献的“天亲可汗以上子孙幼稺者，皆内之阙庭”，与《葛啜王子墓志》记载的葛啜王子兄弟入朝应该是同一事件。《葛啜王子墓志》的发现，为进一步确定奉诚可汗的卒年提供了关键的佐证。如果按照《通鉴》的记载，将奉诚可汗的卒年定在贞元十一年四月，则不仅与其他传统史料构成的证据链相互矛盾，而且葛啜王子兄弟入唐的事件也无从得到合理的解释。

怀信可汗继位初期发生的，“天亲可汗以上子孙”入唐的事件，关涉到八世纪末年回鹘历史的重大转折，对研究回鹘历史及回鹘与唐

---

[1] 参见本文第二节引《唐会要》卷九八《回纥》、《新唐书》卷二一七上《回鹘传》上、《册府》卷九六七《外臣部·继袭》。

朝关系史有重要意义。以下试结合《葛啜王子墓志》，具体加以分析和阐释。

二

上文引《通鉴》在论及骨咄禄将军继任为回鹘怀信可汗时称：

> 骨咄禄本姓跌跌氏，辩慧有勇略，自天亲时典兵马用事，大臣诸酋长皆畏服之。既为可汗，冒姓（药葛罗）〔药罗葛〕氏，遣使来告丧。自天亲可汗以上子孙幼稚者，皆内之阙庭。

对“天亲可汗以上子孙”入唐事件及相关背景作了非常简略的记述。《葛啜王子墓志》的发现，为研究这一事件提供了最新、最可信的第一手资料，大大丰富了有关这一事件的记载。

跌跌，又称阿跌或诃咥[1]，与回鹘一样，早期属于“铁勒十五部”之一[2]。由出自跌跌氏的骨咄禄将军出任回鹘可汗，意味着回鹘汗国的汗位由药罗葛氏旁落到了异姓的跌跌氏的手中。伴随着最高权力的易姓，如何对待或处置“前朝”后裔，当然是骨咄禄首先要面临的一个重要问题。《通鉴》称“自天亲可汗以上子孙幼稚者，皆内之阙庭”，但没有做进一步的解释。其他传统文献有关此事的记载与《通鉴》互有详略、差歧，可提供进一步分析的依据，具引如下：

上引《唐会要》卷九八《回纥》在贞元十一年五月下载：

---

[1]《新唐书》卷二一七下《回鹘传》下附《阿跌传》，6142页。
[2]《唐会要》卷九六《铁勒》，2043页。

其骨咄禄将军，本姓跌跌，少孤，为回鹘大首领所养。及长，有武艺辩慧，自天亲可汗时已掌兵马衙官，诸大首领多敬服之。奉诚无嗣，国因奉为王，其天亲以上诸可汗有子见幼小者，并送阙庭。至德后，回鹘于中原有功，故怀信可汗不敢言奉诚，从人望也。[1]

《新唐书》卷二一七上《回鹘传》上：

骨咄禄本跌跌氏，少孤，为大首领所养，辩敏材武，当天亲时数主兵，诸酋尊畏。至是，以药罗葛氏世有功，不敢自名其族，而尽取可汗子孙内之朝廷。[2]

《册府》卷九六七《外臣部·继袭》：

骨咄禄将军本姓跌跌，少孤，为回鹘大首领所养。奉诚既无嗣，国人因奉为主。[3]

以上三种记载中，就奉诚可汗继位及此后的情况而言，以《唐会要》的记载提供的信息最为丰富，可以归纳为以下三项内容：

1. 因为奉诚可汗无后嗣，而骨咄禄将军又受到回鹘汗国诸大首领的敬服，所以回鹘国人奉他为可汗。
2. 怀信可汗继立后，将天亲可汗“以上”回鹘诸可汗“有子见

[1]《唐会要》，2072页。
[2]《新唐书》，6126页。
[3]《册府》，11373页。

幼小者”，尽数送到了唐朝宫廷。

3. 至德以后，回鹘援助唐朝有功，所以怀信可汗“不敢言奉诚，从人望也”。

以上三项内容中，第一项基本没有歧义。上文引《通鉴》称“回鹘奉诚可汗卒，无子，国人立其相骨咄禄为可汗”[1]。《册府》亦称“奉诚既无嗣，国人因奉为主”，显然骨咄禄将军是在奉诚可汗没有后嗣承袭汗位的前提下，被“国人”推戴为可汗的。

第二项内容，《通鉴》作“自天亲可汗以上子孙幼稺者，皆内之阙庭”，与《唐会要》所称“其天亲以上诸可汗有子见幼小者，并送阙庭”，两种表述虽然详略稍异，但意思很清楚，即是将天亲可汗以前的回鹘可汗年幼的子嗣（或“子孙”）送到了唐朝。两处记载行文措词差近，很可能出自相同的史料来源。

第三项的内容颇费猜详。这段话实际有两层含义，就“怀信可汗”以下的内容而言，“不敢言奉诚”是“从人望也”；但是如果联系上下文，则怀信可汗是因为回鹘对唐朝有功，所以在“天亲可汗以上子孙入唐”这件事上“不敢言奉诚”。但是为什么因为回鹘对唐朝有功，怀信可汗就“不敢言奉诚”呢？从这段记载本身，显然无法得到合理的答案。

将《唐会要》提供的第三项内容与其他相近的记载相比较，会发现更多疑点。例如，《唐会要》谓，怀信可汗因为回鹘对唐朝有功，所以在送可汗子孙入唐的问题上，“不敢言奉诚”；而《新唐书》则称，怀信可汗“以药罗葛氏世有功，不敢自名其族，而尽取可汗子孙内之朝廷”。所谓“不敢自名其族”，是指怀信可汗自已不敢以药罗葛

[1] 上文《唐会要》卷九八《回纥》（2072页）同。

族为名。也就是说，根据《新唐书》的记载，怀信可汗是因为不敢以药罗葛氏自居，所以才将“天亲可汗以上子孙”送到了唐廷。至少从文字表面的意思来看，《新唐书》的这种说法与《唐会要》的记载差别是很大的。

更令人无法理解的是，《新唐书》所称，骨咄禄继立后“不敢自名其族（即药罗葛氏）”，与上文《通鉴》称骨咄禄将军“既为可汗，冒姓（药葛罗）〔药罗葛〕”的记载，意思正好完全相反。孰是孰非，同样难以定论。

在上文所引记载中，还有一个很难解释的问题，就是无论《通鉴》还是《唐会要》，都着重指出送往唐朝的是天亲可汗“以上”诸可汗的子孙。我们知道，在怀信可汗被国人推戴为回鹘汗国的可汗之前，回鹘汗国虽然经历了唐德宗建中元年（780）由天亲可汗发动的以暴力夺取汗位的军事政变，但自回鹘汗国建立起，汗位一直都在药罗葛氏子孙中传袭，无论天亲可汗，还是天亲可汗以前的诸可汗，他们的子孙都同属药罗葛氏；既然同是药罗葛氏，为什么传统史料在提到被怀信可汗送往唐朝的药罗葛氏汗族子孙时，要着重强调“天亲可汗以上子孙”，即特别将天亲可汗自己的子孙排除在外呢？我们同样不得而知。

上文与“天亲可汗以上子孙”入唐相关的记载，或语焉不详，或差歧显著，甚或相互抵牾，仅仅根据文本，显然无法理解疏通。以下试结合具体史实，对这一时期的回鹘与唐朝关系的历史线索做简单的梳理[1]，并在此基础上尝试对以上问题做出解释。

---

[1] 限于篇幅，梳理工作只限于根据相关史料简述回鹘与唐朝关系的史实，以说明这一时期回鹘与唐关系的特点与变化；对于造成这些现象的原因，以及吐蕃对回鹘与唐朝关系的影响等重大问题，都不予涉及。

三

上文提到，天亲可汗是回鹘汗国的第四代可汗，在天亲可汗之前，回鹘汗国经历了怀仁可汗（744—747）[1]、葛勒可汗（747—759）[2]和登里可汗（759—779）[3]等三位可汗的统治。葛勒可汗是怀仁可汗之子，登里可汗是葛勒可汗的“少子”，祖孙三代，一脉相袭。登里可汗在位二十一年，在三位可汗中时间最长。

玄宗天宝十四载（755）爆发的安史之乱，既是唐朝历史的分水岭，也标志着回鹘与唐朝关系史的重大转折。安史之乱后，唐朝苦心经营了一个多世纪的西北边防全线崩溃，吐蕃趁机大举东进，占据了河西、陇右广大地区。在内外交困的形势下，求助回鹘成为新成立的肃宗政权（756—762）纾解内忧外患的不二抉择。在肃宗称帝前夕，杜鸿渐就提出了“北结回纥”，利用回鹘精骑收复两京的计划[4]。至德元载（756），回鹘葛勒可汗派遣叶护太子率三千骑兵南下入唐，随郭子仪征讨安史叛军[5]。迄止次年十月收复两京战役结束，回鹘军队在战斗中发挥了关键性的作用[6]。在这次战役过程中，回鹘军队主帅、太子叶护与唐军元帅、太子广平王（即后来的唐代宗）结成了兄弟关

[1] 即骨力裴罗，又称逸标苾、骨咄禄毗伽可汗。

[2] 即磨延啜，又称英武威远毗伽阙可汗。

[3] 即移地键，又称牟羽可汗、登里可汗、颉咄登密施合俱禄英义建功可汗。

[4]《旧唐书》卷一〇八《杜鸿渐传》，3282—3283页；《新唐书》卷二二六《杜暹传》附《杜鸿渐传》，4422—4423页。

[5]《唐会要》卷九八《回纥》，2068页。

[6] 除了收复两京外，葛勒可汗在位期间，回鹘还在肃宗乾元元年（758）派遣王子骨啜特勤与宰相帝德入朝帮助唐朝讨伐安庆绪，详请参见《旧唐书》卷一九五《回纥传》，5201页；《新唐书》卷二一七《回鹘传》上，6117页。此从略。

系[1]；战后叶护太子又被唐朝晋封为司空、忠义王，享有了前所未见的优厚待遇。作为对回鹘南下出兵的经济补偿，唐肃宗与回鹘约定，“克城之日，土地、士庶归唐，金帛、子女皆归回纥”[2]。收复两京后，回鹘如约“入府库收财帛”，并纵兵在东京“市井村坊剽掠三日”，所获财物不可胜计。最后由东京居民献出缯锦万匹，才终止了回鹘的大规模剽掠活动[3]。

对回鹘与唐朝关系史而言，回鹘入援唐朝的最重要的结果是双方所谓“兄弟之国”关系的建立。回鹘与唐朝建立“兄弟之国”关系，未见汉文史料正式记载。三十年后（贞元三年，787），回鹘天亲可汗在位期间，唐朝与回鹘双方都致力于改变原有的“兄弟之国”关系模式。李泌向德宗献策，建议由他写信与回鹘约定，回鹘“称臣，为陛下子”。德宗称：“自至德以来，与为兄弟之国，今一旦欲臣之，彼安肯和乎？”[4]对回鹘天亲可汗能否答应恢复“父子之国”表示担心。在次年双方约定和亲后，天亲可汗上书德宗称：“昔为兄弟，今即子婿，子婿半子也，彼犹父，此犹子也。父若患于西戎，子当遣兵除之。”[5]这两处记载真切地反映了肃宗至德以后回鹘与唐朝建立“兄弟之国”关系的史实。德宗以“一旦欲臣之”来形容李泌希望建立“父子之国”的努力，则不难推想，就“兄弟之国”模式而言，双方之间不存在臣属关系[6]，而“父子之国”则正好相反。

---

[1]《旧唐书》卷一九五《回纥传》，5198—5199页。

[2]《通鉴》卷二二〇至德二载九月，7034—7035页。

[3]《旧唐书》卷一九五《回纥传》，5199页。参见《新唐书》卷二一七上《回鹘传》上，6116页。

[4]《通鉴》卷二三三贞元三年八月，7501页。

[5]《唐会要》卷六《公主杂录》，88页。

[6]《唐会要》卷六《公主杂录》称“王师平史朝义，北虏微有功，恃此不修臣礼”，也表达了相近的含义。

在当时的其他文献中，也可以寻检到一些回鹘与唐朝建立“兄弟之国”关系的蛛丝马迹。如收复两京之后，唐朝在至德二载册封叶护太子为忠义王的诏书中说：

> 属凶丑乱常，中原未靖，以可汗有兄弟之约，与国家兴父子之军，奋其智谋，讨彼凶逆，一鼓作气，万里摧锋，二旬之间，两京克定。[1]

所称“父子之军”，是指叶护太子率军南下助唐之事，而“可汗有兄弟之约”就是指葛勒可汗与唐肃宗间的“兄弟之约”。这条出自正式诏书的记载进一步证实，在至德年间回鹘南下时，的确与唐朝有过建立“兄弟之国”的约定。

当初回鹘与唐朝建立“兄弟之国”的经过和这种关系包含的具体内容，今天已不得其详。从肃宗将幼女宁国公主嫁给葛勒可汗为可敦的史实判断[2]，肃宗在此时将亲生女儿嫁与回鹘，很可能与建立“兄弟之国”直接相关。收复两京后，唐朝每年向回鹘进奉二百万匹绢[3]，也可能与当初缔结“兄弟之国”时规定的条款有关。

新的“兄弟之国”关系的确定，对回鹘与唐朝双方而言，都有一个适应的过程。从至德二载起，在汉籍史料中便不断出现回鹘使节因为班序的问题与唐朝产生矛盾的记载。例如，至德二载正月，回鹘大首领葛逻支将军等来朝，“耻班在武臣之下”，后由肃宗亲自上

---

[1]《旧唐书》卷一九五《回纥传》，5199—5200页。参见《唐大诏令集》卷一二八，690—691页。

[2]《册府》卷九七九《外臣部·和亲》，11504—11505页。

[3]《回纥叶护司空封忠义王制》，《唐大诏令集》卷一二八，商务印书馆，1959年，690—691页。

殿“赐食”、“锡赉”，“慰其意以遣之”[1]，问题才得以解决。乾元元年（758）五月，又发生了回鹘使节多亥阿波等与黑衣大食酋长因朝见顺序安排，在“阁门争长”的事件[2]。同年七月，当汉中王李瑀护送宁国公主来到葛勒可汗的汗庭时，又因为拜见礼节，与回鹘可汗发生了激烈争执[3]。以上史例虽然对象有所区别，但内容都直接涉及“班序等级”，显然与回鹘与唐朝新建立的“兄弟之国”的关系不无关系。

肃宗乾元二年（759），葛勒可汗去世，由于叶护太子“先被杀”，汗位由“少子”移地健即登里可汗继承[4]。登里可汗继位后，双方继续维持了“兄弟之国”的关系，但与“班序”相关的摩擦也仍在继续。葛勒可汗去世后，回鹘提出要以可敦宁国公主殉葬，遭到了公

[1]《册府》卷一七〇《帝王部·来远》，2055页。参见《册府》卷九七六《外臣部·褒异》，11460页。

[2]《旧唐书》卷一九五《回纥传》，5199页。参见《册府》卷九七一《外臣部·朝贡》，11414页。

[3]《旧唐书》卷一九五《回纥传》，5200—5201页；《新唐书》卷二一七上《回鹘传》上，6116—6117页；《通鉴》卷二二〇乾元元年七月，7059页。汉籍称，经过力争，唐使李瑀立而不拜，葛勒可汗“起受册命”。按，联系上文回鹘此时已与唐朝建立“兄弟之国”的事实，此说恐不足信。

[4]《旧唐书》卷一九五《回纥传》，5201—5202页。《新唐书》卷二一七上《回鹘传》上（6117页）载：“始叶护太子前得罪死，故次子移地健立，号牟羽可汗，其妻，仆固怀恩女也。始可汗为少子请昏，帝以妻之，至是为可敦。”对移地健前称“次子”，后称“少子”，误。又，代宗永泰元年（765），郭子仪在泾阳与回鹘将领结盟时，回鹘主帅为合胡禄都督，诸书记载，此合胡禄都督是“可汗之弟”（《通鉴》卷二二一、《旧唐书》卷一九五《回纥传》、《新唐书》卷二一七上《回鹘传》上），即回鹘登里可汗的弟弟，这条记载与登里可汗是葛勒可汗“少子”的记载明显矛盾。按，除了上引《旧唐书·回纥传》和《新唐书·回鹘传》外，《唐会要》卷九八《回纥》、《通鉴》卷二二一乾元二年四月、《册府》卷九六七《外臣部·继袭》等凡是记录登里可汗继位事迹的载籍，都明确称登里可汗为葛勒可汗“少子”。特别值得注意的是，有关登里可汗继位的记载，应该出自当时回鹘与唐朝来往的档案，具有更高的史料价值。我们怀疑，与郭子仪结盟的合胡禄都督很可能是登里可汗的“从弟”，在相关史籍中简称作“可汗弟”，与登里可汗为葛勒可汗“少子”的记载并不矛盾。

主的极力反抗，公主称“我中国法，婿死，即持丧，朝夕哭临，三年行服。今回纥娶妇，须慕中国礼。若今依本国法，何须万里结婚”。宁国公主虽然没有殉葬，但仍然“依回纥法，剺面大哭”，最终以无子为由回到了唐朝[1]。殉葬、剺面，这些在葛勒可汗的葬仪中要求宁国公主践行的风俗，在中原政权与突厥族群和亲结姻的史例中前所未见。我们怀疑，这也与回鹘与唐朝新建立的“兄弟之国”的关系模式有关[2]。

在登里可汗时期，与“兄弟之国”班序有关的最著名的事件，是在宝应元年（762）十月，登里可汗责求代宗太子雍王（即后来的唐德宗）行帐前舞蹈礼，并因此将太子侍从韦少华、魏琚鞭捶致死的事件。回鹘要求雍王向登里可汗行礼的最重要的理由，就是“唐天子与登里可汗约为兄弟”，所以雍王舞蹈行礼是天经地义之事。雍王的侍从虽然竭力“苦辞”，但也举不出不应行礼的正当理由，只能以雍王身为储君且有丧在身来敷衍推脱[3]。多年之后，德宗对此事仍然耿耿于怀，不愿与回鹘改善关系，李泌列举代宗当年亲拜叶护太子于马前的事例，认为德宗不应以拜舞于登里可汗为“屈己”[4]。其实代宗当年拜叶护太子，并不能成为德宗后来拜登里可汗的理由，李泌之所以这样说，也是因为事实上代宗与肃宗一样，已经与登里可汗“约为兄

---

[1]《旧唐书》卷一九五《回纥传》，5201—5202页。

[2] 周武帝建德元年（572），北周王庆出使突厥，适逢木杆可汗去世，突厥逼王庆行剺面礼，称“前后使来，逢我国丧者，皆剺面表哀。况今二国和亲，岂得不行此事！”（《北史》卷六九《王庆传》，中华书局，1974年，2397页。参见《周书》卷三三《王庆传》，中华书局，1971年，576页。）这时正是北齐、北周向突厥称臣，争相结好突厥的时期。杜佑在评价周、齐使节此事在突厥丧仪上剺面的行为称，“周齐使于突厥遇其丧，剺面如其国臣，其为夷狄所屈辱也如是”（《通典》卷二〇〇《边防序》，5495页）。可以作为回鹘要求宁国公主剺面的参考。

[3]《旧唐书》卷一九五《回纥传》，5203页；《通鉴》卷二二二宝应元年十月，7133页。

[4]《通鉴》卷二三三贞元三年八月，7501—7505页。

弟”，他也实在找不出不行礼的正当理由。传统史家在记载类似事件时，多作为回鹘骄横跋扈的证据，其实如果将传统史料中的种种蛛丝马迹[1]，放置在回鹘与唐朝新建立的“兄弟之国”关系秩序的背景之下来认识，或许可以对这一时期回鹘与唐朝关系有新的理解。

登里可汗时期，一方面保持了与唐朝间的“兄弟之国”的关系；同时，与唐朝的关系也出现了恶化的趋势。宝应元年四月，唐代宗登基之后，登里可汗应史朝义的邀请，在同年八月亲自率军南下“来收府库”，公然发动了对唐朝的军事入侵。虽然在仆固怀恩的劝慰下，登里可汗转而答应帮助唐朝征讨史朝义[2]，但联系上文提到的登里可汗以“无子”为由遣返宁国公主的事件，可知回鹘与唐朝关系自登里可汗继位以后，正在一步步恶化。这种状况发展到大历十年（775）以后，最终形成了回鹘与唐朝在边疆对峙的局面[3]。

大历十四年五月，唐代宗去世，德宗继位。在回鹘汗国内部昭武九姓胡人的鼓动下，登里可汗准备利用唐朝政权父子交替的机会，举国南下侵唐。登里可汗公然树唐朝为敌的行为受到了他的“从父

[1] 传统文献中，与此相关的记载很多，以下试举数例。《旧唐书》卷一三四《马燧传》（3690页）：“是时回纥大军还国，恃复东都之功，倔强恣睢，所过或虏掠廪粟，供饩小不如意，恣行杀害。”《旧唐书》卷一一《代宗纪》大历七年正月（299页）：“回纥使出鸿胪寺劫掠坊市，吏不能禁止，复三百骑犯金光、朱雀等门。是日皇城诸门皆闭，慰谕之方止。”《旧唐书》卷一九五《回纥传》（5207页），同年七月，“回纥出鸿胪寺，入坊市强暴，逐长安令邵说于含光门之街，夺说所乘马将去。说脱身避走，有司不能禁”。《册府》卷九九七《外臣部·悖慢》（11704页）：“九年九月壬寅，鸿胪寺回纥擅出寺，白昼杀人，所繇禽之，特诏免罪。”《旧唐书》卷一一《代宗纪》大历十年九月（308页）：“戊申，回纥白昼杀人于市，吏捕之，拘于万年狱。其首领赤心持兵入县，劫囚而出，斫伤狱吏。”都是显例。

[2]《通鉴》卷二二二宝应元年九月，7131—7132页。仆固怀恩的女儿是登里可汗的可敦，仆固怀恩在劝说回鹘转变立场的过程中起了关键的作用。

[3] 主要线索请参见《通鉴》卷二二五大历十年十二月，7236页；同卷，大历十一年二月，7237页；同卷，大历十三年正月，7250—7251页；同卷，大历十三年七月，7252页；同卷，大历十四年闰五月，7259页。此从略。

兄”、宰相顿莫贺达干的强烈反对[1]，并进而引发了一场血腥的武力政变。顿莫贺达干杀害了登里可汗和数千名登里可汗的亲信及九姓胡人[2]；同时，他还下令处死了登里可汗的可敦小宁国公主与登里可汗生的两个儿子[3]，自立为合骨咄禄毗伽可汗。合骨咄禄毗伽可汗，就是了解“天亲可汗以上子孙”入唐问题至为关键的天亲可汗其人。

天亲可汗上台初期，回鹘与唐朝的关系正面临着前所未有的严峻考验，不仅双方在唐朝北方边境剑拔弩张，而且曾经受过登里可汗侮辱的唐德宗刚刚即位，也在大历十四年七月发布了一项对回鹘充满敌意的诏令，规定“回纥诸蕃住京师者，各服其国之服，不得与汉相参”[4]。司马光解释此事称：

> 先是回纥留京师者常千人，商胡伪服而杂居者又倍之，县官日给饔饩，殖赀产，开第舍、市肆，美利皆归之，日纵贪横，吏不敢问。或衣华服，诱取妻妾，故禁之。[5]

可见德宗禁断的对象虽然名为“诸蕃”，但这条诏令的矛头主要就是针对回鹘。据上文，天亲可汗是因为反对登里可汗实施的与唐朝为敌的政策，最终发动政变登上汗位的。他从即位伊始，就表现出了强烈的与唐朝改善关系的愿望[6]。《通鉴》称，天亲可汗继立后，立即

[1]《通鉴》卷二二六建中元年六月，7282页。

[2]《唐会要》卷九八《回纥》，2068页。

[3]《旧唐书》卷一九五《回纥传》，5210页；《新唐书》卷二一七上《回鹘传》上，6125页。《旧唐书》称，天亲可汗所杀小宁国公主二子是英武可汗（即葛勒可汗）之子，《新唐书》称是英义可汗（即登里可汗）之子。此从《新唐书》。

[4]《唐会要》卷一〇〇《四夷杂录》，2136页。

[5]《通鉴》卷二二五大历十四年七月，7265页。

[6] 据《通鉴》卷二二三（7504页）载，德宗贞元三年，李泌劝说德宗与回鹘（转下页）

遣使入唐，希望得到唐朝的正式册封，“愿为藩臣，垂发不翦，以待诏命”[1]。与登里可汗时期回鹘对唐朝的态度形成了鲜明的反差。也就是在天亲可汗担任可汗后不久，隔绝多年的唐朝安西、北庭守军，在建中二年（781）终于得以假道回鹘，正式与唐朝廷恢复了联系[2]；而据上文所引史料反映，在天亲可汗的努力下，唐朝最终在贞元四年（788）通过和亲的方式，建立了与回鹘的“父子之国”的关系。由“兄弟”而“父子”，表明了回鹘与唐朝关系的巨大转折。《唐会要》也记载：

> 初，王师平史朝义，北虏微有功，恃此不修臣礼。至贞元四年，回纥武义成功可汗，始遣使献方物，仍求结亲。[3]

武义成功可汗就是天亲可汗。“平史朝义”及“恃此不修臣礼”云云，是针对登里可汗与唐朝的关系而言的。《唐会要》特别强调贞元四年与天亲可汗“结亲”的事件，对唐朝与回鹘关系的转折性意义，也证明唐朝与回鹘关系的转化是通过和亲完成的。

贞元五年天亲可汗去世，国人立其子多逻斯，由唐朝册封为忠

（接上页）和好，称“臣曩在彭原，今可汗为胡禄都督，与今国相白婆帝皆从叶护而来，臣待之颇亲厚”云云，可知天亲可汗早在肃宗至德二年（757）就曾跟从当时的叶护太子南下援唐。安史之乱平定后，唐代宗在广德元年册封登里可汗与可敦及以下王公贵族，其中封为金河王的“胡禄都督”，应该就是天亲可汗其人（《旧唐书》卷一九五《回纥传》，5204页）。天亲可汗与唐朝关系之深厚可知。

[1]《通鉴》卷二二六建中元年六月，7282—7283页。又，在对待小宁国公主的问题上，也可以看出天亲可汗亲唐的倾向。小宁国公主是肃宗的弟弟荣王李琬的女儿，肃宗将女儿宁国公主出嫁葛勒可汗时，“以荣王女媵之”，此后荣王女历嫁葛勒、登里二可汗，回鹘称为“小宁国公主”。天亲可汗夺取政权后，杀死了小宁国公主与登里可汗生的儿子，但对小宁国公主却网开一面，令“出居于外”，表现出了与唐朝改善关系的愿望。

[2]《唐会要》卷七三《安西都护府》，1575页。

[3]《唐会要》卷六《公主杂录》，89页。

贞可汗[1]。次年，忠贞可汗的弟弟弑兄自立，被次相率国人杀死，立忠贞可汗幼子阿啜为可汗，被唐朝册立为奉诚可汗，贞元十年四月去世。在天亲可汗及其子忠贞可汗、其孙奉诚可汗统治的十五年间（779—794），回鹘与唐朝一直保持了“父子之国”的关系模式。

四

通过以上简略梳理可知，自至德二载回鹘军队南下助唐开始，到怀信可汗继任回鹘汗国可汗之前，回鹘与唐朝的关系经历了性质判然有别的两个阶段。在葛勒可汗后期和登里可汗统治时期，回鹘与唐为“兄弟之国”的关系，而天亲可汗之后，则进入了“父子之国”时期。天亲可汗的即位，不仅结束了登里可汗以来回鹘与唐朝的敌对状态，而且使双方的关系模式由“兄弟之国”转为“父子之国”，从而使回鹘与唐朝的关系走上了新的发展道路。从相关迹象判断，异姓的怀信可汗的继立，并没有改变天亲可汗以来回鹘与唐朝关系发展的轨道，而是萧规曹随，保持了原有的“父子之国”的关系。

除了上文第一和第二节引用的史料外，我们对怀信可汗继位后的具体情况基本一无所知。根据现有资料，至少能够肯定两点，第一，正如上文所言，怀信可汗是在奉诚可汗“无嗣”的情况下，由国人推举为可汗，政权的转移完全是通过和平手段完成的。第二，怀信可汗继位后，继娶了历嫁天亲、忠贞、奉诚三可汗的唐朝咸安公主为妻[2]。这两点表明，无论在回鹘国内政治上，还是在与唐朝的关系上，怀信可汗都全盘继承了天亲可汗以来的政治遗产，保持了政治的连续

[1]《新唐书》卷二一七上《回鹘传》上，6124—6125页。

[2]《唐会要》卷六《公主杂录》，89页；《新唐书》卷二一七上《回鹘传》上，6126页。

性。也就是说，作为异姓可汗，怀信可汗虽然终结了药罗葛氏对回鹘汗国的统治，但在政治上他仍然是天亲系回鹘可汗的继承人，这与天亲可汗的上台造成的回鹘汗国政治上的大断裂形成了鲜明的对比。

了解回鹘汗国天亲可汗和怀信可汗政权两次转移的基本特点，对解释本文第二节列举的各种疑点有重要意义。

上文《唐会要》称：

> 至德后，回鹘于中原有功，故怀信可汗不敢言奉诚，从人望也。

这段文字主要是就天亲可汗及其子孙与唐朝的关系来说的。因为天亲一系与唐朝关系密切，一手促成了双方关系由“兄弟之国”到“父子之国”的转化，而怀信可汗又是天亲系政治上的继承人，所以在将药罗葛氏子孙放逐到唐朝时，怀信可汗排除了亲唐的天亲可汗的子孙。所谓的“不敢言奉诚”，就是“不敢”采取排斥的手段，将天亲系子孙遣送到唐朝，放逐对象只涉及葛勒系的子孙。而所谓“从人望也”，应该是指遵从回鹘国人的愿望，这与汉文史料记载怀信可汗受国人推戴即位也是一致的。

为什么要将天亲“以上”诸可汗的子孙放逐到唐朝呢？这与“不敢言奉诚”，实际上是同一个问题的两个方面。从上文的梳理可知，天亲可汗继位之后，曾经针对登里可汗的后裔进行过大规模清洗，以巩固新政权的统治；作为天亲系政权的继承者，怀信可汗将出身葛勒系的药罗葛氏子孙放逐到唐朝的举动，实际上是天亲可汗十余年前进行的清洗活动的继续。不同的是，天亲可汗的清洗是通过杀戮进行，而怀信可汗采取的措施则限于流放。

至于《新唐书》记载的怀信可汗“以药罗葛氏世有功，不敢自名其族，而尽取可汗子孙内之朝廷”，不过是怀信可汗清洗葛勒系子孙的一种委婉的表述。“不敢自名其族”，只是给清洗活动找了一个堂皇的借口。既然怀信可汗是以“不敢自名其族”为借口，将葛勒系的药罗葛氏子孙悉数流放到了长安，与怀信可汗去世时间的记载一样，《通鉴》有关怀信可汗“冒姓药罗葛”的记载，则同样是不可信的。为什么《通鉴》会出现这样的误解呢？史阙有间，我们今天已无从考察了。

这里应该补充说明的是，一方面我们强调天亲可汗以后回鹘与唐朝的关系有非常显著的转折，同时还要看到天亲可汗之前，即所谓“兄弟之国”时期，回鹘与唐朝的关系也存在积极的一面。第一，在天亲可汗之前，回鹘与唐朝的关系不同时期也不尽相同。例如，虽然同是“兄弟之国”的关系，在葛勒可汗时期，回鹘与唐朝的关系就远远没有登里可汗时期紧张。其次，即便就登里可汗时期来说，虽然汉文史料中充斥着回鹘骄横暴劣的记载，但无论如何，回鹘骑兵最终还是在平定安史之乱的战争中起到了关键的作用。就唐朝廷而言，对这一点是非常清楚的，所以《唐会要》说“至德后，回鹘于中原有功”，将登里可汗统治的时期也包括在了“有功”之列。正是因为有这个前提，所以怀信可汗在处置葛勒系的药罗葛氏子孙时，采取了“赶尽”而不“杀绝”的政策；而唐德宗也捐弃前嫌，大度地接受了这些落难的王孙，并为他们安排了宫禁侍卫的角色。

（载《唐研究》第19卷，北京大学出版社，2013年。）

陆

《唐故突骑施王子志铭》再探讨

兼论突骑施黑姓及其与唐朝的关系

2011年，考古工作者在西安市西郊发掘了一座唐墓，出土一合墓志，志盖篆书“唐故突骑施王子志铭”，志题“大唐故交河公主孙突骑施奉德可汗王子光绪墓志铭并序”（以下简称《墓志》）[1]。《墓志》发表后，葛承雍和周伟洲先生先后撰文，进行了介绍和研究[2]。讨论的重点主要集中在有名的交河公主或金河公主的公案上[3]，对突骑施奉德可汗及王子光绪入质唐朝的问题关注不多，尤其是对光绪所处时代的突骑施历史及突骑施与唐朝的关系未及作具体研究，还有进一步探讨的必要。

大体而言，突骑施汗国的历史可以分为三个阶段，第一阶段是突骑施首领乌质勒和娑葛统治时期（690—711），第二阶段为突骑施首领苏禄统治时期（715—738），第三阶段是突骑施分裂时期（738—780？）。前两个阶段分别由黄姓和黑姓统治，后一阶段黄、黑二姓各立可汗，互不统属。在汉文传统文献中，《旧唐书》、《新唐书》等

---

[1] 西安市文物保护研究所《西安西郊唐突骑施奉德可汗王子墓发掘简报》，《文物》2013年第8期，4—18页。

[2] 葛承雍《新出土〈唐故突骑施王子志铭〉考释》，《文物》2013年第8期，4—18页。周伟洲《〈唐故突骑施王子志铭〉补考》，《中国历史地理论丛》第29卷第1期，2014年1月，110—114页。以下引葛、周论点俱出二文，不另注。

[3] 除了以上两篇论文外，关于这个问题请参见岑仲勉《唐史余沈》卷二“交河公主或金河公主”，中华书局，2004年，90—92页。

正史都为突骑施立传[1]，《通典》、《太平寰宇记》等也有专章记述突骑施历史[2]，相关记载并不算十分稀缺。但具体来说，突骑施苏禄可汗之前，即突骑施汗国第一、第二阶段相关记载较多，突骑施分裂时期的历史记载非常少，内容分布严重失衡。《通典》、《旧唐书》记突骑施事止于开元二十八年（740）吐火仙可汗入唐，基本未涉及突骑施分裂时期的历史，《新唐书》对分裂时期的记载也仅有寥寥数语，突骑施分裂时期史实零落，线索隐晦，严重影响了对突骑施历史的整体认识。突骑施王子光绪于唐代宗永泰元年（765）在长安去世，其人其事不见于传统文献记载，《墓志》的出土对认识和研究突骑施分裂时期的历史和安史之乱爆发后的西域史都有十分重要的意义。吉光片羽，弥足珍贵。本文试以突骑施黑姓与唐朝的关系为主线，系统梳理苏禄可汗以后即突骑施汗国分裂时期的历史线索，并在此基础上，将《墓志》放在光绪入质长安或与入质长安较近的时代背景中加以考察，希望能为《墓志》的研究提供新的观察角度。

一、突骑施汗国的分裂与阿史那昕入主突骑施的失败

苏禄可汗（715—738年在位）是突骑施历史上最重要的一位统治者[3]。苏禄在位期间，正处在唐朝、大食、吐蕃诸方势力汇聚西域

[1]《旧唐书》卷一九七《西突厥传》附《突骑施传》，中华书局，1975年，5090—5192页；《新唐书》卷二一五下《突骑施传》，中华书局，1975年，6066—6069页。

[2]《通典》卷一九九《突厥》下，中华书局，1996年，5462—5464页；《太平寰宇记》卷一九七《西突厥》附《突骑施》，中华书局，2007年，3776—3779页。

[3] 玄宗开元三年（715）苏禄始见于史，但他就任突骑施可汗当在此前。参见《资治通鉴》（下文简称《通鉴》）卷二一一开元三年，中华书局，1976年，6714页。

的重要历史时期。苏禄部下有二十万众，“雄西域之地”[1]，建立了强大的突骑施政权。在突骑施汗国分裂之前，汉文史料中鲜见黄、黑两姓的相关记载。到了苏禄晚年，由于老病，再加上与唐朝战争的失利，对突骑施汗国的控制力下降，诸部离散，黄、黑两姓开始凸现。《旧唐书》卷一九四下《突骑施传》：

> 有大首领莫贺达干、都摩度两部落，最为强盛。百姓又分为黄姓、黑姓两种，互相猜阻。（开元）二十六年夏，莫贺达干勒兵夜攻苏禄，杀之。都摩度初与莫贺达干连谋，俄又相背，立苏禄之子咄（吐）火仙为可汗，以辑其余众，与莫贺达干自相攻击。[2]

“百姓又分为黄姓、黑姓两种，互相猜阻”，《新唐书》作“种人自谓娑葛后者为‘黄姓’，苏禄部为‘黑姓’，更相猜雠”[3]，进一步解释了突骑施黄姓和黑姓的具体构成。黄姓、黑姓的出现，或者可以追溯至突骑施兴起初期即黄姓娑葛的父亲乌质勒可汗统治时期（690—706）。武则天长安元年（701），在张说主持贡举期间，曾针对当时西域形势出过一道策问，称自从王孝杰长寿元年（692）再开四镇以来，已过去了十年，“今赤嶅既并于黄姓，默啜复觇于庭州，汉掖徒张，胡臂未断，而内匮积谷，外非足兵。于何出践更之师，奚使间穹庐之党，息人静国，有策存乎？”[4]这是我们见到的较早的关于黄姓的

[1]《旧唐书》卷一九四下《西突厥传》附《突骑施传》，5192页。

[2]“咄火仙”，《通典》卷一九九《突厥》下（5463页）、《太平寰宇记》卷一九七《突骑施》（3778页）作“吐火仙”，据改。

[3]《新唐书》卷二一五下《突骑施传》，6068页。

[4]张说《兵部试沈谋秘算举人策问三道（之二）》，《全唐文》卷二二二，中华书局，1983年，2240页。《四部丛刊》本《张说之文集》未收这道策问。

记载。这时正值乌质勒异军突起，以武力取代了原西突厥王族阿史那氏的统治地位。“今赤曷既并于黄姓”一句，显然是指乌质勒征服原西突厥属部而言。张说称娑葛的父亲乌质勒为黄姓，与《新唐书》所载突骑施“自谓娑葛后者为‘黄姓’”完全相符。从这道策问题的描述中可以了解到，虽然《新唐书》记载，突骑施部落自称娑葛的后代为黄姓，但至少在娑葛的父亲乌质勒在世时，突骑施这一支就已经有了“黄姓”的称谓。“赤曷”的确切含义不详，《旧唐书》记载“百姓又分为黄姓、黑姓两种”，据此判断，“赤曷”有可能是八世纪初年对后来汉文文献中所谓“黑姓”的别称。如果这个假定可以成立，则可说明至少从八世纪初年起，突骑施就已经有了黄、黑两姓的区分，只是“黑姓”的称谓在汉籍中还没有最终定型。

《旧唐书》先称“大首领莫贺达干、都摩度两部落，最为强盛”，又谓突骑施“百姓又分为黄姓、黑姓两种”，显然莫贺达干与都摩度两部虽然势力强盛，但本身很可能并不属于黄姓或黑姓部落。都摩度最初与莫贺达干联兵杀害黑姓苏禄可汗，表明在突骑施汗国分裂初期，他们属于突骑施黑姓的对立方。与莫贺达干反目后，都摩度转而与突骑施黑姓即苏禄的后代结成了联盟，拥立苏禄之子骨啜为吐火仙可汗，与莫贺达干相互攻击，将突骑施黑姓作为自己支持的对象。《旧唐书》明确说都摩度拥立吐火仙可汗是为了“辑其余众”，即招抚离散的突骑施诸部落，可知苏禄可汗的后裔当时在突骑施部落中有很强的号召力，是都摩度在与莫贺达干的斗争中可以依恃的重要政治资源。史书中并没有明确记载莫贺达干所属的阵营。但这时突骑施百姓分为黄、黑两姓，互相猜雠，而莫贺达干又属于黑姓支持者都摩度的对立面，则他很可能属于突骑施黄姓即娑葛后代一方。

都摩度与突骑施黑姓的联合，促使突骑施内战规模进一步扩大。

莫贺达干为了增强与都摩度对抗的实力，转而投靠了唐碛西节度使盖嘉运，唐朝在西域的军事力量正式介入突骑施内战。唐军的加入，进一步使突骑施内部黄、黑两姓间的战争，转化成了以唐朝与其支持的莫贺达干及突骑施黄姓阵营，针对都摩度及突骑施黑姓的战争，唐朝也由局外人变成了战争的主导方。开元二十七年（739），双方正式开战。突骑施黑姓一方由吐火仙可汗、都摩度守碎叶，黑姓可汗尔微特勤守怛逻斯城。唐朝一方也分为两路进击，一路由安西节度使盖嘉运与莫贺达干率领进攻碎叶城，参战者有石国和史国的国王；另一路由唐疏勒镇守使夫蒙灵詧率领，与拔汗那王一起奔袭怛逻斯城。盖嘉运攻克碎叶，俘虏了吐火仙可汗；夫蒙灵詧也偷袭成功，斩杀尔微特勤和他的弟弟拨斯，并进入曳建城，俘获了交河公主及苏禄可敦、尔微可敦。开元二十八年（740）三月，盖嘉运将吐火仙可汗一行押送回长安，唐玄宗赦免吐火仙，并任命他为左金吾卫员外大将军、修义王[1]，莫贺达干及黄姓一方在唐军的支持下大获全胜[2]。

但是，军事上的胜利并没有能够使莫贺达干获得对西突厥故地的实际统治权，或者说没有得到唐朝对他的统治地位的最终认可。战争结束后，盖嘉运向唐玄宗提议，册立长期居住在唐朝境内的西突厥可汗阿史那怀道的儿子阿史那昕为十姓可汗，入主西突厥故地。盖嘉运的建议得到了玄宗的认可。开元二十八年四月，唐朝正式册立阿史

---

[1]《新唐书》卷二一五下《突骑施传》，6068页。《册府元龟》卷九六四《外臣部·封册》（下文简称《册府》，中华书局，1960年，11346页）作“循义王”。

[2] 这次战役情况，主要参见《旧唐书》卷一九四下《西突厥传》附《突骑施传》，5192页；《新唐书》卷二一五下《突骑施传》，6068页；《西通鉴》卷二一四开元二十七年，6838页；《册府》卷三五八《将帅部·立功》，4245—4246页。按照常理，苏禄的儿子吐火仙可汗当然是突骑施黑姓的大可汗，尔微特勤应是小可汗，但是在汉文文献中，并没有明确指称吐火仙可汗为“黑姓”，而对于尔微特勤，则特别记载是“黑姓可汗”。姑存疑。

那昕为十姓可汗、开府仪同三司、濛池都护，并册封他的妻子凉国夫人李氏为交河公主[1]，准备返回西域，统领包括突骑施在内的西突厥各部。

对于莫贺达干而言，唐朝的安排无疑是一种严重的背叛行为。莫贺达干声称：

> 讨平苏禄，本是我之元谋，若立史昕为主，则国家何以酬赏于我？[2]

于是联络乌苏万洛等突骑施首领，“扇诱诸蕃背叛”[3]。在莫贺达干的威胁下，唐玄宗不得已改变成命，任命莫贺达干为突骑施旧部可汗，而阿史那昕则兼统突骑施以外的西突厥诸部，由安西节度使盖嘉运出面“宣恩招谕”，居间调停，莫贺达干和阿史那昕各统所部，互不相属，双方暂时达成妥协。开元二十八年十二月，莫贺达干率妻子及纛官首领归降唐朝，表示服从唐朝政府的新安排[4]。

扶植西突厥王族阿史那氏，是西突厥汗国灭亡（高宗显庆二年，657）以后，唐朝政府一贯施行的传统方针。在将近一个世纪的时间里，无论唐朝政局及西域形势如何变化，扶植西突厥王族的方针，都

---

[1]《新唐书》卷二一五下《西突厥传》，6066页；《唐大诏令集》卷四二《册交河公主文》，商务印书馆，1959年，206—207页。此“交河公主”与王子光绪的祖母封号相同，但一为西突厥可汗之妻，一为突骑施可汗之妻，不应混而为一。说见上引周伟洲文。

[2]《旧唐书》卷一九四下《西突厥传》附《突骑施传》，5192页。

[3]《册府》卷九七七《外臣部·降附》，11482页。

[4] 有关莫贺达干降而复叛的经过，不同史书的记载差歧很大，本节主要根据《通鉴》卷二一四开元二十八年三月（6841页）所引《考异》的考证及《新唐书》卷二一五下《突骑施传》（6068—6069页）、《册府》卷九七七《外臣部·降附》（11482页）的记载。

不曾在根本上有所改变。即便是在七世纪末叶突骑施政权已经成为西突厥十姓故地的新主人之后，唐朝仍然不断派遣长期居住在内地的西突厥王族阿史那氏子孙前往西域，千方百计取代突骑施已有的统治地位。突骑施可汗苏禄的兴起和他对突骑施的长期统治，曾迫使唐朝一度搁置了长期奉行的扶植西突厥王族的政策。但随着苏禄的去世和突骑施汗国的分裂，唐玄宗故伎重施，再次选择了扶植阿史那氏子孙的传统政策，将已经淡出西域历史舞台的西突厥阿史那氏贵族又一次推到了前台。

其实早在突骑施汗国分裂之前，即唐朝与突骑施战争期间（734—740），唐朝政府就已经制定并实施了将西突厥阿史那氏王族派回西域的计划。开元二十三年（735）深冬，当唐军开始反攻突骑施之际，唐玄宗在给安西节度使王斛斯的信中，一方面提醒王斛斯，在战争过程中要注意与北庭节度使盖嘉运相互配合，同时又特别指出："史震袭父可汗，即令彼招辑，兼与卿计会，并临事处置，无失所宜。"[1]这位承袭了父亲的可汗称号，受命随唐军前往西域"招辑"突厥部落的史震，应该就是西突厥王族阿史那氏的后代[2]。唐玄宗嘱咐王斛斯遇事要与史震"计会"商议，共同妥善处理与"招辑"相关的事宜，可知至少在"招辑"突厥部落的问题上，史震充当了与安西节

---

[1]《张九龄集校注》卷一〇《敕安西四镇节度副大使王斛斯书》，熊飞校注，中华书局，2008年，616—617页。

[2] 唐代文献中往往将突厥姓"阿史那"与"史"混称，如阿史那献又称"史献"，阿史怀道又称"史怀道"，阿史那昕称"史昕"等等，都是显例。此"史震"既然"袭父可汗"，来到西域从事"招辑"，显然他应该是西突厥王族阿史那氏的子孙，而且他的父亲还担任过"可汗"。开元六七年间（718—719），西突厥十姓可汗阿史那献在突骑施苏禄可汗的逼迫下从西域回到长安（张说《并州论边事表》，《文苑英华》卷六一四，中华书局，1990年，3188页），稍前在开元二年（714），唐朝也曾为西突厥十姓可汗阿史那怀道加特进（《册府》卷九七四《外臣部·褒异》，11443页）。我们推测，史震很可能就是阿史那献或阿史那怀道的儿子。

度使王斛斯同等重要的角色。虽然史震在战争期间及战后究竟起过何种作用未见记载，任用史震与稍后阿史那昕被册立为西突厥可汗之间到底有什么关系也并不清楚，但唐朝对史震的任命表明，在与突骑施战争尚未结束时，朝廷就已经开始重新起用西突厥王族阿史那氏子孙。换言之，即便册命阿史那昕果真是在战后出自安西节度使盖嘉运的建议，也只是迎合或体现了唐朝政府的既定方针，不应单纯理解为盖嘉运本人的谋略。

但是，此后的西域局势并没有朝着唐朝政府预期的方向发展，唐朝希望的莫贺达干与阿史那昕相安共存的局面也没有出现。天宝元年（742）十二月，唐玄宗专门派遣军队护送阿史那昕前往西域履任，当行至碎叶西南的俱兰城时，莫贺达干发兵杀害了阿史那昕，交河公主与儿子阿史那忠孝一起逃回唐朝，莫贺达干拥兵自立为可汗，与唐朝彻底决裂[1]。唐朝扶植西突厥阿史那氏的计划彻底失败[2]。

二、突骑施汗国分裂时期黑姓与唐朝的关系

在莫贺达干与唐朝决裂之际，早先拥立突骑施黑姓吐火仙可汗反对唐朝的突骑施大首领都摩度的立场再度戏剧性逆转，与唐朝握手言和。唐朝原来的盟友莫贺达干成为了敌对方，而都摩度与突骑施黑姓则反而成了唐朝依靠并扶植的力量。天宝元年（742）六月，唐朝册立突骑施大纛官都磨度阙颉斤为三姓叶护，授左羽林军大将

[1]《新唐书》卷二一五下《突骑施传》，6069页。

[2]《新唐书》卷二一五下《西突厥传》载（6066页）："（阿史那）昕至碎叶西俱兰城，为突骑施莫贺达干所杀，交河公主与其子忠孝亡归，授左领军卫员外将军，西突厥遂亡。"将阿史那昕的败亡作为西突厥灭亡的标志性事件。

军[1]，并且颁赐铁券[2]。册立诏书称：

> 维天宝元年岁次壬午六月甲戌朔二十二日乙未，皇帝诏曰：于戏，王者无外，不隔遐方，必揆忠款，是加宠命。咨尔骨咄禄毗伽都磨度阙颉斤，代袭荣望，名擅骁骑，信义有闻，部众称美。往在蕃任，受制凶威。元恶已除，能革心而向化；牙纛既立，克辅主以归怀。嘉尔诚心，载崇赏秩，是用命尔为三姓叶护。往钦哉，尔其只奉典册，懋明忠顺，善翊君长，勉树勋庸。可不慎欤！[3]

“都磨度阙颉斤”，就是“都摩度”其人。“归怀”，《全唐文》作“怀归”，文气较顺。“元恶已除，能革心而向化；牙纛既立，克辅主以归怀”一句，是理解这段史料的关键文字。此时莫贺达干甫与唐朝反目，莫贺达干最终兵败在天宝三载（见下文），“元恶已除，能革心而向化”中的“元恶”，不可能指莫贺达干，而应该是指突骑施苏禄可汗。意思是说苏禄可汗死后，都摩度方才有了洗心革面，向唐朝投诚尽忠的机会。这里隐去了在突骑施汗国分裂初期，都摩度一度拥立吐火仙可汗与唐朝为敌的事实。“牙纛既立，克辅主以归怀”，大概意思是指，都摩度在这时拥立了新主，并辅佐新主归服唐朝。但诏书中没有具体记载都摩度所辅之“主”到底是谁。据《新唐书》记载：“天宝元年，突骑施部更以黑姓伊里底蜜施骨咄禄毗伽为可汗，数通使贡。”[4]显然都摩度拥立的新主，就是突骑施黑姓伊里底密施骨咄禄毗

[1]《新唐书》卷二一五下《西突厥传》，6066页。

[2]《册府》卷九七五《外臣部·褒异》，11457页。

[3]《册府》卷九六五《外臣部·封册》，11348页。参见《全唐文》卷三九，423页。

[4]《新唐书》卷二一五下《西突厥传》，6066页。

伽可汗。据《册府》记载，天宝二年九月“黑姓可汗骨咄禄毗伽”遣使贡献方物[1]，与《新唐书》所说骨咄禄毗伽可汗“数通使贡”也适相符契。应该特别关注的一点是，唐朝册拜都摩度为三姓叶护在天宝元年六月，莫贺达干杀害阿史那昕在同年十二月。也就是说，在莫贺达干与唐朝公开反目之前半年，唐朝就已经与都摩度即突骑施黑姓结成了同盟。

天宝三载，安西节度使夫蒙灵詧发兵击败并斩杀莫贺达干。《通鉴》天宝三载下称：

> 五月，河西节度使夫蒙灵詧讨突骑施莫贺达干，斩之，更请立黑姓伊里底蜜施骨咄禄毗伽；六月，甲辰，册拜骨咄禄毗伽为十姓可汗。[2]

《通鉴》本节记载有两个问题需要特别澄清。一是据上文讨论，早在天宝元年，都摩度已辅立伊里底密施骨咄禄毗伽可汗，次年，骨咄禄毗伽可汗还曾向唐朝贡献方物。《通鉴》记载的天宝三载六月，只能理解为唐朝政府正式册封骨咄禄毗伽可汗的时间，而不是他始立为可汗的时间。其次，《通鉴》称夫蒙灵詧为“河西节度使”。但根据相关记载，开元二十九年，夫蒙灵詧继田仁琬之后担任安西节度使[3]，迄止天宝六载被高仙芝取代[4]，在此期间未见灵詧曾转任或兼任

[1]《册府》卷九七一《外臣部·朝贡》，11411页。

[2]《通鉴》卷二一五，6860页。

[3] 据《旧唐书》卷一〇三《王忠嗣传》载，开元二十九年，田仁琬自安西转任河东节度使（3198页）。又，据《新唐书》卷一三五《高仙芝传》，高仙芝在盖嘉运和田仁琬任安西节度使时一直未获重任，后事夫蒙灵詧，“开元末，表为安西副都护”（4576页）。可证在开元二十九年，夫蒙灵詧已接替田仁琬担任了安西节度使。

[4]《通鉴》卷二一六天宝六载十二月，6887页。

河西节度使；而且天宝元年至四载期间，河西节度使为王倕其人[1]，夫蒙灵詧不可能在天宝三载转任或兼任河西节度使。《通鉴》之“河西”显然应是“安西”之误。

虽然相关文献中没有记载都摩度与黑姓可汗曾参加安西节度使夫蒙灵詧征讨莫贺达干的军事行动，但夫蒙灵詧五月献俘，唐朝政府在六月就应夫蒙灵詧的请求，正式册立伊里底密施骨咄禄毗伽可汗，揆诸情理，突骑施黑姓可汗一方显然参加了针对莫贺达干的战争。从《杨和碑》反映的情况分析，天宝三载册封黑姓可汗，是当时一件非常轰动的大事件：

> （前略）公名和，字惟恭，河东人也。（中略）二十七年，有诏四镇诸军大出汉南垒，问罪苏禄，洗兵滇河。旌甲数万人，城池五十国，公以麾下为前，四罪之名[2]，有百牢之馈，郦生之奇也。后五载，有累姓之后来朝京师，金甲善马，织文大贝，告于庙之室，旅于大库之庭。公览傅、常遗风，乌孙故事，井泉可数，谈笑成功。上壮之，赐弓甲一副，厩马二疋，伏波之美也。[3]

碑主杨和，天宝十四载（755）卒于安西四镇节度副使任，开元、天宝年间，亲历了西域许多重要历史事件。碑文所载开元二十七年问罪苏禄，就是上文提到的安西四镇唐军与莫贺达干联合，进攻

---

[1]《新唐书》卷五《玄宗纪》，143页；《通鉴》卷二一五天宝五载正月，6870页。

[2] 所谓“四罪”，是指远古时代之共工、驩兜、三苗、鲧，《史记》卷一《五帝本纪》（中华书局，1982年）：“流共工于幽陵，以变北狄；放驩兜于崇山，以变南蛮；迁三苗于三危，以变西戎；殛鲧于羽山，以变东夷：四罪而天下咸服。”即此。

[3] 杨炎《杨和碑》，《文苑英华》卷九一七，4829—4830页。参见《全唐文》卷四二二，4307—4308页。原题《四镇节度副使右金吾大将军杨公神道碑》。

突骑施黑姓吐火仙可汗的军事行动。苏禄开元二十六年已死，碑文以“苏禄”代指与唐朝为敌的突骑施势力。据上文讨论，此役唐军分南北两路，北路由安西节度使盖嘉运率领，自安西直捣碎叶，南路由疏勒镇守使夫蒙灵詧率领，从疏勒奔袭怛逻斯城。碑称“出汉南垒”，则杨和应该参加了夫蒙灵詧攻击怛逻斯城的行动。“滇河”不详，碑文“洗兵滇河”与“问罪苏禄”相牵，应是指怛逻斯附近的某条河流。又，西汉郦食其曾以一介之使下齐七十余城，碑谓杨和有“郦生之奇”，或者在这次战役中，杨和曾作为唐使召降西域诸国或突骑施部落。“傅、常”即西汉傅介子、常惠，二人都是汉代经营西域的名将。碑文将杨和与傅介子、常惠相模拟，称“上壮之，赐弓甲一副，厩马二疋”，“壮之”云云，与“郦生之奇”的描述也正相符合。

最重要的，是“后五载，有累姓之后来朝京师”的记载。按，唐代西域汉文史料未见有“累姓”，碑文“后五载”，前承开元二十七年。开元二十七年之后五年，正当天宝三载。据上文，天宝三载六月，唐朝册封突骑施黑姓伊里底蜜施骨咄禄毗伽可汗。完全有理由推定，“累姓”就是“黑姓”之误，“累”、“黑”形近，因而致讹。从“黑姓之后来朝京师”推断，伊里底密施骨咄禄毗伽可汗很可能在天宝三载亲自来到长安，接受了唐朝的册封，他还带来了“金甲善马，织文大贝”，而唐朝则因为他的到来举行了告庙的仪式。杨和应该是在这一年陪同伊里底密施骨咄禄毗伽可汗来到长安，因而有机会谒见唐玄宗并得到赏识。《杨和墓志》补充了唐与突骑施战争及册封伊里底密施骨咄禄毗伽可汗的重要史料。

对伊里底密施骨咄禄毗伽可汗的册封，标志着唐朝政府对突骑施黑姓统治地位的正式认可，经过了反复摇摆之后，突骑施黑姓最终成为唐朝扶持和依靠的对象。到了天宝八载（745），唐朝又册封“十姓突骑施移拨可汗骨咄禄毗伽俱支”[1]，虽然相关史料没有具体指明移拨是否是黑姓可汗，但此前在天宝三载，唐朝册封了黑姓伊里底密施骨咄禄毗伽可汗，此后在天宝十二载，“又别册黑姓种伊罗密施为骨咄禄毗伽突骑施可汗”[2]。不仅在移拨前、后册立的两位可汗都是黑姓可汗，而且两位可汗的名号都与移拨相近，因此我们认为，移拨也应该是唐朝册立的突骑施黑姓可汗。黑姓可汗伊罗密施不仅受到唐朝册封，还接受了唐朝颁赐的“特进”官职和铁券[3]。在赐铁券的诏书中称，伊罗密施“虽拥在沙漠，常捍烟尘，识进退存亡之端，知古今成败之数。久率蕃部，归化朝廷，兼拒凶威，挫其侵轶。精贯白日，义光青史，绩用累著，嘉尚良深”，特别表彰他对唐朝的忠诚。稍后在天宝十三载，又有“突骑施黑姓可汗”遣使来朝[4]。这位黑姓可汗，应该就是伊罗密施。安史之乱之后，突骑施黑姓仍然与唐朝保持朝贡关系，肃宗乾元二年（759）八月，“十姓突骑施黑姓可汗阿多裴罗”遣使来朝，肃宗在内殿设宴款待[5]。

综上所述，玄宗天宝以后，突骑施黑姓虽然记载很少，但通过仔细爬梳，可以整理出大致的线索，而同一时期对黄姓的记载则几乎完全阙如。《太平寰宇记》记载：

> 十三（二）载秋，朝廷又册立黑姓种伊罗密施为骨咄禄毗伽突骑施可汗，常羁属安西。自至德已后，突骑施部落转衰弱，

[1]《册府》卷九六五《外臣部·册封》，11349页。

[2]《册府》卷九六五《外臣部·册封》，11350页。“伊罗密施”又称“登里伊罗密施”。

[3]《唐大诏令集》卷六四《赐突骑施黑姓可汗铁券文》，353页；同书卷一二九《册突骑施黑姓可汗文》，696页。

[4]《册府》卷九七五《外臣部·褒异》，11458页。

[5]《册府》卷一一〇《帝王部·宴享》，1311—1312页。参见同书卷九七一《外臣部·朝贡》，11414页；卷九七六《外臣部·褒异》，11461页。

> 分为二部：一为黄姓，即娑葛之族；一为黑姓，即苏禄之族。互相攻击，各立可汗。旋又篡夺，因遂分散。至乾元元年，复遣朝贡。大历之后，三姓葛逻禄还盛，移据碎叶川。百姓贫者，或纳税于葛禄叶护处。[1]

《太平寰宇记》的这段史料，又见于《新唐书》和《册府》，前者称："至德后，突骑施衰，黄、黑姓皆立可汗相攻，中国方多故，不暇治也。"[2]后者称："自至德年后，部落衰弱，分为二部，各立可汗。旋又篡夺，因而分散。"[3]稍加比较可知，三段记载应该出自相同的史源，只是《太平寰宇记》保留的记载更为详尽。但即便是从《太平寰宇记》的记载中，除了黄、黑两姓各立可汗相互攻击外，也无法了解到有关突骑施黄姓更多的内容。到了唐德宗贞元二年（786）即唐朝势力最终撤出西域稍前[4]，唐朝曾为"四镇节度管内黄姓纛官、骠骑大将军、行左金吾卫大将军员外置同正员、兼试太常卿顿啜护波支"颁赐铁券，诏书中表彰顿啜护波支"嗣守职官，只若朝化，率其种落，保我边陲，丹诚向化，万里如近"，并称"乃祖乃父，代服声教，勤劳王家，勋书于鼎彝，族列于藩籍"[5]。如果诏书的记载可信，则突

[1]《太平寰宇记》卷一九七《西突厥》附《突骑施》，3778—3779页。"十三载秋"，《唐大诏令集》卷一二九《册突骑施黑姓可汗文》在"天宝十二载岁次癸巳九月己亥朔六日甲辰"，《通鉴》卷二一六天宝十二载亦系于九月甲辰。据改"十三"为"十二"。点校本失校。

[2]《新唐书》卷二一五下《突骑施传》，6069页。

[3]《册府》卷九六七《外臣部·继袭》，11372页。

[4] 吐蕃军队最后攻陷唐西州，即唐朝势力最终退出西域在贞元八年（792），说见陈国灿《八、九世纪间唐朝西州统治权的转移》，《吐鲁番敦煌出土文献史事论集》，上海古籍出版社，2012年，610—620页。

[5]《陆贽集》卷一〇《赐安西管内黄姓纛官铁券文》，王素点校，中华书局，2006年，294—296页。参见《唐大诏令集》卷六四，353页。

骑施黄姓顿啜护波支的祖先也一直与唐朝保持了良好的关系。但从上文梳理的天宝以后有关唐朝与突骑施关系的记载中，并没有见到反映突骑施黄姓与唐朝关系的具体史料[1]；而且更重要的是，据《新唐书》记载："大历（766—780）后，葛逻禄盛，徙居碎叶川，二姓微，至臣役于葛禄，斛瑟罗余部附回鹘。"[2]所谓"二姓"，就是指突骑施黄、黑二姓，"斛瑟罗余部"应该是指原西突厥十姓部落[3]。突骑施臣服葛逻禄，恰恰与唐朝册封突骑施黄姓大纛官前后相衔接，我们怀疑突骑施黄姓降附唐朝，或者与葛逻禄部的扩张有关，"乃祖乃父，代服声教"云云，很可能是诏书中惯常使用的虚饰之语，不能用来说明此前黄姓与唐朝的关系。否则，便无法理解天宝以后汉文史料中为什么没有明确提到突骑施黄姓。

除了册封和朝贡活动外，天宝以后，唐朝西域军队曾发动针对突骑施的两次战争。一次见于杜佑的族侄杜环的记载，称天宝七载，北庭节度使王正见曾攻打碎叶城，"城壁摧毁，邑居零落"[4]。碎叶城是突骑施活动的中心地区，这次行动的对象肯定是突骑施。一是天宝十载，安西节度使高仙芝入朝，"献所擒突骑施可汗"[5]。由于缺乏相

[1] 突骑施被葛逻禄吞并的具体时间不详，要之，应在代宗大历（766—779）以后。参见《新唐书》卷二一五下《突骑施传》，6069页；《太平寰宇记》卷一九七《西突厥》附《突骑施》，3779页。

[2]《新唐书》卷二一五下《突骑施传》，6069页。

[3] 突骑施汗国开国可汗乌质勒最初隶属于西突厥斛瑟罗可汗，号莫贺达干，后取代斛瑟罗，成为西突厥十姓故地的统治者。参见《旧唐书》卷一九四下《西突厥传》附《突骑施传》，5190页；《新唐书》卷二一五下《突骑施传》，6066页。

[4]《通典》卷一九三《石国》引《经行记》，5275—5276页。

[5]《新唐书》卷五《玄宗纪》，148页；《册府》卷一三一《帝王部·延赏》，1571页；同书卷四三四《将帅部·献捷》，5158页。又，《旧唐书》卷一〇九《李嗣业传》（3298页）载，天宝十载，李嗣业从高仙芝平石国，"及破九国胡并背叛突骑施，以跳荡加特进，兼本官"。诸书并未记载高仙芝破突骑施的具体时间，要之，当在天宝十载稍前。

关记载，对这两次战争的具体细节几乎一无所知。学界研究认为，王正见攻打碎叶和高仙芝擒降突骑施可汗，都是唐朝针对突骑施黄姓的军事行动。也就是说，虽然缺少直接证据，但根据当时形势分析，从开元末年到怛逻斯战役期间，作为西突厥故地中心的碎叶及附近地区，一直是与唐朝敌对的黄姓突骑施活动的重点地区[1]。

三、《唐故突骑施王子志铭》再探讨

《墓志》正文13行，满行17字，正文186字。为了讨论方便，以下试根据《西安西郊唐突骑施奉德可汗王子墓发掘简报》公布的图片，并参考葛承雍、周伟洲先生的录文，将墓志正文迻录于此：

> 永泰元年二月日，突骑施质子光绪卒。」
> 诏下有司，官给葬备，以永泰二年十月十六」
> 日窆于长安县承平原，典也。突骑施盖乌孙」
> 之后，自西汉以来，与中国通为婚姻之旧。」
> 皇家抚柔殊俗，亦以交河公主降焉。光绪即」
> 公主之孙、奉德可汗之子。少自绝域，质于京」
> 师，缅慕华风，遂袭冠带。希由余之识达，宗日」
> 磾之重慎，内侍历年，敬而无失。故于其终也，」
> 恩礼加焉。亦所以来远人、报忠款者也。史官」
> 奉职，乃为之铭曰：」

[1] 前嶋信次《タラス戦考》,《东西文化交流の诸相——民族·戦争》，誠文堂新光社，1982年，42—112页；毕波《怛逻斯之战和天威健儿赴碎叶》,《历史研究》，2007年第2期，15—31页。特别请参考毕波对怛逻斯战役期间，唐军在碎叶地区的军事行动与突骑施的关系的分析。

> 生远国兮慕」
> 皇洲，瞥过隙兮逝不留，望故乡兮芜绝万里，」
> 圣泽兮松槚千秋。」[1]

关于《墓志》涉及的交河公主的问题，我们完全同意周伟洲先生的意见，《墓志》中记载的交河公主，就是开元十年嫁与突骑施可汗苏禄的西突厥可汗阿史那怀道之女，她与后来西突厥可汗阿史那昕（阿史那怀道之子）的妻子李氏虽然封号相同，而且是姑嫂关系，但一位是突骑施可汗之妻，一位是西突厥可汗之妻，二者判然有别，不能混为一谈；更不能将《墓志》中的交河公主，视为阿史那昕之妻。此外，周伟洲先生还对突骑施部的来源以及光绪葬地承平原等相关问题进行了深入的讨论，有助于对墓志的进一步研究。

对于突骑施奉德可汗和王子光绪入质唐朝的问题，周伟洲先生也提出了两种推测：

> 一是其父奉德可汗为唐封之交河公主所生，也很有可能入长安为质子。在长安，奉德可汗或带其子光绪，或光绪出生、成长于长安。正如《墓志》所云，光绪是“缅慕华风，遂袭冠带”。另一种可能是，光绪幼年随突骑施使臣从西域至长安为质子。

[1] 第1行“光绪卒”，因涉下文“诏”字，敬空两格；第4行“婚姻之旧”，因涉下文“皇”字，敬空一格；第12行“生远国兮慕”，因涉下文“皇”字而提行。葛承雍录文对敬空、提行以及末行结尾的空白处，全部都补以阙字符“□”，不解有何深意。又，末句“望故乡兮芜绝万里，圣泽兮松槚千秋”，“圣泽”上疑原石夺去一字。本文断句、标点与葛、周二文略有不同，请参看。

周先生认为第一种推测的可能性较大，并解释了倾向于这种推测的原因，称：

> 原因是光绪父“奉德可汗”之名，可能是唐朝因其长期为质子，在开元二十六年苏禄为其下莫贺达干所杀后，封其为“奉德王”（即奉德可汗）；为准备以后将其返回，统领部众，故而有此敕封。正如开元二十八年十月，唐碛西节度使盖嘉运攻占碎叶，俘突骑施部吐火仙可汗骨啜、弟颉阿波（均苏禄子）后，唐朝颁《授吐火仙等官爵制》，内云“骨啜可左金吾卫员外大将军，仍封为循义王；颉阿波可右武卫员外大将军”。内吐火仙可汗所封的“循义王”。光绪父“奉德王（可汗）”，都是从唐朝的角度命名的。其次，奉德可汗王子名“光绪”，这也（是？）一个内地汉族的名字；如果其父仍在西域大漠，是决不会为其子取此名的。

简而言之，周先生认为最初入长安为质的应该是奉德可汗本人，光绪王子幼年随父入唐，或者是因父为质而生于长安，后来继承了父亲的质子身份。惟其父子长期在长安为质，所以才有汉化的封号或名字。通过上文的梳理，我们以为，周先生提出的第二种推测，即光绪王子本人在少年时期自西域入质长安的可能性较大。以下试简述理由。

首先，有关“奉德可汗”称号和“光绪”名字的问题。从历史事实看，为突骑施或西域本地首领加封具有明显政治含义的爵位、封号甚至姓名，是唐代尤其是玄宗朝常见的做法。比如，中宗神龙二年（706），封突骑施首领乌质勒为怀德郡王[1]；同年，乌质勒去世后，

---

[1]《通鉴》卷二〇八，6598页。

怀德郡王的称号由其子娑葛继承[1]。景龙三年（709），中宗再册拜娑葛为钦化可汗，赐名守忠[2]，娑葛的弟弟也被赐名为守节[3]。开元六年（718），唐玄宗册封突骑施可汗苏禄为顺国公[4]，次年，又册拜为忠顺可汗[5]。对西域诸国的国王也是如此。比如，开元二十七年，册封拔汗那国王为奉化王[6]。二十八年，册封石国王莫贺咄吐屯为顺义王[7]。天宝三载（744），封曹国王哥逻仆罗为怀德王[8]，康国王咄曷为钦化王[9]，米国王为恭顺王[10]。天宝四载，封安国王屈底波为归义王[11]。有些西域土著政权的国名，也被唐朝改换成了具有鲜明政治色彩的名称，如开元二十九年，改拔汗那国为宁远国[12]；天宝三载，改史国为来威国等等[13]。在天宝三载，唐玄宗甚至将生母窦氏的姓赐给了拔汗那国王[14]。此外，石国王子名远恩[15]、拔汗那王名忠节[16]，也都是非常典型的汉名。这类史例在在皆是，不胜枚举。所有这些得到唐朝赐封称号或汉名的突骑施首领、西域国王或其戚属，都生活在西域本土而不是长安。尤其是早年颁赐给突骑施首领的"钦化可汗"、"忠顺可汗"等可

[1]《册府》卷九六四《外臣部·封册》，11342页。

[2]《通鉴》卷二〇九，6636页。《旧唐书》卷七《中宗纪》（147—148页）作"归化可汗"。

[3]《唐大诏令集》卷一三〇苏颋《命吕休璟等北伐制》，705页。

[4]《册府》卷九六四《外臣部·封册》，11343页。

[5]《通鉴》卷二一二，6737页。

[6]《新唐书》卷二二一下《西域传》下《宁远国》，6250页。

[7]《唐大诏令集》卷一二九《册莫贺咄吐屯为顺义王文》，695页。

[8]《唐会要》卷九八《曹国》，上海古籍出版社，1991年，2079页。

[9]《旧唐书》卷一九八《西戎传·康国》，5311页。

[10]《新唐书》卷二二一下《西域传》下《米国》，6232页。

[11]《册府》卷九六五《外臣部·封册》，11349页。

[12]《册府》卷九九九《外臣部·请求》，11724页。

[13]《旧唐书》卷九《玄宗纪》下，218页。

[14]《新唐书》卷二二一下《西域传》下《宁远国》，6250页。

[15]《册府》卷九七一《外臣部·朝贡》，11413页。

[16]《新唐书》卷二二一下《西域传》下《宁远国》，6250页。

汗号，“守忠”、“守节”等汉名，与“奉德可汗”、“光绪”并无二致。这些从唐朝角度命名的汉文称号或汉名，更多的是体现了西域土著政权与唐朝的政治关系状况，与接受称号者居住在长安还是大漠并无直接关联。也就是说，奉德可汗拥有汉化的可汗号，并不足以否定他是居住在西突厥故地的突骑施黑姓可汗；同样，光绪的汉名也不能证明他生于长安。

其次，从上文的讨论可知，在苏禄可汗死后，即突骑施汗国分裂时期，唐朝与突骑施黑姓一直保持着比较密切的交往，对黑姓可汗的册封至少持续到了天宝十二载，一直到了唐肃宗乾元二年（759），黑姓可汗还与唐朝保持着朝贡关系，这时距离突骑施王子光绪去世（代宗永泰元年，765）只有六年时间。也就是说，从突骑施汗国分裂到质子光绪去世，突骑施黑姓的汗统虽然间有阙载，但基本上传承有序，而且与唐朝一直保持着传统的册封关系。唐朝实无必要，也不可能另外册封一位在长安的质子为突骑施黑姓的“王”（《墓志》原文作“可汗”），“准备以后将其返回，统领部众”。

第三，更重要的是，从《墓志》内容来看，志文称光绪“少自绝域，质于京师”，已经明确指出他是从西域来到长安为质的。铭文中所描述的“生远国兮慕皇洲”、“望故乡兮芜绝万里”，也表明光绪王子生自“远国”，故乡在“万里”之外的荒芜绝漠，而不是生在长安，继承了父亲身份的质子。

综合以上几点，我们认为奉德可汗应该是一位得到唐朝封号的突骑施黑姓可汗，王子光绪是奉德可汗由西域派往长安的质子。

《墓志》内容非常简单，只提到了光绪的卒、葬年代，并没有记载奉德可汗担任可汗的时间，以下试根据《墓志》提供的年代线索，结合上文讨论的传统文献的相关记载，做初步的推论。

光绪王子卒于代宗永泰元年（765），次年入葬。《墓志》称他“内侍历年，敬而无失”，但没有记载究竟何时入长安为质。今按，交河公主嫁与苏禄可汗是在开元十年（722），按一般情况来说，迄止永泰元年，奉德可汗应为四十二岁左右。由上文可知，吐火仙被俘之后，汉文传统文献中保留的，可知姓名或可汗号的突骑施黑姓可汗总共有四位，即天宝元年（742）由都摩度扶植的伊里底密施骨咄禄毗伽可汗，天宝八载（749）由唐朝册立的骨咄禄毗伽俱支可汗，天宝十二载（752）册立的伊罗密施可汗和在乾元二年（759）向唐朝进贡的黑姓可汗阿多裴罗。如果排除奉德可汗与上述四位可汗中的某位是同一人的可能性[1]，则他很有可能就是阿多裴罗之后的一位突骑施黑姓可汗，即在乾元二年或稍后（即乾元二年至永泰元年之间）继立的第五任突骑施黑姓可汗，他在阿多裴罗之后担任黑姓可汗，并在继位后派遣王子光绪入质长安。我们认为这种推测不仅符合已知的突骑施黑姓可汗序列，而且与《墓志》称王子光绪入质后“内侍历年”的描述也是相符的。

光绪王子是目前所知唯一一位入质长安的突骑施质子[2]。《墓志》记载光绪入质长安后“希由余之识达，宗日磾之重慎，内侍历年，敬

[1] 如果奉德可汗与此前四位可汗中的某位是同一人的话，唐朝官方记载中应该记录“奉德”这个明显出自唐朝册封的可汗号，而不是他们在本国的可汗号或本名。

[2] 葛承雍先生说：“‘光绪’显然不是突骑施派入京师长安的第一个质子，《册府》卷九七五《外臣部》记载开元二十二年六月‘突骑施遣其大首领何羯达来朝，授镇副，赐绯袍、银带及帛四十匹，留宿卫’。这个何羯达就是一个留宿卫的突骑施质子，其宿卫授官虽然不高，但‘执戟丹墀，策名戎秩’，通过蕃望功效途径步入升迁仕途。”今按，入唐质子多司宿卫之职，但不一定外族宿卫者必是质子。此何羯达是唐代西域历史上一位知名人物，开元二十二年，何羯达与突骑施阙俟斤驱赶羊马至唐贸易，行至北庭，何羯达向北庭都护刘涣告密，称阙俟斤谋反，刘涣杀阙俟斤，从而引发了唐朝与突骑施的大规模战争，何羯达也因此留在了长安。事见《张九龄集》卷一一《敕突骑施毗伽可汗书》，635—640页。何羯达因告密立功而入唐宿卫，与所谓“质子”毫不相干。

而无失”，死后“官给葬备”，并由史官撰写墓铭。毫无疑问，光绪入朝后曾在唐朝宫廷内奉职。我们知道，历官是唐代墓志书写中最重要的内容，但奇怪的是，这方墓志中并没有提到光绪在唐朝宫廷担任的官职。如果没有其他的特别原因，这种情况表明王子光绪虽然在内廷供职“历年”，但唐朝并没有授予他具体官职。按照唐朝惯例，来到长安宫廷的各国质子照例要由鸿胪寺按照“蕃望大小”奏拟授官（说见下文），很少见到王子光绪这样奉职历年而无具体官职的史例。葛承雍先生的论文中约略涉及了这个问题，他解释说：

> 有人猜测“光绪”是王子，认为他“生前地位较高”。实际上当时京师长安聚集了不少周边民族的质子“留宿卫，习华礼”，光绪不过是众质子中的一员，地位不会太高，埋入平民墓地亦属正常。况且此时突骑施正走向衰落，已不构成对唐朝的威胁。所以新出土墓志对光绪质子事迹记录简单，没有明确记载他入侍宿卫，或担任过其他实职，连唐朝按惯例对质子授予空具名号的虚衔散官也没有，说明他社会身份标志不高，只是安分守己罢了。

《墓志》中不书光绪职衔，与突骑施是否对唐朝构成威胁，以及光绪本人“社会身份标志不高”，是否“安分守己”等等，应该没有直接的因果关系。我们认为，《墓志》中没有书写他的官衔，原因很简单，就是唐朝没有为他授官；而没有授官的原因，很可能与肃、代之际唐朝对外行政政务近似瘫痪的状况有关。

安史之乱以后，唐朝政局动荡，日常行政尤其是对外事务的正常秩序完全被打乱。唐德宗初即位时，为了节省行政开支，曾针对四夷使者及地方官员来到朝廷公干，因政务不畅而长期滞留长安的人员，进行过一次大规模清理，《通鉴》记载：

> 初，代宗之世，事多留滞，四夷使者及四方奏计，或连岁不遣，乃于右银台门置客省以处之；及上书言事失职、未叙，亦置其中，动经十岁。常有数百人，并部曲、畜产动以千计，度支廪给，其费甚广。上悉命疏理，拘者出之，事竟者遣之，当叙者任之，岁省谷万九千二百斛。[1]

“四方奏计”及“言事失职”、“未叙”等诸种情形不论，“四夷使者”是指来自包括西域及突骑施在内的外来使节。据《唐六典》记载，鸿胪寺典客署掌管“东夷、西戎、南蛮、北狄归化在蕃者之名数”，

> 凡朝贡、宴享、送迎预焉，皆辨其等位而供其职事。凡酋渠首领朝见者，则馆而以礼供之。若疾病，所司遣医人给以汤药。若身亡，使主、副及第三等已上官奏闻。其丧事所须，所司量给；欲还蕃者，则给轝递至境。诸蕃使主、副五品已上给帐、毡、席，六品已下给幕及食料。丞一人判厨事，季终则会之。若还蕃，其赐各有差，给于朝堂，典客佐其受领，教其拜谢之节焉。[2]

---

[1]《通鉴》卷二二五大历十四年七月，7264页。参见《旧唐书》卷一二《德宗纪》上，322页；《新唐书》卷五一《食货志》，1348—1349页；《册府》卷五〇六《邦计部·俸禄》，6067页；《唐会要》卷六六《鸿胪寺》，1361页。

[2]《唐六典》卷一八《鸿胪寺》，506—507页。

举凡迎来送往、辨等位、供职事、教礼节、生活所需、病丧处置等等对外交往事务，都属于鸿胪寺的职责范围。这些因“事多留滞”而被迫长期滞留在长安客省的四夷使者，显然是因为鸿胪寺行政功能的阙失而未能如期遣返故国。

在有关鸿胪寺职责的相关记载中，没有记载入唐质子授官是否属于鸿胪寺的职责范围[1]，但我们从具体史例中可以知道，鸿胪寺除了掌管对外交往一应事务外，还负责为诸国质子授受官职。开元六年（718），西域吐火罗国质子、吐火罗国王的弟弟仆罗，曾因为唐朝政府所授官品太低，且多年未能迁转，向朝廷上书申诉，称：

> （前略）仆罗兄前后屡蒙圣泽，愧荷国恩，遂发遣仆罗入朝，侍卫玉阶，至愿献忠殉命，以为臣妾。仆罗至此，为不解汉法，鸿胪寺不委蕃望大小，有不比类流例，高下相悬，即奏拟授官。窃见石国、龟兹并余小国王子、首领等入朝，元无功效，并缘蕃望，授三品将军。况仆罗身恃（特）勤，本蕃位望，与亲王一种，比类大小，与诸国王子悬殊，却授仆罗四品中郎。但在蕃王子弟娑（婆）罗门、瞿昙金刚、龟兹王子白孝顺等，皆数改转，位至诸卫将军，唯仆罗最是大蕃，去神龙元年，蒙恩敕授左领军卫翊府中郎将，至今经一十四年，久被沦屈，不蒙准例授职，不胜苦屈之甚。[2]

唐玄宗特别下敕，指示鸿胪卿“准例定品秩，勿令称屈”。这是

[1] 除了上引《唐六典》外，请参考《旧唐书》卷四四《职官志》，1885页；《新唐书》卷四八《百官志》，1257—1258页。

[2]《册府》卷九九九《外臣部·请求》，11721—11722页。“恃勤”应作“特勤”，“娑罗门”应作“婆罗门”，据《宋本册府元龟》（中华书局，1989年，4040页）改。

一条了解唐代外来质子制度的非常重要的第一手资料，内容涉及质子制度的方方面面。就本文讨论的问题而言，从这条史例可以确知，与外来事务的其他方面一样，唐朝外来质子官品的拟定和授受，也属于鸿胪寺的职责范围。

根据上文，代宗时代，鸿胪寺行政功能一度瘫痪，未能履行遣返“四夷使者”的职责，致使大量使臣被迫长期滞留长安[1]；同样作为鸿胪寺职责范围的外来质子官品授受，自然也会因为行政功能的阙失而受到影响。据此推测，与四夷使者因“事多留滞”，在肃、代之际不能如期返国一样，突骑施王子光绪在入质长安期间没有被授予官职，也是因为安史之乱后鸿胪寺行政功能的阙失所致。

由于史料的局限，以往对安史之乱后西域的了解，主要限于安西、北庭诸军镇的坚守和吐蕃、回鹘在西域的活动，对突骑施政权及其与唐朝的关系所知甚少，相关研究也不多。通过对《墓志》的研究可知，至少一直到代宗大历之前，唐朝政府与突骑施黑姓一直保持了良好的关系。在此期间，突骑施黑姓可汗不仅接受唐朝的册封，派遣王子入质唐朝，奉德可汗和其子光绪还接受了唐朝授予的汉化的可汗号和汉名。《墓志》的记载填补了突骑施黑姓可汗世系的空白，丰富了肃、代之际突骑施历史的内容，有助于全面认识安史之乱后的西域历史进程，应该引起足够的重视。

（载《魏晋南北朝隋唐史资料》第33辑，2016年。）

[1] 唐德宗贞元三年，也针对外来人大量滞留进行过一次规模庞大的清理行动。但清理的原因有所区别，一是因为“事多留滞”，一是因为道路断绝。参见《通鉴》卷二三二贞元三年七月，7492—7493页；《新唐书》卷一〇七《王锷传》，5169页。

第二编

西域

柒　试论两件高昌供食文书

捌　隋唐伊吾史二题

玖　吐蕃“求分十姓突厥之地”辨误

拾　杜甫“观兵”诗新解

唐乾元二年西域援军再次入关史实钩沉

柒

试论两件高昌供食文书

在已整理发表的吐鲁番文书中有二十余件属于高昌国时期的供食文书。这批文书中，有许多外国客使和突厥官职可与汉文史籍相印证。如“何国”（何国）、“阿博珂寒”（阿波可汗）、“贪浑珂寒”（贪汗可汗）、“怒罗珂寒”（处罗可汗）、“珂顿”（可敦）、“珂寒”（可汗）、“提懃”（特勤）、“希瑾”（俟斤）、“吐屯”（吐屯）等等。而且在供食文书中，还有许多意义不明的部族或官职名称，有待进一步深入研究，如“延壂”、“依提具抴”、“婆演”、“婆瓠”、“栈头”、“吐别”等等[1]。这批文书的刊布，为研究高昌对外关系、突厥史、中亚史，提供了不可多得的新材料。

不仅如此，供食文书中的“客馆供食文书”，还为我们提供了高昌接待外国客使的原始记录，对于研究中西交通史弥足珍贵。本文拟就吐鲁番阿斯塔那三〇七号墓出土的两件“客馆供食文书”进行一些初步探讨，不妥或者错误之处，敬祈指正。

一

阿斯塔那三〇七号墓共出土四件供食文书，其中《高昌竺佛图

[1] 参见王素《〈吐鲁番出土文书〉前三册评介》,《中国史研究》1983年第2期。

等传供食账》(下称甲)与《高昌□善等传供食账》(下称乙)两件文书现存内容较多，而且在时间上，两件文书前后相接，为我们研究供食文书提供了宝贵的资料。

甲件文书裂为四片，乙件文书裂为三片，除乙件第一片外，其余六片前后俱缺。三〇七号墓无墓表及随葬衣物疏，所出七件文书均无纪年，《吐鲁番出土文书》根据墓葬形制、出土文物和文书特征，将其定为麴氏高昌晚期。又，墓内出土“调薪车残文书”一件，题解据其中“闰八月”一语，判定为延寿九年(632)。

我们可以根据甲、乙两件文书中屡次提及的突厥“贪浑珂寒”(贪汗可汗)与“阿博珂寒”(阿波可汗)，将两件供食文书的大致年代定为开皇三年(583)至开皇七年(587)之间[1]。现按照《吐鲁番出土文书》第三册的释文及顺序将两件文书分别转录于下(竖排改横排，繁体、异体字改简体字，不识者照描，夹行字另注)：

甲、《高昌竺佛图等传供食账》

(一)

〔前缺〕

1. □人，尽十五日，合用面十三斛二斗，糜米

2. □升。次竺佛图传，面五斗六升，糜米九升，供婆瓠吐屯牛儿浑，上二人，中三人，

3. 十三日，合用面五斛六斗，糜米九斗。次吕僧忠传，面六斗，糜米一斗二升，供鸡弊零

4. 苏利结个妇，中四人，下二人，尽十五日，合用面七斛

[1] 参见本书第肆篇《高昌供食文书中的突厥》。

二斗，糜米一斛四斗四升。次六日，令狐

5. □僧传，面三斗六升，糜米三升，供乌浑摩河先使河干，上二人，中一人，尽十日，合用

〔后缺〕60TAM307：5/3（a）

以上为甲件文书第一片。据本类账目记账格式，第3行“十三日”上，或第2行“中三人”下，应脱“尽”字。由于文书残损过甚，无法直接了解账目的内容。如果仔细观察，就会发现本件文书中存在两个日期系统，即“尽”字以上部分的日期和“尽”字以下部分的日期。“尽”字以上日期，仅在第4行末可见“次六日”。“尽”字以下日期存四项，顺序排列为：十五日、十三日、十五日、十日。显然四项日期排列杂乱，无章可循。“尽”字以上部分的日期及粮食数目与“尽”字以下部分的日期及粮食数目之间，究竟存在什么样的对应关系呢？我们假定“尽”字以上粮食数为某天一批客使的日供食数，“尽”字以下部分的粮食数为截止某天这批客使供应粮食的总数，试取其中记载较为完整的两项推算如下：

第2—3行：次竺佛图传，面五斗六升，糜米九升，供婆瓠吐屯牛儿浑，上二人，中三人，（尽）十三日，合用面五斛六斗，糜米九斗。

本使团五人，某日用面五斗六升，至十三日，共用面五斛六斗，总计十天；日用糜米九升，至十三日，共用九斗，总计也是十天。两项数字相合，由此可知本使团就食日（即“尽”字以上所缺日期）应为某月四日。以上各项数字是不是巧合呢？

第3—4行：次吕僧忠传，面六斗，糜米一斗二升，供鸡弊零苏利结个妇，中四人，下二人，尽十五日，合用面七斛二斗，糜米一斛四斗四升。

本项使团六人，某日食面六斗，至十五日，共用面七斛二斗，总计十二天；日用糜米一斗二升，至十五日，共用一斛四斗四升，总计也是十二天，以此推之，就食日也是某月四日，与第2—3行所推结果相同。通过对记载完整的九项进行推算，各项数字完全契合。推算结果详见《高昌客馆某年供食表》，在下文中恕不一一推算。

由此可知，本片为某月四日至六日抵达高昌客馆客使的供食账目，“尽”字以上日期，因每日下记有若干笔账目，再加上文书缺文，故所存较少。经我们推算出的四日，与第4行“次六日”，日次亦合。又，据此可推知，第5行“合用”下所缺为“面一斛八斗，糜米一斗五升”。

（二）

〔前缺〕

1. □十二斛六斗，糜米三斛七斗□□儿传，二斗三升，糜米三□

2. □[恩]纥，上一人，中一人，尽十五日，□[斛]四斗半。糜米四斗半，次[虎]□

3. □二升。次传粟米一斗，麨一斗，□寒使呐举贪浑，上[四]人□

4. □斛一斗二升，粟米[六]斗，麨六□□三斗三升，供南厢珂寒□

5. 上一人，下二人，尽十五日，合□九斗半。次传面二斗，供□

6. □浑子弟，下二人，尽十三日，合□一斛六斗。

次明威佛奴传，面□

7. 麹乌罗浑，五十一人，尽十□□合用面六十一斛二斗。次虎牙□

8. □传，粟米一斗，麨一斗，供栈头□□大官，上十八人，尽十四日，□

9. □粟米一斛四斗半，麨一斛四斗半。次传面一斛五斗二升，糜□

10. □上四人，中十人，尽十四日半，合用面廿二斛四升，糜米四□

11. □斗九升，供栈头案豆遮摩诃先，上二人，□

12. □斛八斗半，次传面一斛一斗，糜米三斗，供□

13. □四斛五斗，糜米四斛三□

14. □人尽□

〔后缺〕60TAM307：5/2（a）

以上为甲件文书第二片，根据对保存较为完整的第9—10行食面数推算，本片为某月一日就食客使的供食账目。据此类推，第1行末尾“糜米三”下，可补“升”；第2行“斛四斗半”上，可补“三”；第5行“九斗半”上，可补“五斛”，第8行“尽十四日”下，当缺“半”字，释文以“尽十四日”断句，非是。又，第5—6行：“次传面二斗，供□浑子弟，下二人，尽十三日，合□一斛六斗”，日食面二斗，自一日至十三日，所食应为二斛六斗，释文“一斛六斗”之“一”，疑为“二”之缺文，或因“二”上半部缺，故释文误为“一”。因未见原件，姑存疑。

（三）

〔前缺〕

1. 先，上三人，中三人，尽三十日，合用三百一十五斤。次传九斤，供贪浑提懃使□

2. 廿二日半，合用六十七斤半。次传十四斤，供栈头大官使炎畔陀，中七人，尽尽十七日，合用廿八斤，□

3. 传八斤，供栈头大官使脾婆，中四人，尽廿二日，合用五十六斤。次传七斤，供阿博珂寒使□

4. 振珂離振，上一人，中一人，尽

〔后缺〕60TAM307：5/4

以上为甲件第三片。依本类账目格式，第2行“廿八斤”下，所缺字应为“次”。又，同行“十七日”前，衍一“尽”字。根据第1—2行、第2行、第2—3行三项计算，本片为自某月十六日起就食之客使的供食账目。

（四）

〔前缺〕

1. □面一斗三升，供婆瓠孤时□

2. □斗七升□

〔后缺〕60TAM307：5/2（a）

本片残损过甚，无法得知其详。通过以上推论可知，甲件文书为某月一日（二），四日、六日（一），十六日（三）在高昌客馆就食的客使供食账目。

乙、《高昌□善等传供食账》

（一）

1. □陀，中十人，下十人，尽三十日，□

2. □斗，供外生儿提懃珂都虔四十五[人]□

3. □善传，面五斗，供阿博珂寒铁师居□

4. □七斛五斗，次畦少何传，面五斗，供栈头大官□

5. □下三人，尽三十日，合用[面]□斛五斗。次康师得□

6. □珂寒使陀钵大官□□，上六人，中四人，尽三十□

7. □次虎牙都子传，[面]□粟米二斗，供南□[珂]□

8. □子弟，上六人，尽三十□[粟]米三斛。次十七日□

9. □斗，供移桑揑使浮□，尽三十日，合用面□

10. □师得传，面三斗，供□[寒]使呼典枯合振□

11. □[面]□[次][传]□

60TAM307：5/1（a）

以上为乙件文书第一片。本片第2行“提懃珂都虔”之右，夹行有“浮利，中四人，下四人，尽”数字，第9行“浮□”之右，夹行有“□四人”数字。

据考察，本片第2—5行与下文乙件（二）第9—12行完全相同，两相对照，本片第2行“四十五[人]”下，可补“尽三十日，合”数字。第3行“善传”上可补“田阿”二字，据此，本件拟题应作“高昌田阿善等传供食账”。同行“铁师居”下可补“织”字。第5行“合用[面]□[斛]五斗”，缺字应为“七”。又，第7行“南□[珂]＿＿”，据甲（二）第4行及乙（三）第5行，当作“南[厢]珂寒”。据通例，第8行“尽三十”下缺文应为“日”。据本片第5行、第10行“师得传”，上缺文疑为“康”。

通过对保存较为完整的第3—4行、第4—5行以及第7—8行进行推算，知本片第8行以前客使就食日期为十六日，与第8行“次十七日”完全吻合。

（二）

〔前缺〕

1. ＿＿[面][一][斗]，[供]＿＿

2. ＿＿面一斛四斗，次十八＿＿

3. ＿＿使呴举贪[浑]，雇上二人，尽＿＿

4. ＿＿斗，供南厢□寒使呴举贪浑，上＿＿

5. ＿＿[传]，[面]二斗，供栈头折无艮，中一人，下一＿＿

6. ＿＿日郑伽子传，＿＿斗，供鸡弊零出军＿＿

7. ＿＿斗。次廿一日，竺佛图传，＿＿[斗]，供浑窖居之[弊]＿＿

8. ＿＿雇上二人，尽三十日，合[用]＿＿[斛]，粟米三斛。次明威＿＿

9. ＿＿六斗，供外生儿＿＿虔，四十五人，尽三十日，[合]＿＿

10. ＿＿田阿善传，面＿＿珂寒铁师居织＿＿

11. □面七斛□面五斗，供栈头大□

12. □[人]，中二人[面]七斛五斗。次康[师]□

〔后缺〕60TAM307：4/4（a）

以上为乙件文书第二片。本片第2行“次十八”下缺文当为“日”，第7行有“次廿一日”，由此可推知，第6行“日”前缺文为“次十九（或二十）日”。本片日期恰与第一片第8行“次十七日”相接。又，本片款缝后第9—12行内容与第一片第2—5行一致，可相互对勘，详见上文，此略。为什么在款缝后又重新钞录第一片的内容，无法考知，姑存疑。

（三）

〔前缺〕

1. □[摩][珂]□[中]十□

2. □[米]六升，供乌[莫]胡□至，中□

3. □[米]一斗，供贪浑[珂][寒]□[人]，尽□

4. [面]三斗三升，糜米六升，□贪浑提懃□

5. □虎牙都子传，□三升，供南厢珂寒□

6. □[子]弟，上一人，下二人，尽□[威]佛奴传，面□

7. □乌罗烺五十三人，[尽]□[僧]忠传，面一□

8. □九升，供栈头摩[珂]□人，中十三人，[尽]□

9. □[升]，糜米六升，供栈头□，尽廿一[日]，□

10. □米一斗二升，供栈头浮□尽□

〔后缺〕60TAM307：4/3（a）

以上为乙件文书第三片。本片第7行“五十三人”之右，夹行有“其二人廿二日”数字，第8行“中十三人”之右，夹行为“廿一日□”。第4行“糜米六升”下所缺字当为“供”。第6行“威佛奴”，当即甲（二）第6行之“明威佛奴”，本片缺“明”。第7行“僧忠”疑为甲（一）第3行之“吕僧忠”，本片缺“吕”。

本片因残损过甚，已无法推算其就食日期。但本片文书中的两批使团与甲（二）记载的两批使团相同，试比较如下：

1. 南厢珂寒使团

甲（二）：“□三斗三升，供南厢珂寒□上一人，下二人，尽十五日，”

乙（三）：“□三升，供南厢珂寒□子弟上一人，下二人，尽□。”

2. 乌罗浑使团

甲（二）：“次明威佛奴传，面□懃乌罗浑，五十一人，”

乙（三）：“□威佛奴传，面□乌罗烺五十三人，”

前一项除缺字互有详略外，其余均同。后一项中“乌罗烺”，甲（二）作“乌罗浑”，或涉音近而同名异译，或释文（或原文）有误，姑存疑。“五十三人”，甲（二）作“五十一人”，如果除去乙（三）夹行所记“其二人廿二日”之“二人”，则适为“五十一人”，与甲（二）相吻合。乌罗浑（烺）使团人数的记载，对我们了解客馆供食文书很有帮助，下文将详加讨论。

二

在上述两件文书中，我们发现了一个有趣的现象，即凡就食日期在十五日以前的供食账目，其结账日期均不超过十五日，而凡就食日期在十六日以后的账目，其结账日期则限于三十日。试分别列表如下[1]：

就食日在十五日以前者

文　书	就食日	结账日	实食天数
甲（二）1—2	一日	十五日	十五天
甲（二）4—5	一日	十五日	十五天
甲（二）5—6	一日	十三日	十三天
甲（二）8	一日	十四日半	十四天半
甲（二）9—10	一日	十四日半	十四天半
甲（一）2—3	四日	十三日	十天
甲（一）3—4	四日	十五日	十二天
甲（一）4—5	六日	十日	五天

就食在十六日以后者

文　书	就食日	结账日	实食天数
甲（三）1—2	十六日	二十二日半	七天半
甲（三）2	十六日	十七日	二天
甲（三）3	十六日	二十二日	七天
乙（一）3—4	十六日	三十日	十五天
乙（一）4—5	十六日	三十日	十五天

[1] 表内所列，仅限于已知就食日及结账日的诸项。其中就食日除了见于文书者外，均为笔者推出的日期。详见上文，不另注。

（续表）

文　书	就食日	结账日	实食天数
乙（一）7—8	十六日	三十日	十五天
乙（一）8—9	十七日	三十日	十四天

从以上表格，可以发现三个问题：

第一，表内“实食天数”均在十五天以内，而且实食天数以十五天为最多（十五项中占五项）。如果说文书中所载使团留居高昌的时间正好都在十五天以内，尚勉强可以说得过去的话，那么多数使团留居天数为什么恰恰都是十五天呢？殊不可解。

第二，就食日在十五日以前的供食账目中，就食日以一日最多（八项中占五项），而结账日期则以十五日居多（八项中占三项）。

第三，就食日在十六日以后的供食账目，就食日以十六日最多（七项中占六项），结账日期则多在三十日（七项中占四项）。

为什么多数使团的供食记录都是自一日起，至十五日终，或自十六日起，至三十日终呢？以上问题显然不是偶然的巧合所能解释的。

我们认为，唯一合理的解释是，此类供食账目是以半月为单位结账的。因为以半月为单位，所以实食天数均不超过十五天。就食日在十五日以前的账目中，因为在第一日需要具列上月来到高昌，月底尚未离开的客使，故一日所占比例最大；又因为客使中有相当一部分人在十五日之后需要继续留居高昌，但账目截止日期却在十五日，故结账日期在十五日者所占比例最大。就食日在十六日以后的账目中，因十六日所载客使中，既有上半月继续留居高昌的客使，又有十六日抵达的客使，故十六日所占比例最大；而在月底尚有许多客使需要继续留在高昌，故在结账日期中，三十日结账的客使所占比例也最大[1]。

上述乙（三）与甲（二）两片文书中记载的乌罗浑（烬）使团，为我们的看法提供了具体的证据。从乙（三）第9行“尽廿一日”可知，乙（三）为某月下半月的供食账目。乌罗浑（烬）使团在乙（三）中作“五十三人”，但在“五十三人”之右夹行注云“其二人廿二日”，显然五十三人中，有五十一人结账日期与二十二日结账的二人不同，所以对二十二日结账的二人用夹行注特意说明，以示区别。而甲（二）第一日的账目中，乌罗浑（烬）使团为五十一人，由此可知，乙（三）“乌罗浑（烬）五十三人，尽”□下缺文应为“三十日”。也就是说，乌罗浑（烬）使团一行五十三人在某月下半月抵达高昌，同月二十二日，有二人离开高昌，而其余五十一人则滞留到了第二月的“十□”日，因为高昌客馆供食账目以半月为限，所以在下月一日的账目中，重新具列了这一使团五十一人。南厢珂寒使团在甲（二）中再次出现，道理同上。显然乙（三）与甲（二）两片文书应互相衔接。甲、乙两件文书为一个半月的供食帐（详下文）。

[1] 高昌供食账目中，另有一类“客馆供食账目”，记账格式与本文所讨论者不同，只是记载“某日，某人传，粮食若干，供某使若干，尽”。我们姑称其为“日供食账”。这类账目在时间上似乎也以半月为限。如《高昌曹石子等传供食账》（第四册，“补遗”，27页）第1行：“起正月十六日”（后略），又，《高昌令狐等传供食账》（第三册，260页）第二片第1行“十二月十六日”（后略），以上两次出现于“日供食账”中的“某月十六日”，恰都在两片文书的开头部分，而且所谓“起正月十六日”，与出现在《高昌建文等传供粮食账》（第二册，193页）第1行的“起十二月一日”，意义相同，即记账自正月十六日起。结合本文对半月供食总账的研究，我们认为，“客馆日供食账”也以半月为单位记账。两类账目之间的关系如何，俟考。

三

通过对客馆供食文书的研究，我们可以得知，高昌客馆对外国客使的食物供应，一般根据客使身份高下，分为上、中、下三级，个别不分等次的客使，疑为非官方使团。客馆供食账目的记账方式，则以半月为单位结账。为什么不采取比较方便的一月为单位，而以半月为单位结账呢？我们推测，大概与高昌客使往来频繁，但许多客使目的地并非高昌，他们在高昌只是中途停留，所待时间较短有关。在上述两件文书中，知留居时间者共十八项[1]，其中结账日期在十五日与三十日者九项，因为十五日与三十日为总账截止日期，这九项中的客使有可能在结账日期后继续留在高昌，故此九项可忽略不计。其余九项留居天数均在十五天以下，分别为二至十四天半不等，平均不到九天（8.8）。我们认为，高昌供食文书以半月为单位结账，可能正是针对客使往来频繁但留居时间较短，这一实际情况制定的。

高昌地处古代中西交通大动脉丝绸之路要冲，地理位置非常重要。《魏书》卷一〇三《高车传》载，世宗在给高车弥俄突的诏书中说："蠕蠕、哌哒、吐谷浑所以交通者，皆路由高昌。"据《隋书》卷八三《高昌传》，大业初，铁勒占据高昌之后，"恒遣重臣在高昌国，有商胡往来者，则税之送于铁勒"。《旧唐书》卷一九八《高昌传》记载唐初情况时也说："时西戎诸国来朝贡者，皆途经高昌。"高昌在丝绸之路上的重要地位，决定了过境贸易在高昌经济生活中的重要性。《旧唐书》卷一九八《焉耆国传》：

> 贞观六年，突骑支遣使贡方物，复请开大碛路以便行李，

[1] 详见下文《高昌客馆某年供食表》。

> 太宗许之。自隋末罹乱，碛路遂闭，西域朝贡者皆由高昌。及是，高昌大怒，遂与焉耆结怨，遣兵袭焉耆，大掠而去。

突骑支为焉耆国王。为了商路改道问题，竟至于两国交怨，兵戎相见，足见商路贸易对高昌经济的影响至巨。贞观十四年唐太宗讨伐高昌，其重要原因之一就是高昌阻绝商路，寇掠商旅[1]，显然高昌在丝绸之路上的地位，不仅与高昌本国的经济利益息息相关，而且直接影响了中原王朝与西方国家的经济文化交往。史书中的记载，虽然说明了高昌在中西交通中的重要地位，但毕竟较为抽象、简略。现在由于高昌供食文书的刊布，我们得以对高昌国客使往来情况进行一些比较具体的推测，以弥补这方面的缺憾。

通过上文的讨论，我们得到了高昌某年一个半月客使往来的残缺记录。如果以乙（三）为第一月，可将上述两件文书诸片顺序排列于下：

乙（三）：第一月下半月残片

甲（二）：第二月一日残片

甲（一）：第二月四日、六日残片

甲（三）：第二月十六日残片

乙（一）：第二月十六、十七日残片

乙（二）：第二月十八、十九（二十？）、二十一日残片。

为了分析方便，先将推算结果列表于下[2]：

[1] 参见《唐大诏令集》卷一三〇《讨高昌王麹文泰诏》，商务印书馆，1959年，702—703页。

[2] 表内凡“米”上有缺文，不能判定究竟是“粟米”还是“糜米”者，姑置于“粟米”项下；凡不能确定粮食种类者，姑置于“面”项下。部分缺文经对勘补，数字经推算补，详见正文，不另注。乙（二）款缝后部分与乙（一）第2—5行重复，从略。缺文用“△”表示。

高昌客馆某年供食表

月别	文书	客使	人数				就食日	结账日	实食天数	日食				共食				单位
			上	中	下	小计				面	粟	糜	麨	面	粟	糜	麨	
第一月下半月	乙（三）1	△摩诃△		10														斛
	乙（三）2	乌莫胡△									0.06							斛
	乙（三）3	贪浑珂寒△									0.1							斛
	乙（三）4	贪浑提懃								0.33		0.06						斛
	乙（三）5	南厢珂寒△	1		2	3		30										
	乙（三）7	乌罗烬				53		30										
	乙（三）8	栈头摩珂△		13		13		21		△				△				
	乙（三）9	栈头△						21		△		0.06		△				斛
	乙（三）10	栈头浮△									0.12							斛
第二月上半月	甲（二）1									△		△		12.6		3.7		斛
	甲（二）1—2	△恩纥	1	1		2	1	15	15	0.23		0.03		3.45		0.45		斛
	甲（二）3—4	△寒使哃举贪浑	4				1	6	6	△	0.1		0.1	△	0.6		0.6	斛
	甲（二）4—5	南厢珂寒子弟	1		2	3	1	15	15		0.33				4.95			斛
	甲（二）5—6	△浑子弟			2	2	1	13	13	0.2				2.6				斛
	甲（二）6—7	△懃乌罗浑				51	1	△		△				61.2				斛

（续表）

月别	文书	客使	人数				就食日	结账日	实食天数	日食				共食				单位
			上	中	下	小计				面	粟	糜	麨	面	粟	糜	麨	
第二月上半月	甲（二）8—9	栈头△大官	18			18	1	14.5	14.5		0.1		0.1		1.45		1.45	斛
	甲（二）9—10		4	10		14	1	14.5	14.5	1.52		△		22.04		△		斛
	甲（二）11	栈头案豆遮摩诃先	2							△				△				斛
	甲（二）12									1.1		0.3						斛
	甲（二）13									4.5		4.3						斛
	甲（一）1							15		△		△		13.2		△		斛
	甲（一）2—3	婆瓠吐屯牛儿浑	2	3		5	4	13	10	0.56		0.09		5.6		0.9		斛
	甲（一）3—4	鸡弊零苏利结个妇		4	2	6	4	15	12	0.6		0.12		7.2		1.44		斛
	甲（一）4—5	乌浑摩河先使	2	1		3	6	10	5	0.36		0.03						斛
第二月下半月	甲（三）1	△先	3	3		6	16	30	15	△				315				斤
	甲（三）1—2	贪浑提懃使					16	22.5	7.5	9				67.5				斤
	甲（三）2	栈头大官使		7		7	16	17	2	14				28				斤
	甲（三）3	栈头大官使婢婆		4		4	16	22	7	8				56				斤
	甲（三）3—4	阿博珂寒使	1	1		2				7								

（续表）

月别	文书	客使	人数				就食日	结账日	实食天数	日食				共食				单位
			上	中	下	小计				面	粟	糜	麨	面	粟	糜	麨	
第二月下半月	乙（一）1	△陀		10	10	20		30										
	乙（一）2	提懃珂都虔				45		30		△								斛
	乙（一）3—4	阿博珂寒铁师居△					16	30	15	0.5				7.5				斛
	乙（一）4—5	栈头大官△			3		16	30	15	0.5				7.5				斛
	乙（一）5—6	珂寒使陀钵大官△	6	4		10	16	30	15									
	乙（一）7—8	南△珂△	6			6	16	30	15	△	0.2			△	3			斛
	乙（一）8—9	移桑抴使					17	30	14	△				△				
	乙（一）10	△寒使								0.3				△				
	乙（二）1—2									0.1				1.4				斛
	乙（二）2—3	△使呴举贪浑	2			2	18											
	乙（二）4	南厢珂寒使	△															
	乙（二）5	栈头折无良		1	1	2				0.2				△				斛
	乙（二）6	鸡弊零出军					19											
	乙（二）7	浑零居之弊					21											

上表所列四十三项，历时约一个半月。为了便于说明问题，试以第二月为基准，对表内有关数字略作估算。

第二月共三十四项，其中“鸡弊零出军”一项文意不明，姑略。上半月账内结账日期在十五日者四项，这四项中的客使，有可能十五日离开高昌，也有可能下半月继续留在高昌。通过上文讨论可知，后一种可能性显然更大，所以也略去不计。除去以上五项，共得二十九项。又，甲（四）第1行与乙（一）第11行各有一笔供食账目，因残缺过甚，未列入表内，加上这两项，文书中现存第二月先后留居高昌的客使共有三十一批。在这三十一批使团中，有些使团人数已缺，人数记载完整者共二十二项，计二百八十七人，平均每批使团十三人。以此为基数计算，则第二月有三十一批使团，四百零三位客使留居高昌。一年内高昌约接待客使三百七十二批，计四千八百三十六人。

这里有几个问题需要加以说明。第一，在以上两件文书中，除重复外，有人数记载者共二十五项（含残缺者），其中二十三项中的客使都分为上、中、下诸等。未分等次者两项，其中“外生儿提懃珂都虔”，“提懃”即“特勤”，为突厥官号；“外生儿”显即“外甥儿”，也就是外甥。我们知道，高昌历来与突厥通婚，此外甥疑即高昌某位公主下嫁突厥所生之子，在突厥任“特勤”职务[1]。疑本使团因系高昌国王外甥所遣，非官方性质，故其使团成员供食不分等次。又，“乌罗浑（烺）”使团五十三人[2]，亦不分等次，原因不明。但绝大多数都明确划分了供食等次。不仅如此，绝大多数使团都明确记为

[1] 参见本书第肆篇《高昌供食文书中的突厥》。

[2] “乌罗浑烺”应即《旧唐书》卷一九九下《北狄传》之“乌罗浑国”;《魏书》卷一〇〇作“乌洛侯国”;《新唐书》卷二一九《室韦传》作“乌罗护”;《通典》卷二〇〇《乌落侯》云:“乌落侯，亦曰乌罗浑国。”乌洛侯、乌罗浑、乌落侯，均系同名异译。

“某某使”，而且都带有官职，如“珂寒”（可汗）、“提懃”（提勤）、“希瑾”（俟斤）等。由此，我们怀疑本账目所列只限于官方使团和由于特殊原因由高昌官方供食的客使。如果这一说法能够成立的话，那么同一时期内往来于高昌的私人商队，就不在上表所估算的数字之内。

第二，由于缺乏相关材料，我们不能判定上述两件供食文书是否包括了同一时期内由高昌官方供食的全部客使。换言之，我们不能肯定以上供食文书，是不是高昌国全部客馆供食的记录。

第三，文书本身残缺严重，我们据以推算的日期，仅仅为一、四、六、十六、十七、十八、十九（二十？）、二十一等八天，其余二十二天已缺。虽然一日与十六日分别具列了上月的下半月以及本月上半月继续留居的客使，使上表客使数目更接近实际数字。但所缺诸日肯定有客使往来于高昌。除去一日与十六日外，本表六日、二十一日残，其余四天之内，四日到来客使两批，十七日三批，十八日三批，十九（二十？）日一批，平均每天两批。如果以此推算，则每月为六十批、七百八十人，一年则为七百二十批、九千三百人。

由于以上三个因素，我们根据文书实际数目推算的客使数量，只是反映了高昌接待官方客使的不完全的数字。即便如此，我们将其与高昌本国人口进行比较，也是很有意义的。

高昌是一个绿洲小国。《旧唐书》卷一九八《高昌传》记载，贞观十四年平定高昌后，得“户八千，口三万七千七百”。《新唐书》卷二二一上《高昌传》作“户八千，口三万”。较之《旧唐书》，《新唐书》只是举其整数而言，这两组数字应该是相同的。《通典》卷一九一《高昌》记为“户八千四十六，口万七千七百三十”，与两《唐书》不同。《通鉴》卷一九五也作“户八千四十六，口一万七千七百"。《考异》说:"《旧传》'户八千，口三万七千七百'，今从《实录》。"显然《通典》与《通鉴》同出于《实录》。其实，如果抛开"一万"与"三万"的差异，以上四组数字明显同出一源。其差别在于《通典》记载最为完整，《旧唐书》省略了百位以后的数字，《通鉴》省略了人口数中百位以后的数字，《新唐书》则省略了万位以后的数字。如口数为一万，则每户平均不到二人（1.2），显然《实录》一万有误。如口数为三万，则每户平均约五人，户数与口数相符。《唐会要》卷九五《高昌》作户八千四十六，口三万七千七百三十八，恰与两《唐书》相同，当以三万为是。唐朝在贞观十四年八月平高昌，九月就进行了细致的人口普查登记，作为推行均田制的依据[1]。户八千四十六、口三万七千七百三十四（八？），当是平定高昌后，普查人口所得的数字，应该是可信的[2]。据上文可知，本文所引供食文书大约在583至587年之间，唐朝平定高昌在640年，在此期间，高昌人口变化不会很大[3]。

据以上对文书的统计，高昌每年接待官方客使三百七十二批、四千八百三十六人，占高昌总人口的八分之一强（1 ∶ 7.8），如果将文书缺文估算在内，则应为七百二十批、九千三百人，占总人口的四分之一。如果将私人商队也估计在内，则高昌的流动人口数是很惊人

---

[1] 参见《吐鲁番出土文书》第四册《唐贞观十四年（640）西州高昌县李石住等户手实》，71—79页。

[2] 杜斗城、郑炳林认为，史籍所载人口只限农户，不包括流动人口及寺院人口（见《高昌王国的民族和人口结构》，《西北民族研究》1988年第1期）。

[3] 据《唐大诏令集》卷一三〇《讨高昌王麴文泰诏》（702—703页）、《旧唐书》卷一九八《焉耆传》（5302页）、《新唐书》卷二二一上《焉耆传》（6229页）等记载，贞观初年东突厥败亡后，隋末大乱逃亡突厥的大批汉人，有一部分流落到了高昌。又，贞观十二年，高昌与西厥攻破焉耆，虏掠一千五百人。由此估计，贞观十四年高昌人口数，当不会低于隋开皇年间的人口数。

的。庞大的流动人口数量，反映了丝绸之路沿线绿洲国家的一个突出特点，也从一个侧面反映了丝绸之路繁荣的贸易状况。供食文书是客使往来的原始记录，供食文书中提供的客使数量，对于研究高昌国之对外关系以及丝绸之路，都应具有较高的参考价值。

（载《中国史研究》1990年第1期。）

捌

隋唐伊吾史二题

伊吾或称伊吾卢，辖境大约相当于今天的新疆哈密地区，自汉代开通西域以来，就一直是内地进入西域的门户，具有重要的战略地位[1]。隋炀帝经营西域，首先在伊吾设伊吾郡，将控制伊吾作为进入西域的第一步；而唐朝在进入西域之前，也率先在伊吾设立伊州，从而为以后在西域的行动打下了坚实的基础。隋唐两代对伊吾的经营，不仅是古代西域史的重要内容，对深入了解隋唐时代经营西域的历史也具有重要的意义。以下试对隋唐时代经营伊吾的两个基本问题略作探讨，希望得到有关专家的指正。

一、薛世雄筑新伊吾与隋朝设置伊吾郡

隋炀帝在西域设立鄯善、且末和伊吾三郡，由内地统一政权第一次将中原的郡县制度引入西域，是西域历史上的大事件；尤其是丝绸之路北道门户伊吾郡的设立，大大影响了当时的西域局势，对于促成阿波系处罗可汗政权的灭亡和西突厥射匮可汗的兴起，都起了重要的作用。但是由于《资治通鉴》（后简称"《通鉴》"）的疏失，隋朝在伊吾设郡的基本史实长期没有澄清，影响了人们对这一事件的正确认

[1] 参见《后汉书》卷七九《西域传》，中华书局，1982年，2914页。

识。这里首先讨论设置伊吾郡的问题。

《隋书》卷六五《薛世雄传》：

> 从帝征吐谷浑，进位通议大夫。世雄性廉谨，凡所行军破敌之处，秋毫无犯，帝由是嘉之。帝尝从容谓群臣曰："我欲举好人，未知诸君识不？"群臣咸曰："臣等何能测圣心。"帝曰："我欲举者薛世雄。"群臣皆称善。帝复曰："世雄廉正节概，有古人之风。"于是超拜右翊卫将军。岁余，以世雄为玉门道行军大将，与突厥启民可汗连兵击伊吾。师次玉门，启民可汗背约，兵不至，世雄孤军度碛。伊吾初谓隋军不能至，皆不设备，及闻世雄兵已度碛，大惧，请降，诣军门上牛酒。世雄遂于汉旧伊吾城东筑城，号新伊吾，留银青光禄大夫王威，以甲卒千余人戍之而还。天子大悦，进位正议大夫，赐物二千段。[1]

这是目前所见隋朝经略伊吾的最集中的一段文字。这段文字记载了两件事，一是薛世雄从隋炀帝征讨吐谷浑，进位通议大夫，又因操守廉正，有古人之风，被授为右翊卫将军。二是此后“岁余”，薛世雄又担任玉门道行军大将，孤军度碛，在汉代伊吾城以东另筑“新伊吾”城，留兵戍守而还。隋炀帝征讨吐谷浑在大业五年（609）三月至九月之间[2]，从文字本身分析，薛世雄经略伊吾的事件，无论如何也不应早于大业六年（610）下半年。《通鉴》也节录了《隋书》这段资料，但却将它放在了大业四年之下，并在《考异》中对此特别作

[1] 参见《北史》卷九六《薛世雄传》，中华书局，1983年，2606页。

[2]《隋书》卷三《炀帝纪》，中华书局，1996年，72—73页。

了解释。《考异》称[1]：

> 世雄击伊吾，《帝纪》无之。《本传》前有从帝征吐谷浑，后云，“岁余，以世雄为玉门大将，与突厥启民可汗击伊吾”。然则似在大业六、七年也。按是时启民已卒，伐吐谷浑之岁，伊吾吐屯设献地数千里，恩宠甚厚，隋何故伐之！今移置献地之前。

从《考异》可知，《通鉴》对《薛世雄传》时间的改动，并没有文献依据的支持。《考异》列举了两个理由，将《隋书·薛世雄传》经略伊吾的记载，从“似在大业六、七年”前移到了大业四年（608）。一是说《薛世雄传》称，薛世雄本来是计划与突厥启民可汗联兵击伊吾，启民可汗违约不至，所以不得已才孤军度碛。但是此时启民可汗已经去世，不可能在此后即大业六年计划与隋军连兵击伊吾。二是认为，大业五年隋炀帝征吐谷浑，到达张掖时，伊吾吐屯设等人曾向炀帝“献西域数千里之地”，炀帝大喜，在观风行殿设宴款待高昌王与吐屯设，“蛮夷陪列者三十余国”[2]，对伊吾统治者待以优礼，不应该在此后又发兵征伐伊吾。

稽考隋代相关记载，《考异》列举的两条理由都是不能成立的。

首先，启民可汗的卒年并不是大业五年。

大业四年，隋炀帝北巡五原，亲幸启民可汗牙帐，《隋书》卷八四《突厥传》在此下载，启民可汗“明年，朝于东都，礼赐益厚。是岁，疾终，上为之废朝三日，立其子咄吉世，是为始毕可汗。表请

[1] 见《通鉴》卷一八一，中华书局，1976年，5642页。

[2]《隋书》卷三《炀帝纪》，73页。

尚公主，诏从其俗”。《通鉴》据此将启民可汗卒年置于大业五年[1]，上文《考异》所说“是时启民已卒”，就是指启民可汗在大业五年就已去世而言。但是综合隋代相关文献证据来看，《突厥传》有关启民卒年的记载是不可靠的。试分别列举如下：

1.《隋书》卷一五《音乐志》：“（大业）六年，诸夷大献方物。突厥启民以下，皆国主亲来朝贺。”[2]

2.《隋书》卷八一《高丽传》也记载：“炀帝嗣位，天下全盛，高昌王、突厥启人可汗并亲诣阙贡献，于是征元入朝。元惧，藩礼颇阙。”[3]按，高昌王于大业五年六月在张掖谒见炀帝后，随炀帝东返中原，参加了大业六年洛阳的大朝会，所谓“高昌王、突厥启人可汗并亲诣阙贡献”，就是指这次朝会。

3.《隋书》卷六〇《段文振传》：“帝幸江都，以文振行江都郡事。文振见高祖时容纳突厥启民居于塞内，妻以公主，赏赐重叠；及大业初，恩泽弥厚。文振以狼子野心，恐为国患，乃上表曰：‘……窃见国家容受启民，资其兵食，假以地利……如臣之计，以时喻遣，令出塞外……’时兵曹郎斛斯政专掌兵事，文振知政险薄，不可委以机要，屡言于帝，帝并弗纳。”炀帝幸江都在大业六年三月，段文振上表在此后“行江都郡事”期间，表中特别提到隋炀帝为启民可汗提供兵食之事。

以上三条史料都表明，至少到大业六年为止，启民可汗还没有去世，《突厥传》“是岁”云云，应有语病，不足凭信，《通鉴》不应据此将启民卒年定于大业五年。

[1]《通鉴》卷一八一隋炀帝大业五年，5642页。
[2] 参见《通典》卷一四六《散乐》，中华书局，1996年，3728页。
[3] 参见《北史》卷九四《高句丽传》，3117页。

又,《册府元龟》卷九六七《外臣部·继袭》:

> 大(叶)〔业〕十年,启民朝于东都,是岁疾终,炀帝为之废朝三日,立其子咄吉世,是为始毕可汗。[1]

《册府》卷九九九《外臣部·入觐》也记载,大业“十年,突厥启民可汗(率)〔卒〕,其子咄(言)〔吉〕立。〔十一年〕来朝于东都”[2]。以上两条记载,可以确证启民可汗卒于隋炀帝大业十年,《通鉴》以启民可汗卒于大业五年,《考异》列举的第一条理由显然是不能成立的。

其次,大业五年伊吾吐屯设献地之举,只是在隋军消灭吐谷浑之后,伊吾统治者面对隋朝西进的压力做出的举动。大业初年,西域东部地区是隋朝、阿波系突厥处罗可汗、铁勒、西突厥射匮可汗等各种势力的汇聚之地,形势复杂,变化多端。隋朝势力的向西进展,引起了这一地区格局的大变动,大业五年伊吾献地,不能作为此后不与隋朝发生冲突的根据;至少不能在没有相关证据的情况下,因为伊吾曾在大业五年献地,就将隋朝出兵伊吾放置于大业四年。《考异》列举的第二条理由也是没有说服力的。

《光启元年写本沙伊等州地志》(以下简称《沙伊等州地志》)[3]、《元和郡县图志》卷四〇“陇右道伊州”都明确记载,大业六年,隋朝取得伊吾之地,置伊吾郡。由此我们可以确知,伊吾郡设于大业六

[1] 《宋本册府元龟》,(中华书局,1989年,3827页)“大叶”作“大业”,据改正。

[2] 《宋本册府元龟》(4037页)“率”作“卒”,“来朝于东都”前有“十一年”三字,据改补。又,“咄言”显是“咄吉”之误,“咄吉”即“咄吉世”,避唐讳阙“世”字,此据《隋书》卷八四《突厥传》(1876页)正。

[3] 郝春文编著《英藏敦煌社会历史文献释录》,第2卷,社会科学文献出版社,2003年,174—180页。

年，与《薛世雄传》所载大业五年后“岁余”进兵伊吾，在时间上是吻合的，但是隋朝设置伊吾郡与薛世雄进兵伊吾到底有没有关系呢？《沙伊等州地志》:“隋大业六年，于城东买地置伊吾郡。”

《太平寰宇记》卷一五三《陇右道·伊州》:“隋遣兵镇焉，遂于旧城东筑城，立为伊吾郡。”

而《薛世雄传》则记载“世雄遂于汉旧伊吾城东筑城，号新伊吾”，稍加比较可知，《沙伊等州地志》“城东”之“城”，《太平寰宇记》“旧城东”之“旧城”，就是《薛世雄传》“汉故伊吾城东”之“汉故伊吾城”;《沙伊等州地志》、《太平寰宇记》所置之“伊吾郡”，就是《薛世雄传》所筑之“新伊吾”。换言之，薛世雄取伊吾，与隋朝置伊吾郡，是同一事件。从当时形势来看，隋炀帝大业五年灭吐谷浑，置西海、河源、鄯善、且末四郡，次年，薛世雄夺取伊吾，并留兵屯戍，置伊吾郡，与隋朝势力由东而西渐次推进的顺序也是符合的。不过相关地志中没有提到薛世雄，而《薛世雄传》也没有记载置伊吾郡事，《通鉴》又将薛世雄夺取伊吾事误置于大业四年，遂使同一事件被分系两处，长期没有得到正确的认识。

二、西伊州改名的时间

唐贞观四年，西域伊吾城主石万年率所属七城降唐，唐以其地置西伊州，这是唐朝在西域建立的最早的行政机构。此后不久，唐又将西伊州改称伊州。张广达先生指出：

> 名字上的一字改动表明，唐朝决定改变西伊州的羁縻性质，

将该州纳入内地诸州之列。[1]

名字的改动是否真意味着将伊吾由羁縻州纳入内地州县序列姑置不论[2]，西伊州的改名是当时西域历史的重要事件，这一点是确定无疑的。

《旧唐书》卷四〇《地理志》河西道下载：

伊州下，隋伊吾郡。隋末，西域杂胡据之。贞观四年，归化，置西伊州。六年，去“西”字。

《新唐书》卷四〇《地理志》陇右道下亦称：

伊州伊吾郡，下。本西伊州，贞观六年更名。

据我所见，学术界大都据此将西伊州改名伊州定为贞观六年[3]。

[1] 张广达《唐灭高昌后的西域形势》，《文书、典籍与西域史地》，广西师范大学出版社，2008年，114页。

[2]《通典》卷一九一《西戎总序》（5198页）在伊吾下明确指出：“隋末内属，置伊吾郡。属天下乱，又臣突厥。大唐贞观四年，以颉利破灭，遂举其属七城来降，因列其地为西伊州，同于编户。”据《新唐书》卷四三下《地理志》（1119页）记载，羁縻州最显著的特点是“贡赋版籍，多不上户部”，西伊州既“同于编户”，则似乎不应归为羁縻州。

[3] 如张广达先生上引文、王小甫《唐、吐蕃、大食政治关系史》（北京大学出版社，1992年，4页）、周伟洲《中国中世西北民族关系研究》（西北大学出版社，1992年，268页）、薛宗正《安西与北庭》（黑龙江教育出版社，1995年，20页）、吴玉贵《突厥汗国与隋唐关系史研究》（中国社会科学出版社，1998年，322页）、王治来《中亚通史（古代卷）》（新疆人民出版社，2004年，222页）、苗普生、田卫疆主编《新疆史纲》（新疆人民出版社，2004年，156页）等等，都认为西伊州改名伊州在贞观六年；一些较权威的工具书如《中国大百科全书（中国历史卷）》（中国大百科全书出版社，1995年，1392页）、《辞海》（上海辞书出版社，2000年，632页）、《中国历史大辞典》（上海辞书出版社，1996年，322页）的“伊州”条，也都持此说。

《唐会要》保留了以往被忽略的一条重要记载，可以为研究这一问题提供重要线索，具引如下：

> 汝州，武德初，从隋旧制，为伊州。贞观八年，以西域置伊州，遂改为汝州。[1]

这里说的作为汝州（治今河南临汝）前身的伊州，是在隋开皇初年由隋文帝所建，大业初年，炀帝改称汝州；到武德四年唐太宗平定王世充，又恢复文帝时伊州旧称。所谓“武德初，从隋旧制，为伊州”，是指恢复隋文帝时的旧制[2]。据此，则西伊州改伊州应在贞观八年，而且与河南道之伊州改称汝州直接相关。又据《旧唐书》卷三八《地理志》：

> 汝州望，隋襄城郡。武德四年，平王世充，改为伊州，领承休、梁、郏城三县。贞观元年，以废鲁州鲁山县来属。其年，省梁县，仍改承休为梁县。八年，改伊州为汝州，领梁、郏城、鲁山三县。

其他相关史籍如《新唐书》、《元和郡县图志》、《太平寰宇记》等也都将河南道伊州改名汝州的时间定为贞观八年[3]，与上文《唐会要》合。

据上文引证的史料可知，唐贞观四年置西伊州，称“西”是为了与武德四年在河南道所建的伊州相区别；至贞观八年，将河南道的伊州改为汝州，而原来的西伊州也就相应改成了伊州。《旧唐书·地

[1]《唐会要》卷七〇《州县改制》，上海古籍出版社，1991年，1481页。

[2]《隋书》卷三〇《地理志》中，837页。

[3]《新唐书》卷三八《地理志》，984页；《元和郡县图志》，中华书局，1983年，165页；《太平寰宇记》卷八，中华书局，2007年，143页。

理志》显然是因为字形相近，误将“八年”讹为“六年”，而《新唐书·地理志》又延续了《旧唐书》的错误，遂使今人误以为西伊州改名应在贞观六年。

（载《国学的传承与创新——冯其庸先生从事教学与科研六十周年庆贺学术文集》，上海古籍出版社，2013年。）

附 记：

近年我致力于整理五至十世纪内亚汉文史料，发现《沙州图经》中的一段记载，与本文第一部分“薛世雄筑新伊吾与隋朝设置伊吾郡”的内容有关。在此略加补充讨论，以求教于方家。

伯5034《沙州图经》卷五“阳关都尉城”下载：

> 阳关都尉城
>
> （约缺十二字）武帝后元年置都（约缺十四字）府，以居玉门〔关〕之南，因以为名（约缺十一字）废。至随（隋）大业五年，大将（约缺十四字）从此路西出，已后，更无人行。

李正宇先生对这件文书作了非常详尽的研究，他在“大业五年大将”句下解释说：“大将为谁，因何由此西出，因文残，难确知。郑炳林以为与隋大业五年（609）征吐谷浑事有关。当是。《隋书》卷六四《刘权传》：‘大业五年，从征吐谷浑，权率众出伊吾道，与贼相遇，击走之。逐北至青海，虏获千余口，乘胜至伏俟城。’（《北史·刘权传》同）。《通鉴》卷一八一系此事于同年六月。大约刘权‘出伊吾道’途中‘与贼相遇’，逐追出阳关都尉故城，迂回向南，更折东至伏俟城（在青海湖西侧），与东线隋军形成合击之势。”[1]将《沙州图经》中的“大将”，与参加吐谷浑战役的隋将刘权相对应。

今按，刘权从征吐谷浑事，又见《隋书·赵才传》，称：

> 赵才字孝才，张掖酒泉人也。（中略）从征吐谷浑，以为行军总管，率卫尉卿刘权、兵部侍郎明雅等出合河道，与贼相遇，击破之。以功进位金紫光禄大夫。[2]

二传所载同是吐谷浑战役。两种记载最显著的差异是，“伊吾道”，《赵才传》作“合河道”。据《元和郡县图志》瓜州晋昌县下载，“合河戍，在县东北八十里，在州西二百步”[3]。位置在玉门关左近。《新唐书·地理志》也载，瓜州晋昌县“东北有合河镇”[4]，合河戍盖因合河镇而得名。怀疑“合河道”的得名，可能与晋昌县之合河镇有关。“伊吾”、“合河”虽然不在一处，但从方位来说，都在这次战役主要战场的西北方向。《刘权传》明确记载，刘权在这次战役中“逐北至青海，虏获千余口，乘胜至伏俟城”。青海即今青海湖，伏俟城在青海湖西。可知刘权实际进军路线与出征吐谷浑的隋朝大军一样，都是由东而西。李正宇先生提出的“大约刘权‘出伊吾道’途中‘与贼相遇’，逐追出阳关都尉故城，迂回向南，更折东至伏俟城（在青海湖西侧），与东线隋军形成合击之势”的判断，与《刘权传》记

[1] 李正宇《古本敦煌乡土志八种笺证》，甘肃人民出版社，2008年，162、194页。《刘权传》在《隋书》卷六三，李称“卷六四”，偶疏。

[2]《隋书》卷六五《赵才传》，1541页。参见《北史》卷七八《赵才传》，2645页。

[3]《元和郡县图志》卷四〇，1028页。点校本“校勘记”称：“《考证》：县治郭下，此方里迥殊，宜有错缪”。

[4]《新唐书》卷四〇《地理志》，1045页。

载的作战方向正好完全相反。更重要的是，在隋炀帝发兵征讨吐谷浑之前，敦煌郡（瓜州）以西不属于隋朝控制的范围，隋炀帝根本不可能在大业五年派遣军队经“伊吾道”向东夹攻吐谷浑。而且据《赵才传》，征吐谷浑之役刘权只是行军总管赵才麾下的属将，并非主帅，而《沙州图经》明确称“西出”者为“大将”。将刘权比附为《沙州图经》记载的从阳关都尉城“西出”的“大将”，从各方面来看，都是不合适的。

据本文论证，隋以右翊卫将军薛世雄为“玉门道行军大将”，与启民可汗联兵出征伊吾，启民背约不至，世雄孤军度碛，于大业六年在伊吾旧城东筑“新伊吾”，设伊吾郡。《沙州图经》虽然阙文较多，但在“大将”之前，正好有“玉门关之南”的描述。我们怀疑，见于《沙州图经》的这位“大将”，就是薛世雄其人，而赵才和刘权，应该是他部下的将领。很可能因为玉门道行军的目的是攻取伊吾，所以《刘权传》称“出伊吾道”，隋军在出征途中应该经过了敦煌郡晋昌县的合河镇，因此《赵才传》又称为“出合河道”。

如果此说成立的话，则《沙州图经》将隋军“西出”系于“大业五年”之下，表明攻取伊吾的战役是在大业五年六月吐谷浑战役之后的当年发动的，而《薛世雄传》之“岁余”，应该是指大业六年设置伊吾郡而言。因为夺取伊吾是隋朝征讨吐谷浑的后续行动，而且赵才、刘权在进兵伊吾之前都参加了征讨吐谷浑的战役[1]，所以在《赵才传》和《刘权传》中，混淆了两次不同的军事行动;《通鉴》受《隋书·刘权传》的误导，也直接将这次战役与征吐谷浑的行动混在了一起[2]。

---

[1] 《隋书》卷六五《薛世雄传》载，世雄“从帝征吐谷浑，进位通议大夫”（1533页）。可知薛世雄也参加了征吐谷浑的战役。也就是说，见于记载参加伊吾战役的所有将领都参加了灭吐谷浑的战争。根据这些迹象，怀疑薛世雄率领的军队是在灭吐谷浑之后，直接从敦煌晋昌县境内挺进伊吾，并不是另行从长安发兵。

[2]《通鉴》卷一八一隋炀帝大业五年，5643—5644页。

玖

吐蕃“求分十姓突厥之地”辨误

野狐河之会在唐朝与吐蕃关系史及西域史上意义重大，是唐朝与吐蕃关系史的重要转折点，标志着西域历史发展的新阶段，但是有关这次会议的基本史料和对这些史料的理解还有待进一步梳理和研究，所谓吐蕃在这次会议上“求分十姓突厥之地”或“索分十姓之地”，就是这样一个问题。本文试纠正传统文献有关野狐河之会记载的一些错误，并在此基础上试对野狐河之会的内容做新的释读。

唐武则天垂拱二年（686），在吐蕃的进逼下，唐朝撤离了镇戍安西四镇的兵力[1]，吐蕃终于得到了争夺已久的安西四镇，直至长寿元年（692）王孝杰夺取四镇，重设安西都护府[2]，吐蕃对西域的统治持续了六年时间。安西四镇的得而复失，对吐蕃而言是一个重大的挫败，此后吐蕃在西域和河陇展开了一系列的军事行动，试图恢复对西域的控制。长寿二年（693），吐蕃数万兵力围攻沙州，刺史李无亏率军出战，重伤而死[3]。延载元年（694），吐蕃首领勃论赞率领西突厥首领阿史那俀子等在碎叶地区与唐军展开激战，被王孝杰率军击

---

[1]《武周延载元年（六九四）氾德达轻车都尉告身》，《吐鲁番出土文书》，第7册，文物出版社，1986年，224页。

[2]《资治通鉴》卷二〇五，中华书局，1956年，6488页。后简称《通鉴》。

[3]《李无亏墓志》，吴钢主编，王京阳等点校《全唐文补遗》，第八辑，三秦出版社，2005年，313—315页。

败[1]。紧接着在天册万岁元年（695），吐蕃军队在论钦陵和赞婆的率领下，再次在临洮（治今甘肃临潭）发动大规模的新攻势。唐朝任命王孝杰为肃边道大总管，娄师德为副总管讨击，万岁通天元年（696）三月，双方在素罗汗山大战，唐军大败，主帅王孝杰、娄师德被降职免官[2]。在此背景下，吐蕃在同年九月提出了与唐朝讲和的要求，武则天派遣郭元振与吐蕃交涉西域的归属问题，这就是历史上著名的野狐河之会。

对野狐河之会上吐蕃提出的议和条件，相关记载基本一致，都说论钦陵要求唐朝放弃安西四镇，与唐朝分割西突厥十姓之地。如《旧唐书》卷九七《郭元振传》：

> 时吐蕃请和，乃授元振右武卫铠曹，充使聘于吐蕃。吐蕃大将论钦陵请去四镇兵，分十姓之地，朝廷使元振因察其事宜。[3]

《新唐书》卷一二二《郭元振传》：

> 会吐蕃乞和，其大将论钦陵请罢四镇兵，披十姓之地，乃

[1]《通鉴》卷二〇五，6493页；《新唐书》卷二一五下《突厥传》下《西突厥》，中华书局，1975年，6065页；《新唐书》卷二一六上《吐蕃传》上，6079页。

[2]《旧唐书》卷一九六上《吐蕃传》上，中华书局，1975年，6079页；《旧唐书》卷九三《娄师德传》，2976页。吐蕃史料对这次战役的记载，请参见王尧、陈践译注《敦煌本吐蕃历史文书》（增订本），民族出版社，1992年，148、172页。黄布凡、马德的译文与王、陈差异很大，请参见《敦煌藏文吐蕃史文献译注》，甘肃教育出版社，2000年，44、96、273页。

[3]《册府元龟》卷六五五《奉使部·智识》（中华书局，1960年，7848页）同，惟“大将论钦陵”误乙作“将大论钦陵”。

以元振充使，因觇虏情。

《旧唐书》卷一九六上《吐蕃传》上：

时吐蕃又遣使请和，则天将许之；论钦陵乃请去安西四镇兵，仍索分十姓之地，则天竟不许之。

《新唐书》卷二一六上《吐蕃传》上：

遣使者请和，约罢四镇兵，求分十姓地。

《通鉴》卷二〇五万岁通天元年：

吐蕃将论钦陵请罢安西四镇戍兵，并求分十姓突厥之地。

以上记载虽然表述略有歧异，但意思十分明确，即论钦陵向唐朝提出两个条件，一是罢弃安西四镇戍兵，二是求分十姓突厥之地。迄今为止，尚未见有研究者对此提出异议。

但是如果细加考察，就会发现这种说法与上下文意及野狐河会议的实际情形多相扞格，值得进一步探究。如《通鉴》紧接着在下文中记述了郭元振与论钦陵对这个问题的争论：

元振曰："四镇、十姓与吐蕃种类本殊，今请罢唐兵，岂非有兼并之志乎？"钦陵曰："吐蕃苟贪土地，欲为边患，则东侵甘、凉，岂肯规利于万里之外邪！"乃遣使者随元振入请之。

郭元振说吐蕃“岂非有兼并之志乎”，表明论钦陵并没有直接提出对西突厥十姓的领土要求；反之，如果论钦陵曾提出与唐朝分十姓突厥之地，郭元振也就根本没有必要诘问吐蕃“岂非有兼并之志乎”。另外，论钦陵解释说，如果吐蕃贪图土地的话，可以就近趁便攻击河陇地区，完全没有必要“规利于万里之外”，即对西域提出领土要求。也表明吐蕃不仅没有提出对十姓突厥的领土要求，而是恰恰相反，希望唐朝打消这方面的顾虑。这与《通鉴》上文说“吐蕃将论钦陵请罢安西四镇戍兵，并求分十姓突厥之地”，在逻辑上是前后矛盾的。

在《通典》和《新唐书》中，详细记载了野狐河会议上论钦陵与郭元振交涉的经过，其中以《通典》的记载更为详尽，全文迻录如下：

> 〔万岁通天〕二年，吐蕃大〔将〕论钦陵遣使请和[1]。武太后遣前梓州通泉县尉郭元振往，至野狐河，与陵遇，陵曰：“大国久不许陵和，陵久不遣蕃使，以久无报命，故去秋有甘凉之抄，斯实陵罪，今欲和好，能无惧乎！”振乃谓曰：“论先考东赞，以宏才大略，服事先朝，结好通亲，荷荣承宠，本期传之永代，垂于无穷。论不慕守旧恩，中致猜阻，无故自绝，日寻干戈，屡犯我河湟，频扰我边鄙。且父通之，子绝之，岂为孝乎！父事之，子叛之，岂为忠乎！然论之英声，籍甚遐外，各自为主，奚为惧乎。”陵曰：“如所来言，陵无忧矣。今天恩既许和好，其两国戍守，咸请罢置，以便万姓。各守本境，靡有交

[1] “将”字原阙，今据《旧唐书》卷九七《郭元振传》（3042页）、《新唐书》卷一二二《郭元振传》（4361页）补。

争，岂不休哉！然以西十姓突厥，四镇诸国，或时附蕃，或时归汉，斯皆类多翻覆。乞圣恩含弘，拔去镇守，分离属国，各建侯王，使其国君，人自为守，既不款汉，又不属蕃，岂不人免忧虞，荒陬幸甚。”振曰：“十姓、四镇，本将镇静戎落，以抚宁西土，通诸大邦，非有他求。论今奚疑而有忧虞乎？”论曰：“使人此词，诚为实论。然缘边守将，多好功名，见利而动，罕守诚信，此蕃国之所为深忧也。”振曰：“十姓诸部，与论种类不同，山川亦异。爰览古昔，各自区分，复为我编人，积有年岁。今论欲一言而分离数部，得非昧弱苟利乎？”陵曰：“使人岂不疑陵贪冒无厌，谬陈利害，窥窃诸部，以为汉边患耶？陵虽识不逮远，请为使人明之。陵若爱汉土地，贪汉财币，则青海、湟川，实迩汉边，其去中州，盖三四千里，必有窥羡，何不争利于此中。而突厥诸部，悬在万里之外，碛漠广莽，殊异中国。安有争地于万里外，而能为汉边患哉！舍近务远，计岂然也？但中州人士，深谋多计，天下诸国，皆为汉并，虽大海之外，穹塞之表，靡不磨灭矣。今吐蕃块然独在者，非汉不贪其土地，不爱其臣仆，实陵兄弟小心谨密，得保守之耳。而十姓中，五咄六诸部落僻近安西，是与吐蕃颇为辽远。俟斤诸部密近蕃境，其所限者，唯界一碛，骑士腾突，旬月即可以蹂践蕃庭，为吐蕃之巨蠹者，唯斯一隅。且乌海黄河，关源阻深，风土疫疠，纵有谋夫猛将，亦不能为蕃患矣，故陵无敢谬求。西边沙路，坦达夷漫，故纵羸兵庸将，亦易以为蕃患，故陵有此请。实非欲侵渔诸部，以生心于汉边。陵若实有谋汉之怀，有伺隙之意，则甘凉右地，暨于积石，此道绵细，几二千里，其广者不过二三百里，狭者才百里，陵若遣兵，或出张掖，或出玉门，

> 使大国春不遑种，秋无所获，五六岁中，或可断汉右界矣，又何为弃所易而窥所难乎？此足明陵心矣。往者高宗以刘审礼有青海之役，乃使黄仁素、贾守义来和。陵之上下将士，咸无猜忌，故边守不戒严。和事曾未毕，则为好功名人崔知辨从五俟斤路，乘我闲隙，疮痍我众，驱掠牛羊，盖以万计，自此陵之国人大危惵和事矣。今之此求，但惧好功名者之吞噬，冀此为翰屏以虞之，实非有他怀焉。”振曰：“兹事漫汗体大，非末吏所能明。论当发使奉章以闻，取裁于圣主。”陵乃命郎宗乞思若为使。振曰：“今遣使之后，国不可更犯汉边。且蕃使前后入朝不时遣者，良以使去之后，兵仍犯汉，故朝廷踌躕，曰是绐我也。以为侦谍，不以为使人，遂迁延无报。今若踵前陵塞，是故陷所去人使，孰谓请和也。”陵俛首踟踖久之，曰：“陵与国人咸憾崔知辨之前事，故尝有此举，以虞好功者之来侵。比实以选练骑士三万，分路出师。使人既有此言，今既于和事非便，安可相违。”即罢兵散卒，遂指天为信，斯具之表矣。[1]

这段记载涉及问题较多，但主要内容很清楚。首先，论钦陵先

[1]《通典》卷一九〇《吐蕃》，中华书局，1996年，5173—5175页。参见《新唐书》卷二一六上《吐蕃传》上，6079—6080页。《新唐书》本段记载节录了与《通典》同源的资料或直接源于《通典》，但由于删略过甚，造成了文意的窒碍，如“十姓、四镇，本将镇静戎落，以抚宁西土，通诸大邦，非有他求。论今奚疑而有忧虞乎？”《新唐书》作“唐以十姓、四镇抚西土，为列国主，道非有它，且诸部与吐蕃异，久为唐编人矣”。“道非有它”，应是“通诸大邦，非有他求”的节略，“道”应是“通”之误字。经过删削，文字几不可读。又，“且乌海黄河，关源阻深，风土疫疠，纵有谋夫猛将，亦不能为蕃患矣，故陵无敢谬求。西边沙路，坦达夷漫，故纵羸兵庸将，亦易以为蕃患，故陵有此请。实非欲侵渔诸部，以生心于汉边”。《新唐书》作“乌海、黄河，关源阻奥，多疠毒，唐必不能入；则弱甲孱将易以为蕃患，故我欲得之，非窥诸部也”。删去西边沙路坦达易行诸语，遂致“则弱甲孱将易以为蕃患”上无所承，文气不贯。

就“去秋有甘凉之抄”，即吐蕃发动进攻临洮的战役致歉，而郭元振对此表示谅解，认为这是“各为其主”，不需因此忧惧。论钦陵提出，既然唐朝希望讲和，那么唐朝、吐蕃双方首先应该罢弃在边境的“戍守”，同时指出：

> 以西十姓突厥，四镇诸国，或时附蕃，或时归汉，斯皆类多翻覆。乞圣恩含弘，拔去镇守，分离属国，各建侯王，使其国君，人自为守，既不款汉，又不属蕃，岂不人免忧虞，荒陬幸甚！

这段文字就是吐蕃向唐朝提出的讲和条件，核心内容有两点，一是要求唐朝撤离四镇戍军，即“乞圣恩含弘，拔去镇守”，二是希望西突厥及西域各国保持独立状态，即“分离属国，各建侯王，使其国君，人自为守，既不款汉，又不属蕃”。

以下是论钦陵与郭元振围绕吐蕃提出的讲和条件展开争论的情形，虽然出自唐人之手，在叙述中难免有避忌或夸饰的成分，但具体讨论的内容是完全可信的。

首先，郭元振针对唐军戍守四镇的问题回答称，唐朝设置四镇，是为了西域社会的安定（“镇静戎落，以抚宁西土”），以保证对外交通的畅通（“通诸大邦”），并无其他目的，吐蕃不必因唐朝在西域驻军而不安。同时指出，十姓四镇，久已成为唐朝编民，论钦陵“欲一言而分离数部，得非昧弱苟利乎？”对吐蕃要求唐朝撤离四镇戍兵的目的提出质疑，认为吐蕃这一要求的背后，隐藏了对十姓、四镇有领土野心。论钦陵解释说，如果吐蕃贪图土地，就应该打河陇地区的主意，而不应该舍近求远，争夺万里之外的十姓、四镇之地。吐蕃之所以要求唐朝从四镇撤兵，是因为西突厥十姓中的五俟斤部距离吐蕃很近（“骑士腾突，旬月即可以蹂践蕃庭”），边将贪功，很容易对吐蕃本土造成威胁。论钦陵还列举了高宗时崔知辨从五俟斤路袭击吐蕃的事例[1]，说明吐蕃要求唐朝撤兵，不是为了得到十姓、四镇的领土，而是为了防止吐蕃本土遭到贪功边将的侵袭。至此，郭元振提出事关重大，非自己所能决定，希望吐蕃能派遣使节，请朝廷定夺。

通观全文，吐蕃不仅没有向唐朝提出“分十姓之地”的要求，而且论钦陵始终在向郭元振解释，吐蕃要求唐朝撤军，保持十姓、四镇“既不款汉，又不属蕃”，并不是图谋得到这些地区。上文列举的各种载籍中论钦陵提出“请罢安西四镇戍兵，并求分十姓突厥之地”的记载肯定是错误的。

为什么会出现这种错误呢？我们认为这与史籍中对郭元振此后上疏内容的误解有直接关系。

《通典》下文记载了郭元振回到内地后，就此事向朝廷的上疏，疏文中称“今钦陵所论，唯分裂十姓地界，抽去四镇兵防，此是钦陵切论者”云云[2]，这应该就是各种史料记载吐蕃“分十姓之地”之所本。但是这里说的“分裂十姓地界”，与上文“欲一言而分离数部”意思相同，都是指论钦陵提出的“拔去镇守，分离属国，各建侯王，

[1] 唐高宗麟德二年（665），西州都督崔知辨曾率军援救于阗（《新唐书》卷三《高宗纪》，64页），但这里说“往者高宗以刘审礼有青海之役，乃使黄仁素、贾守义来和。陵之上下将士，咸无猜忌，故边守不戒严。和事曾未毕，则为好功名人崔知辨从五俟斤路，乘我闲隙，疮痍我众，驱掠牛羊，盖以万计”云云，则论钦陵提到的这次袭击，应该在高宗仪凤三年（678）刘审礼青海之役后不久。《通鉴》卷二〇二仪凤三年（6386页）载，青海之役后，娄师德与吐蕃通使，“吐蕃将论赞婆迎之赤岭。师德宣导上意，谕以祸福，赞婆甚悦，为之数年不犯边”。“数年不犯边”，与论钦陵所称吐蕃“上下将士，咸无猜忌，故边守不戒严”意思相近，或者“黄仁素、贾守义来和”，与娄师德通使吐蕃是同一件事，亦未可知。

[2]《新唐书》卷一二二《郭元振传》（4361页）略同。

使其国君，人自为守"，即要求唐朝撤离戍兵，使西突厥十姓诸部各自分离，互不统属，保持独立状态。《通典》下文中郭元振指出"西边诸国，款附岁久，论其情义，岂可与吐蕃同日而言。今未知其利害，未审其情实，径有分裂，亦恐伤诸国之意，非制驭之长算也"。更从另一个角度证明，吐蕃提出的"分裂十姓"，确实是指使西域诸国及西突厥诸部保持各自分离状态，并不是要与唐朝分割十姓之地，而上文列举的各种记载正是错误地理解了"分裂十姓地界"的含义，才形成了"求分十姓突厥之地"的错误。如果对比一下《通典》、《旧唐书》、《新唐书》、《通鉴》的记载，就会对相关史料的误解有更直观的认识。

《通典》卷一九〇《吐蕃》：

> （郭元）振为役夏奉戎，竭内事外，非计之得，乃献疏曰："臣闻利或生害，害亦生利。国家奄有天下，园囿八荒，而万机百揆之中，最难消息者，唯吐蕃与默啜耳。今吐蕃请和，默啜受命，是将大利于中国也。若图之不审，则害亦随之；如防害有方，则利亦随之。今钦陵所论，唯分裂十姓地界，抽去四镇兵防，此是钦陵切论者。若以为可允，则当分明断决之，若以为不可允，则当设册以羁縻之，终不可直拒绝以阻其意，使兴边患也。臣窃料此事关陇动静之机，岂可轻举措哉。"

《旧唐书》卷九七《郭元振传》：

> 元振还，上疏曰："臣闻利或生害，害亦生利。国家难消息者，唯吐蕃与默啜耳。今吐蕃请和，默啜受命，是将大利于中

国也。若图之不审，则害必随之。今钦陵欲分裂十姓，去四镇兵，此诚动静之机，不可轻举措也。”

《新唐书》卷一二二《郭元振传》：

（元振）还，上疏曰：“利或生害，害亦生利。国家所患，唯吐蕃与默啜耳，今皆和附，是将大利于中国也。若图之不审，害且随之。钦陵欲裂十姓地，解四镇兵，此动静之机，不可轻也。”

《通鉴》卷二〇五万岁通天元年：

朝廷疑未决，元振上疏，以为：“钦陵求罢兵割地，此乃利害之机，诚不可轻举措也。今若直拒其善意，则为边患必深。四镇之利远，甘、凉之害近，不可不深图也。”

《通典》作“分裂十姓地界”，与论钦陵原意适相符契，分离十姓诸部及西域诸国，使诸国互不统属的意思是很清楚的。《旧唐书》作“分裂十姓”，《新唐书》作“分裂十姓地”，文意已比较含混，既可以理解为分裂十姓诸部自身，也可以理解为在吐蕃与唐朝间分割十姓诸部之地。而《通鉴》则干脆作“罢兵割地”，这样一来，西突厥十姓诸部各个分离，就变成了割弃十姓之地。演变痕迹斑斑可见。

相关史书中出现错误的另一个原因，可能是受了郭元振上疏中提出的唐朝应对之策的误导。《通典》记载，郭元振就吐蕃请求唐朝撤兵事献策说：

> 如钦陵云“四镇诸部与蕃界接，惧汉侵窃，故有是请”，此则吐蕃所要者。然青海、吐蕃密近兰（金城郡）[1]、鄯（今西平郡），北为汉患[2]，实在兹辈，斯亦国家之所要者。今宜报陵云，国家非悋四镇，本置此以扼蕃国之尾，分蕃国之力，使不得并兵东侵；今若顿委之于蕃，恐蕃力强，易为东扰；必实无东侵意，则宜还汉吐浑诸部及青海故地，即俟斤部落当以与蕃。如此足塞陵口而和事未全绝也。

郭元振认为，吐蕃要求唐朝撤离四镇戍兵的真实意图，是想因此得到五俟斤诸部，因此提出唐朝应该以得到河湟地区为条件，与吐蕃对换。但是不管论钦陵背后的目的是什么，吐蕃提出的条件中并没有要求与唐朝分割西突厥十姓地的要求。上引诸书中可能是将郭元振对吐蕃真实目的的分析，错当成了吐蕃提出的条件。

有关野狐河会议汉文记载中，还有一个问题需要引起注意。在唐代各种记载中，谈到这次会谈的缘起时，都明确说是因为吐蕃“请和”[3]，所以派遣郭元振出使商议。但是张说《兵部尚书赠少保郭公行状》称：

---

[1] “青海、吐蕃”，“吐蕃”文意不通。《旧唐书》卷九七《郭元振传》（3043页）、《册府元龟》卷六五五《奉使部·智识》（7848页）作“吐浑”，是。

[2] “北”，《旧唐书》卷九七《郭元振传》（3043页）作“比”，是。

[3] 《通典》卷一九〇《吐蕃》，5173页；《旧唐书》卷九七《郭元振传》，3042页；《旧唐书》卷一九六上《吐蕃传》上，5225页；《新唐书》卷一二二《郭元振传》，4361页；《新唐书》卷二一六上《吐蕃传》上，6079页；《册府元龟》卷六五五《奉使部·智识》，7848页；《册府元龟》卷六六二《奉使部·绝域》，7927页。

> 属吐蕃请和亲，令报命至境上，与赞普相见，宣国威命。责其翻覆，长揖不拜，瞋目视之。赞普曰："汉使多矣，无如公之诚信。"远近疆界，立谈悉定。因遗金数十斤而还，公悉以进上。[1]

"请和"作"请和亲"。很可能是受《行状》的影响，《通鉴》也记载称："吐蕃复遣使请和亲，太后遣右武卫胄曹参军贵乡郭元振往察其宜。"[2]将郭元振的出使原因归结为吐蕃"请和亲"。

今按，在有关野狐河会议的记载中，只有唐朝与吐蕃议和罢兵的内容，迄未见到讨论"和亲"一事，而且在此前后，也并没有唐朝与吐蕃和亲的记载。此前最近的一次和亲记载是高宗开耀元年（681），吐蕃请尚太平公主，被武则天拒绝[3]；此后最近的一次和亲记载是武则天长安三年（703），吐蕃遣使求婚，因吐蕃赞普去世而作罢[4]。《行状》和《通鉴》称郭元振因吐蕃"请和亲"而出使，显然也是错误的。

（载《隋唐辽宋金元史论丛》第2辑，上海古籍出版社，2012年。）

[1]《文苑英华》卷九七二，中华书局，1966年，5111—5114页。

[2]《资治通鉴》卷二〇五，6508页。

[3]《资治通鉴》卷二〇二，6042页。

[4]《册府元龟》卷九七九《外臣部·和亲》，11498页。"三年"，《册府元龟》原误作"二年"，此从《宋本册府元龟》（中华书局，1989年，3905页）、《新唐书》卷四《则天皇后纪》（103页）及《资治通鉴》卷二〇七（6562页）。

拾

杜甫“观兵”诗新解

唐乾元二年西域援军再次入关史实钩沉

一、缘起

安史之乱（755—763）爆发后，安史军队下河北，陷长安，两渡黄河，再破洛阳，唐朝中原腹地全面沦为战场，唐玄宗、肃宗先后征调朔方、河西、陇右、安西、北庭诸道兵马入朝勤王，唐前期一百多年苦心经营的北方及西北边疆防御体系全面崩坍。杜甫目睹了安西、北庭军队入关勤王的情景，创作了两首以“观兵”为主题的诗歌，留下了西域兵马内调的宝贵的现场记录。

其一为《观安西兵过赴关中待命二首》（以下称《观安西兵》）[1]：

> 四镇富精锐，摧锋皆绝伦。还闻献士卒，足以静风尘。
> 老马夜知道，苍鹰饥著人。临危经久战，用急始如神。
> 奇兵不在众，万马救中原。谈笑无河北，心肝奉至尊。
> 孤云随杀气，飞鸟避辕门。竟日留欢乐，城池未觉喧。

萧涤非先生主编的《杜甫全集校注》，总括历代学者的意见，对这首诗的写作背景做了详细解释。解题称：

---

[1]《杜甫全集校注》卷五，萧涤非主编，人民文学出版社，2013年，1156—1160页。

> 黄鹤曰:“此诗当是乾元元年华州作。”《通鉴》唐肃宗乾元元年:“三月,镇西、北庭行营节度使李嗣业屯河内。”“六月,以开府仪同三司李嗣业为怀州刺史,充镇西、北庭行营节度使。”“九月庚寅,命朔方郭子仪、淮西鲁炅、兴平李奂、滑濮许叔冀、镇西·北庭李嗣业、郑蔡季广琛、河南崔光远七节度及平卢兵马使董秦将步骑二十万讨安庆绪。”浦注:“自怀州赴关中待命,道经华州,乃八月以前未赴讨时事也。”不曰镇西,而曰安西,循旧名也。

按,杜甫任华州司功参军在肃宗乾元元年(758)六月至二年七月[1]。解题所称“讨安庆绪”,就是历史上著名的相州(治今河北临漳县)战役。唐军收复两京后,安西、北庭行营节度使李嗣业在乾元元年三月率军进驻怀州河内郡(治今河南沁阳市)[2],六月,兼任怀州刺史,继而率领安西、北庭行营将士参加了乾元元年九月正式开始的相州会战。如果杜甫在华州(治今陕西华县)目睹过李嗣业所率的西域军队,只能是在乾元元年六月至九月之间,即杜甫就任华州至相州战役开始这段时间。

相州战役是唐朝精心策划的一次规模恢弘的大会战。朝廷希望毕其功于一役,通过这次战役一举肃清安史叛军。早在乾元元年五月,战役就已经进入了实际筹划阶段[3]。驻扎在怀州的安西、北庭行

---

[1] 参见《杜甫全集校注》“附录”一“杜甫年谱简编”,6535—6539页。

[2] “安西、北庭行营”在唐代史料中称谓不同,或作“镇西、北庭”,或作“四镇、北镇”,具体讨论见下文第五节“两个安西北庭行营”。本文中除直接引用史料外,统一称“安西、北庭”。

[3] 《旧唐书》卷一〇《肃宗纪》载,乾元元年五月“以荆州长史季广琛赴河南行营会计讨贼于河北”(252页),则此时已经开始筹划调集部队。

营，处在与安史军队接战的第一线。战役开始前，李嗣业为了不贻误戎机，甚至将辎重军需都留在了怀州，率军轻装赴战[1]。如果按照上文解题中传统观点对《观安西兵》诗的解释，则大战在即，李嗣业首先率军从东方前线向西开拔，远赴千里之外的关中“待命”，然后再原道折返，东向参加相州会战。无论时间是否允许，这都是完全违背常识、不合情理的事。

浦起龙大概意识到了这个问题，因而特别强调《观安西兵》反映的是“八月以前未赴讨时事”，即将《观安西兵》诗与安西、北庭行营在本年九月参加相州战役区别开来。可是由所谓“九节度”率军参加的相州会战，是当时唐朝举国上下的头等大事，西域勤王兵马不仅参加了会战，而且是这次战役的中坚力量。诗中明确称“奇兵不在众，万马救中原”，又称“谈笑无河北，心肝奉至尊”，“救中原”、“无河北”云云，明显是指打击安史军队。如果《观安西兵》果真是杜甫在华州期间所作，则只能是反映安西军队参加相州会战“赴讨”之事，而不可能指其他军事行动。浦说显然也未得要领。

其二为《观兵》（以下称《观北庭兵》）[2]：

> 北庭送壮士，貔虎数尤多。精锐旧无敌，边隅今若何？
> 妖氛拥白马，元帅待雕戈。莫守邺城下，斩鲸辽海波。

《观北庭兵》下解题称：

---

[1] 以上李嗣业率军参加相州战役的具体情况，请参见下文第三节“相州战役前后安西北庭行营的活动”。

[2]《杜甫全集校注》卷五，1243—1245页。

黄鹤曰:“诗云:‘北庭送壮士’,按北庭即镇西、北庭节度之兵,元帅谓李嗣业。乾元元年九月,嗣业会九节度攻邺,是时,公有《观安西兵赴关中待命》诗,今诗云‘莫守邺城下,斩鲸辽海波’,乃邺师未溃之前作。公意欲且平吐蕃也。当是乾元二年春作,非秦州诗。”按“意欲且平吐蕃”之说,甚违诗意,盖黄鹤所用千家本列此诗于秦州诗中,受其他忧吐蕃诗之影响而生误会。其他论断,均较稳当。

《观北庭兵》解题主要引用了黄鹤的观点,认为除了“意欲且平吐蕃”这种说法不妥外,黄鹤“其他论断,均较稳当”。但传统观点对这首诗写作背景的解释同样存在无法解释的疑点。首先,黄鹤将《观北庭兵》诗的写作时间限定在“乾元二年春”、“邺师未溃”之前,即相州战役期间。但乾元元年九月二十一日庚寅,安西、北庭行营在李嗣业统领下与诸节度会攻邺城,二年正月二十七日丙申李嗣业战死于邺城[1],其间一直与行营战士在相州战场鏖战,而此时杜甫身在千里外的华州,根本没有在华州观送北庭壮士的可能。同年三月六日壬申唐军在邺城败散,“诸节度各溃归本镇”[2],安西、北庭行营将士也护送李嗣业灵柩回到了怀州,唐朝廷在同月二十五日辛卯任命荔非元礼为安西、北庭行营节度使兼怀州刺史,正式接替李嗣业[3]。也就是说,不仅“邺师未溃”前不存在华州“观兵”的可能,即使是在相州溃败后,安西、北庭行营也未回到关中,杜甫也无由在华州见到安西、北庭行营的军队,不可能在华州“观兵”。

[1]《旧唐书》卷一〇《肃宗纪》,253、254页。

[2]《通鉴》卷二二一乾元二年三月,7069—7070页。

[3]《旧唐书》卷一〇《肃宗纪》,255页;《旧唐书》卷一二八《段秀实传》,3584页。

总之，如果按照传统观点，将“观兵”诗的创作时间置于乾元元年至二年杜甫任华州参军期间，与历史背景多有违碍，无法自圆其说。杜甫“观兵”诗，直接反映了安西、北庭将士东调勤王的史实，有必要重新梳理安西、北庭行营入关及之后的线索，进而对“观兵”诗做出新的更合理的解释。

二、第一批内调勤王的西域军队

唐朝驻守西域军队的东调，是从唐肃宗北上灵武之后开始的。此前，在安史之乱初期，朔方、陇右、河西军主力已悉数东调，参加了潼关保卫战[1]。肃宗北上时，玄宗曾特别叮嘱称“西北诸胡，吾抚之素厚，汝必得其用”[2]。至德元载（756）七月，肃宗在灵武即位后，立即开始筹划征调安西、北庭节度使属下的军队东进勤王。《资治通鉴》（以下简称《通鉴》）肃宗至德元载七月下载：

> 上命河西节度副使李嗣业将兵五千赴行在，嗣业与节度使梁宰谋，且缓师以观变。绥德府折冲段秀实让嗣业曰：“岂有君父告急而臣子晏然不赴者乎！特进常自谓大丈夫，今日视之，乃儿女子耳！”嗣业大惭，即白宰如数发兵，以秀实自副，将之

[1] 在天宝十四载十二月颁发的亲征诏书中，玄宗曾下令“其河西、陇右、朔方，除先发蕃汉将士及守军郡城堡之外，自余马步军将兵健等，一切并赴行营，各委节度使统领，仍限今月二十日齐到”（《亲征安禄山诏》，《唐大诏令集》卷一一九，626页）。所谓“一切并赴行营”，就是除了必要的留守外，全部征调到了潼关。玄宗本人也曾对哥舒翰说“河陇精锐，悉在潼关”（《新唐书》卷一四七《王思礼传》，4749—4750页），可与亲征诏书互相发明。

[2]《通鉴》卷二一八玄宗天宝十四载六月，6976页。“西北诸胡”，《旧唐书》卷一〇《肃宗纪》作“西戎北狄”（240页）。

诣行在。上又征兵于安西；行军司马李栖筠发精兵七千人，励以忠义而遣之。[1]

《旧唐书》和《新唐书》“本纪”未载此事。《通鉴》本条前承七月二十七日己卯京兆尹崔光远自长安北抵灵武事，下接同月二十八日庚辰玄宗至成都事，可知征兵命令的发布应在七月己卯，上距本月甲子（十二日）肃宗正式即位只有半月时间。《通鉴》称李嗣业为“河西节度副使”，《旧唐书·段秀实传》载：

肃宗即位于灵武，征安西兵节度使梁宰，宰潜怀异图。秀实谓嗣业曰：“岂有天子告急，臣下晏然，信浮妄之说，岂明公之意耶？”嗣业遂见宰，请发兵，从之。乃出步骑五千，令嗣业统赴朔方，以秀实为援，累有战功。[2]

则李嗣业应是安西节度副使。其他如《旧唐书·李嗣业传》、《新唐书·段秀实传》、《册府元龟》（以下简称《册府》）等也都记载李嗣业自“安西”统兵五千赴难[3]，《通鉴》“河西”应是“安西”之误[4]。

[1]《通鉴》卷二一八，6987页。

[2]《旧唐书》卷一二八《段秀实传》，3284页。

[3]《旧唐书》卷一〇九《李嗣业传》，3299页；《新唐书》卷一五三《段秀实传》，4848页；《册府》卷三七三《将帅部·忠》，4443页；《册府》卷三九六《将帅部·勇敢》，4700页；《册府》卷七五九《总录部·忠》，9029页。

[4] 刘子凡《瀚海天山——唐代伊西庭三州军政体制研究》（中西书局，2016年，316页）已指出《通鉴》此处的讹误，并认为《通鉴》安西兵力分别由李嗣业、李栖筠率领，分两批勤王的记述不可靠。“当时节度使梁宰尚在安西，不应由行军司马李栖筠来发兵。且肃宗征兵五千，安西尚踟蹰不肯发兵，若真的再次征兵，岂会痛快地再发兵七千？《资治通鉴》的理解显然有误。”（315—316页）否定了《通鉴》李栖筠在李嗣业之后率军入关的记载。今按，根据下文讨论可知，《通鉴》有关李栖筠率七千兵士入朝靖难的记载，源自唐修国史，并为后出诸史转录，有很（转下页）

李栖筠，是唐朝名相李吉甫的父亲，吉甫子德裕的祖父。《旧唐书·李吉甫传》说，李栖筠“国史有传”[1];《旧唐书·李德裕传》也称，德裕“祖、父自有传”[2]，但在今本《旧唐书》中却没有李栖筠的传记。可知，在唐修国史中有李栖筠的传记，所谓“祖、父自有传”或“国史有传”，很可能是《旧唐书》钞自国史的旧文。也就是说，在唐修国史中，李栖筠祖孙三人各自都有传记，因而在《李德裕传》和《李吉甫传》中都提示李栖筠自有传；修撰《旧唐书》时删去了李栖筠的传记，但在钞录国史中李德裕和李吉甫的传记时，却不慎保留了李栖筠有传记的旧文。

《旧唐书》的失误，为推测李栖筠入朝勤王记载的史料来源提供了重要的线索。除了上文《通鉴》外，《新唐书》和《册府》也记录了李栖筠率军勤王的事。《新唐书·李栖筠传》称：

> （封）常清被召，表摄监察御史，为行军司马。肃宗驻灵武，发安西兵，栖筠料精卒七千赴难，擢殿中侍御史。[3]

《册府》亦载：

> 李栖筠为封常清安西行军司马。玄宗幸蜀，肃宗兴复于灵

（接上页）高的史料价值；而李嗣业率军五千人关的记载，除了上文《旧唐书》卷一二八《段秀实传》（3284页）外，还见于《新唐书》卷一五三《段秀实传》（4848页）、《册府》卷七五九《总录部·忠》（8531页）。从“事理”立论，尚不足以否定《通鉴》的记载。

[1]《旧唐书》卷一四八《李吉甫传》，3992页。

[2]《旧唐书》卷一七四《李德裕传》，4509页。

[3]《新唐书》卷一四六《李栖筠传》，4735页。

武，征兵于安西，栖筠以精卒七千人赴行在所。栖筠感以臣子大义，士皆有忘家死难之志。克复两京，迁殿中侍御史。[1]

比较诸书李栖筠率军勤王的内容，《新唐书》无《通鉴》“励以忠义而遣之”的记载，而《通鉴》则略去了《新唐书》“擢殿中侍御史”的内容；唯独《册府》的记载最为全面。根据《旧唐书》保留的李栖筠国史有传的记载，完全有理由推定，以上三书各自源出唐修国史，而《册府》因为是照录原文，所以保留的内容最完整。虽然相关细节尚不清楚，但大体可以肯定，至德元载七月后，安西节度使先后派出两批援军，一批五千人由节度副使李嗣业统率，一批七千人由行军司马李栖筠统率，兼程赶赴肃宗行营[2]。

约略与此同时，北庭节度使下的三千精兵也由将领马璘统帅东进入关。常衮所撰《马璘碑》载：

公字某，扶风人也。……至德初，王室多难，统精甲三千，自二庭赴凤翔。肃宗奇之，委以东讨。初，公自二庭，统甲士三千，赴凤翔行在。遂陈灭胡之策，先皇帝奇之，曰：“吾无忧于东方也。”[3]

同样出自常衮手笔的《马璘墓志》亦载：

---

[1]《册府》卷三七三《将帅部·忠》，4443页。

[2]《旧唐书》卷一二八《段秀实传》，3284页；《新唐书》卷一四六《李栖筠传》，4735页；《通鉴》卷二一八肃宗至德元载七月，6987页。

[3] 原题《故四镇北庭行营节度使扶风郡王赠司徒马公神道碑铭》，《唐文萃》卷一五二，7—10页。

> 公讳璘，字仁杰。……年廿二，仗剑西游，横绝大漠。抵二庭之极塞，收万里之奇功。下上戎班，伯仲勋将。天宝逾纪，狂凶叛燕，岐阳兴复夏之师，天下会尊周之戍（戎）。公受命戎师，誓勤王家，与西州士大夫暨诸蕃君长涉乌弋，经赤庭，由陇及岐，视险如砥。躬擐甲胄，手捧兵符，献于行宫，凡数万。以二先皇穆然垂意，特以良将器之。[1]

碑、志俱称马璘自“二庭”赴肃宗行营勤王，其他如《旧唐书·马璘传》、《新唐书·马璘传》、《册府》也都如此表述[2]。肃宗宝应元年，唐朝将西州首县高昌和北庭首县金满，分别易名作前庭县和后庭县[3]，自此“二庭”便成了伊西庭节度（即北庭节度）的代称[4]。如代宗大历初年，朝廷计划将安西、北庭行营调往泾州，引发了一场兵变阴谋。在《册府》的记载中，保留了“四镇、二庭”的旧称，而《旧唐书》、《新唐书》、《通鉴》则将原来的“二庭”，改成了习见的“北庭”[5]。又，撰写于建中三年的《高耀墓志》，称赞伊西庭支度营田

[1] 原题《大唐故四镇北庭行营节度兼泾原颍郑等节度观察使尚书左仆射扶风郡王赠司徒马府君墓志铭并序》，《全唐文补遗》第六辑，98—99页。“尊周之戍”，王育龙《唐马璘墓志铭述考》（《文博》1997年第6期，93—96页）“戍”作“戎”，是。王育龙录文断句多误，此从《全唐文补遗》录文。又，马璘葬于代宗大历十二年，“二先皇”应指玄宗与肃宗。

[2]《旧唐书》卷一五二《马璘传》，4065页；《新唐书》卷一三八《马璘传》，4617—4618页；《册府》卷三五八《将帅部·立功》，4252页；《册府》卷三七三《将帅部·忠》，4443页。

[3]《新唐书》卷四〇《地理志》，1046页。

[4] 陈国灿《安史乱后的唐二庭四镇》，《唐研究》第二卷，415—416页。

[5]《册府》卷三六七《将帅部·机略》，4363页；《旧唐书》卷一二八《段秀实传》，3585页；《新唐书》卷一五三《段秀实传》，4850页；《通鉴》卷二二四代宗大历三年，7205页。《册府》本段记载与《旧唐书》基本相同。但“筹既差互”，《旧唐书》夺“筹”字，“二庭”，《旧唐书》作“北庭”，据此判断，二书同源，《册府》保留了更多的原始信息。

副使高耀勋绩卓著，“弘益二庭”等等[1]，都是显例。另据《马钺碑》载，钺父璘，“仗剑万里，建绩二（府）〔庭〕”，长子钺生于“伊西”[2]。也可证明马璘确实是从“二庭”即伊西庭地区率军勤王的。

《马璘墓志》称：“公受命戎师，誓勤王家，与西州士大夫暨诸蕃君长涉乌弋，经赤庭，由陇及岐，视险如砥。躬擐甲胄，手捧兵符，献于行宫，凡数万。”这段文字，需要略作解释。首先，上引诸书俱载马璘统众三千入关，《马璘墓志》之“数万”，显然是将“诸蕃君长”即西域胡国勤王兵马与北庭援军计算在了一起。由此可以推知，第一批东进勤王的西域土著国军队，很可能是随马璘所率北庭援军一起入关的。从传统文献中确切可知参加收复两京军事行动的有于阗、拔汗那、大食等西域胡国的军队，其中仅于阗王尉迟胜率领的军队就有五千人之众[3]；而肃宗在征发拔汗那兵的同时，还特别下令拔汗那“转谕城郭诸国，许以厚赏，使从安西兵入援”[4]。从这些迹象判断，墓志所称“数万”，与西域实际入关兵力的差距应该不是很大。“乌弋”即西域古国乌弋山离（约当今阿富汗西部之赫拉特）的简称，

[1]《高耀墓志》，《吐鲁番出土砖志集注》，642—646页。

[2] 熊执易《武陵郡王马公神道碑》，《文苑英华》卷八九二，4694—4696页。“二府”，《全唐文》卷六二三作“二庭”（6289—6291页），据改。

[3]《通鉴》卷二一九肃宗至德元载十二月，7010页；同卷至德二载正月，7014页；《唐会要》卷一〇〇《大食》，2127页；《册府》卷九七三《外臣部·助国讨伐》，11434页。刘子凡根据天宝年间于阗国总户数“四千四百八十七”的记载，对尉迟胜率兵“五千”提出质疑，认为“所谓‘五千’，大概是指安西四镇入援的总兵力，尉迟胜的于阗兵只是其中一小部分，只不过史书在书写过程中讹为尉迟胜自率兵五千了”。这种质疑固然不无道理。但在没有相关史料证据的情况下，不宜轻易否定明显出于不同来源的相关记载，所谓“五千”，或者容有夸张，或者是包括了于阗之外的其他西域国的兵力，将它理解为“安西四镇入援的总兵力”，似乎不妥。

[4]《通鉴》卷二一九肃宗至德元载九月，6998页。

“赤庭”可能是指唐赤亭守捉所在地赤亭口（在今新疆鄯善县境内），从上文解释可知，“涉乌弋，经赤庭”云云，应该是对西域诸国援兵东来勤王的一般性描述，而不是对实际行经路线的记录。其次，马璘所率为伊西庭节度使下的军队，因而墓志特别强调“西州士大夫”。又，岐县为凤翔府属县，“由陇及岐”，是“赴凤翔”的另一种不同的表述方式。

综上所述，至德元载东调的西域唐军约为一万五千人，其中安西节度使派出两批一万二千人，占常设兵力总数的一半；北庭节度使三千人，占兵力总数七分之一强[1]。参加勤王的西域诸国兵力应该也在万人以上。

三、相州战役前后安西北庭行营的活动

安西、北庭勤王兵马入关初期，名义上由关内行营节度使王思礼统领。王思礼其人原为营州城傍高丽人，长期在河陇服役，曾担任关西兵马使、河源军使、金城郡太守等职，安史之乱后，任哥舒翰元帅府马军都将，随翰守卫潼关[2]。潼关陷落后，王思礼率溃军西归。至德元载（756）六月，在京兆金城县（今陕西兴平市）与刚刚逃出长安的玄宗相遇，玄宗“以思礼为河西、陇右节度使，即令赴镇，收合散卒，以俟东讨”[3]。当王思礼到达平凉（治今宁夏固原县）时，得到河西胡人部落离乱的消息，于是转而前往庆州（治今甘肃庆阳）谒

[1] 开元二十一年定额，安西节度使兵力二万四千人，北庭节度使二万人。见《通典》卷一七二《州郡序目》，4479页。

[2]《旧唐书》卷一一〇《王思礼传》，3312页；《新唐书》卷一四七《王思礼传》，4750页。

[3]《通鉴》卷二一八肃宗至德元载六月，6973页。

见肃宗，被肃宗任命为行在都知兵马使[1]。同年十月，肃宗任命房琯为招讨西京使，王思礼为副使，率军东征。未几兵败，又在同年十二月任命王思礼为关内行营节度使，驻守武功[2]。

“关内节度使”或称“关内行营节度使”，只存在了五年时间（756—761），是在肃宗即位后，征调西北边兵至关中集结，准备攻取东、西二京的背景下，为协调、督察各路勤王兵马而临时设置的官职[3]。在肃宗至德二载正月进攻西京前发布的诏书中称：“使郭子仪领朔方精骑三万，步卒五千，并回纥兵二万人；使王思礼领安西、北庭、河陇马步五万”[4]；同年十二月收复两京后发布的大赦诏中，王思礼的具衔是“开府仪同三司、御史大夫兼工部尚书、持节充招讨西京并定武、威武、兴平等军兼关内节度、河西·陇右·伊西·四镇行营兵马使”，李嗣业的具衔为“开府仪同三司兼右金吾卫大将军同正、仍充四镇·伊西北庭行军兵马使”[5]。安西、北庭行营兵马名义上由关内节度使王思礼统辖，但实际上仍然归安西、北庭行营节度使（或兵马使）李嗣业指挥。

---

[1]《通鉴》卷二一八肃宗至德元载六月，6979页。据《旧唐书》卷一一〇《王思礼传》（3312页）、《旧唐书》卷一一一《房琯传》（4750页）、《册府》卷四三二《将帅部·立后效》（5146页）和于邵《为人请合祔表》（《文苑英华》卷六〇八，3151页）记载，至德元载九月，王思礼与潼关败将李承光、吕崇贲等同至顺化郡（庆州）谒见肃宗，肃宗以不能坚守，欲将众将斩首，经房琯救谏，始释王、吕，独斩李承光。《通鉴》未载李承光、吕崇贲事，将王思礼谒见肃宗事置于本年六月肃宗停留平凉期间，误。《通鉴》称“以思礼为行在都知兵马使”。按，本年六月，肃宗的身份还是皇太子，不可能称“行在”，《通鉴》无意中保留下来的“行在”的表述，同样表明王思礼来到顺化郡的时间，只能是在七月肃宗称帝之后，而不是登上皇位前的六月。

[2]《旧唐书》卷一〇《肃宗纪》，244页；《新唐书》卷一四七《王思礼传》，4750页。

[3]《新唐书》卷六四《方镇表》“朔方”，1766—1767页。

[4]《谕西京逆官敕》，《唐大诏令集》卷一一八，617—618页。

[5] 参见《册府》卷八七《帝王部·赦宥》，1031—1035页。

在至德二载（757）收复西京的香积寺之战中，李嗣业率安西、北庭及西域兵马为前军，朔方、河西、陇右行营节度使郭子仪为中军，关内行营节度使王思礼为后军。两军对垒沣水，安史军兵力十万，唐军十五万，安西、北庭军队表现出了强大的战斗力。据《册府》记载：

> 贼将安守忠、李归仁悉以前军来逼，我师殆乱，前军节度使李嗣业谓子仪曰："今日之事，若不以身啖寇雠，决战取胜，三军之士无孑遗矣。"言讫，乃仗长刀立阵前，解衣袒而大呼，手杀数十人，阵容方驻。由是前军之士皆执长刀，如墙而进，所向摧靡。先是，贼伏一军于营东，候动则发。侦者知之，以告。帝亲率回纥锐卒，剪其伏军，遂蹑大营背，与嗣业合势，表里夹攻。自辰及酉，斩首六万余级，贼军大溃，填沟涧而死者十七八。[1]

《册府》本段史料的内容比其他相关记载更详尽[2]。"帝"指代宗。此时代宗为广平王，担任唐军元帅。称代宗为"帝"，表明《册府》的记载可能出自《代宗实录》。从这段记载可知，安西、北庭行营军队与回纥精骑，在收复长安的战斗中起了至关重要的作用。

本年十月，在收复洛阳的关键一役新店战役中，

---

[1]《册府》卷二〇《帝王部·功业》，215页。

[2] 主要参见《通鉴》卷二二〇肃宗至德二载九月，7033—7034页；《旧唐书》卷一〇九《李嗣业传》，3299页；《新唐书》卷一三八《李嗣业传》，4616—4617页；《旧唐书》卷一二〇《郭子仪传》，3451页；《新唐书》卷一四七《王思礼传》，4750页；《旧唐书》卷一二一《仆固怀恩传》，3478页；《新唐书》卷二二四上《叛臣传》上《仆固怀恩传》，6366页。

> 嗣业与子仪遇贼于新店，与之力战，数合，我师初胜而后败，嗣业逐急应接。回纥从南山望见官军败，曳白旗而下，径抵贼背，穿贼阵，贼阵西北角先陷。嗣业又率精骑前击，表里齐进，贼众大败，走河北。子仪遂收东都。[1]

与香积寺战役一样，新店战役的首功也归于安西、北庭行营与入唐回纥骑兵。

唐军收复两京之后，安庆绪退居相州，肃宗令安西、北庭行营节度使李嗣业等略定河南、河东州县[2]，河北郡县纷纷倒戈降唐，留守范阳的史思明见大势已去，也公开与安庆绪决裂，以所部河北十三郡投降朝廷，“虽相州未下，河北率为唐有矣”[3]。随着朝廷势力的东进，安西、北庭行营开进到了唐朝廷与安史乱军交界的前沿，在乾元元年（758）三月进驻新收复的怀州。同年四月，安庆绪趁安西、北庭行营立足未稳，组织二万军队反攻怀州，被李嗣业击退。六月，朝廷特别以节度使李嗣业兼任怀州刺史，以便征调军需物资，怀州成为安西、北庭军队相对固定的驻地[4]。同年七月，杜甫代替华州刺史郭某撰写了一篇状文，分析当时敌我军事态势，建议朝廷针对形势的变化，采取不同的应对策略，其中一条是：

---

[1]《旧唐书》卷一〇九《李嗣业传》，3310页。

[2]《通鉴》卷二二〇肃宗至德二载十一月，7044页；《新唐书》卷一三八《李嗣业传》，4617页。

[3]《通鉴》卷二二〇肃宗至德二载十二月，7047—7048页。参见《旧唐书》卷二〇九《史思明传》，5378—5379页。

[4]《通鉴》卷二二〇肃宗乾元元年三月，7052页；同年四月，7053页；同年六月，7057页。

贼之精锐，撮在相、魏、卫之州，贼用仰魏而给。贼若抽其锐卒，渡河救魏、博，臣则请朔方、伊西北庭等军，渡泗水，收相、卫。[1]

安西、北庭行营驻扎怀州，进可北收相、魏，压迫安庆绪在河北的心腹之地；退能南守河防，有效守卫东都洛阳，具有举足轻重的战略意义，安西、北庭行营在与安史战争中的重要地位也于此可见。

乾元元年九月相州战役正式开始后，李嗣业为了不贻误战机，将辎重留在怀州，奏请判官段秀实担任怀州长史知州事兼节度留后，负责后勤保障[2]；自己率军轻骑简装，先后参加了收复卫州（治今河南浚县）和围攻相州的战斗。与收复两京战役一样，安西、北庭军队勇猛擅战，“诸将无功，独嗣业被坚数奋，为诸军冠”[3]，战斗力强大，迥出诸军之上。

乾元二年（759）正月丙申，李嗣业在相州城下中箭身亡，安西、北庭行营节度使由兵马使荔非元礼继任。三月，相州战役失利，六十万唐军作鸟兽散，退守洛阳，安西、北庭行营也在荔非元礼的率领下回到怀州驻地[4]，唐军攻势全面瓦解。此后，史思明杀害安庆绪，自称大燕皇帝，而唐朝也以李光弼代替郭子仪担任唐军主帅。乾元二年九月，史思明兵分四路，再次南渡黄河，自汴州（今河南开封）西进，李光弼放弃洛阳，移军坚守河阳（今河南孟县），九月二十七日

[1] 杜甫《为华州郭使君进灭残寇形势图状》，《杜甫全集校注》卷二二，6407—6415页。“伊西北庭”，点校本作“伊西、北庭”。“郭使君”不详。状文末称“乾元元年七月日某官臣状进”。

[2]《旧唐书》卷一二八《段秀实传》，3584页；《新唐书》卷一五三《段秀实传》，4848页。

[3]《旧唐书》卷一〇九《李嗣业传》，3310页。

[4]《旧唐书》卷一〇《肃宗纪》，255页。

庚寅，史思明入洛阳[1]，双方开始了新一轮较量。

四、洛阳再陷与第二批内调的西域军队

安史军队再次席卷而西，引起朝野巨大震恐，唐朝廷急忙在陕州（治今河南三门峡市）布署兵力，组成拱卫长安的战略防线。与此同时，继至德元载第一批西域唐军内调勤王之后，紧急征调第二批西域留守唐军入关勤王。《通鉴》乾元二年十一月下载：

> 发安西、北庭兵屯陕，以备史思明。[2]

《通鉴》本条不系日，下文接七日庚午纪事，其事应在十一月七日或稍前。《新唐书》也在乾元二年下记载称：

> 乾元二年十月，诏百官上勤政楼观安西兵赴陕州，有狐出于楼上，获之。[3]

一称“屯陕”，一称“赴陕州”，二书所载当是同一事件，但具体时间一在十月，一在十一月，略有差异。发兵赴陕州之前，肃宗曾在乾元二年十月初四丁酉下诏，计划在十月十七日率军亲征东京，被苏源明等众臣谏止[4]。苏源明在第三次上书进谏时，列举了肃宗亲征

[1]《旧唐书》卷一〇《肃宗纪》，255 页；《新唐书》卷六《肃宗纪》，162 页。
[2]《通鉴》卷二二一，7089 页。
[3]《新唐书》卷三五《五行志》，923 页。
[4]《旧唐书》卷一〇《肃宗纪》，257 页；《通鉴》卷二二一肃宗乾元二年，7083 页。

“甚不可”的十条理由，其中第八条认为，军事形势正在朝着有利朝廷的方向好转，肃宗不必动一时之怒，亲履险地。《册府》记载了苏源明上疏的比较详尽的文本，第八条称：

> 司空李光弼能拔河阳，尚书王思礼应下晋原，中丞卫伯玉劲卒接焉耆、过析支，不日且至，大夫王玄志压巫闾、临幽都，汝州刺史田南金乘阙口、遏二室，扬州长史邓景山凌长淮、饩梁汴。然而狂贼失身，釁于缑氏山，北不敢逾孟津，东不敢过罂子，只待反接耳。陛下不坐而受之，而欲亲征，徇一朝之怒，甚不可八也。[1]

从肃宗下诏亲征及诏书中提到的计划亲征的日期可以推知，苏源明进谏的时间应该是在乾元二年十月四日至十七日期间[2]。苏源明在上书中说：

> 臣等今月四日及七日上言，车驾幸东京不便。吁天而诉，稽首而祈，竭诚不精，留中不下。臣等自咎自毒，若惛若狂。

可进一步将第三次上书进谏的时间确定在十月七日稍后，即七日至十四日期间。苏源明在上书中提到“卫伯玉劲卒接焉耆、过析支”，卫伯玉率领的“劲卒”，包括了从西域征调的参加守卫陕州的军队（说详下文），可知迄至十月七日稍后，安西部队尚未赶到长安，但已

[1]《册府》卷五五二《词臣部·献替》，6620—6621页。

[2]《全唐文》卷四三《亲征史思明诏》（474—475页）称“即以今月十七日幸东京，率六军取北路进发”。《唐大诏令集》卷七九（455页）只保留了诏令的部分内容，并在注文中误系于“乾元二年九月”。

“不日可至”。

综合以上记载判断,《新唐书》“十月”可以理解为安西军队到达长安的时间，而《通鉴》之“十一月”，则是到达陕州的时间。安西军队很可能是在十月中下旬到达长安，举行完勤政楼观兵仪式后，在十一月七日前赶到了陕州。

上文《册府》载苏源明说“中丞卫伯玉劲卒接焉耆、过析支，不日且至”,《新唐书》作“卫伯玉拂焉耆，过析支，不日可至”[1]，都没有明确提到卫伯玉所率勤王军队的来源。一年以后，肃宗上元元年（760）八月卫伯玉改任神策军节度使,《通鉴》追溯前事称：

> 初，哥舒翰破吐蕃于临洮西关磨环川，于其地置神策军。及安禄山反，军使成如璆遣其将卫伯玉将千人赴难。[2]

可知卫伯玉是由洮阳郡太守兼神策军使成如璆派遣的将领[3]，率军由陇右赴难。但《旧唐书·卫伯玉传》载：

> 卫伯玉，有膂力，幼习艺。天宝中杖剑之安西，以边功累迁至员外诸卫将军。肃宗即位，兴师靖难，伯玉激愤，思立功名，自安西归长安。初为神策军兵马使，出镇（陕州行营）。[4]

---

[1]《新唐书》卷二〇二《苏源明传》，4848页。

[2]《通鉴》卷二二一，7096页。据上文，卫伯玉入关在乾元二年十月下旬,《通鉴》称:“及安禄山反，军使成如璆遣其将卫伯玉将千人赴难”，不确。

[3]《唐会要》卷七八《节度使》，1689页。

[4]《旧唐书》卷一一五《卫伯玉传》，3378页。“初为神策军兵马使出镇”文意未足。《册府》卷三五八《将帅部·立功》（4252页）“出镇”下有“陕州行营”四字。《新唐书》卷一四一《卫伯玉传》（4657页）亦称，卫伯玉“领神策兵马使，出镇陕州行营”，据补。

据此则卫伯玉是自安西入朝，出镇陕州的[1]。将卫伯玉入朝与安西勤王兵马相联系，不仅与《通鉴》及《新唐书》所载肃宗令百官至勤政楼观“安西兵”赴陕州在时间和内容上高度契合，也与陕州保卫战立功后，卫伯玉在乾元二年年底正式受命为安西、北庭行营节度使相一致（参见下文第五节），但这些记载与卫伯玉自陇右领命、率军赴难的记载相矛盾。

上文苏源明所称“中丞卫伯玉劲卒接焉耆、过析支”，为理解两种不同的记载提供了有益的思路。如所周知，析支是今青海省境内黄河河曲地区的古称[2]。苏源明将析支与焉耆并称，可以解释为安西军队从西域到达陇右，然后由神策军兵马使卫伯玉率领，与神策军勤王军队一起来到了长安。也就是说，东调守卫陕州的唐军由两部分组成，一是来自西域的安西、北庭留守军，一是陇右节度使属下的神策军。因为卫伯玉麾下除了神策军外，还有西域援军，所以有些记载称他是“自安西归长安”；而且西域援军可能在数量上多于神策军，因此多数记载中径称“安西兵”，而不提神策军[3]。

这里需要补充说明的一点是，史思明攻占洛阳在乾元二年九月二十七日庚寅，而在十月中上旬西域和陇右勤王军队已经到达长安，根据时间推断，内调西域军队应该是在洛阳失陷之前，即九月初史思明南渡黄河之后。

---

[1]《新唐书》卷四〇《兵志》，1332页；《新唐书》卷一四一《卫伯玉传》，4657页；《册府》卷三五八《将帅部·立功》，4252页；《册府》卷三八五《将帅部·褒异》，4572页同。

[2]《后汉书》卷八七《西羌传》（2869页）：“赐支者，《禹贡》所谓析支者也。南接蜀、汉徼外蛮夷，西北〔接〕鄯善、车师诸国。”即此。

[3] 稍后，朝廷甚至将这支军队径直命名为“四镇、北庭行营”。参见下文第五节“两个安西北庭行营”。

五、两个安西北庭行营

卫伯玉到达陕州后不久，就率军在陕州东的礓子阪与来犯的史思明将领李归仁展开了激战。《通鉴》肃宗乾元二年十二月：

> 史思明遣其将李归仁将铁骑五千寇陕州，神策兵马使卫伯玉以数百骑击破之于礓子阪，得马六百疋，归仁走。以伯玉为镇西、四镇行营节度使。李忠臣与归仁等战于永宁、莎栅之间，屡破之。[1]

安史之乱爆发后，以行营为名者有“镇西、北庭（或称“安西、北庭”、“四镇、北庭”）行营”，“关内行营”，“朔方、河西、陇右行营”[2]，“淮西、襄阳节度行营”[3]，“河南、淮南、淮西、荆南、山南东五道节度行营”等等[4]，未见有“镇西、四镇行营”的记载，而且“镇西”就是“四镇”的别称（参见下文），“镇西、四镇”文意也不通。《旧唐书·卫伯玉传》载此役称：

> 逆贼史思明遣伪将李归仁铁骑三千来犯，伯玉以数百骑于礓子坂击破之，积尸满野，虏马六百匹，归仁与其党东走。以功迁右羽林军大将军，知军事。转四镇、北庭行营节度使。[5]

---

[1]《通鉴》卷二二一，7089页。

[2]《册府》卷一二二《帝王部·征讨》，1459页。

[3]《旧唐书》卷一一四《鲁炅传》，3363页。

[4] 颜真卿《李光弼碑》，《颜鲁公文集》卷四，13—21页。

[5]《旧唐书》卷一一五《卫伯玉传》，3378页。

《新唐书·卫伯玉传》及《册府》多处记载礓子阪战役，俱作“四镇、北庭行营”[1]，显然《通鉴》“镇西、四镇”，应是“四镇、北庭”之误。可知，到达陕州两月，这支由西域和陇右将士组成的援军就得到了“四镇、北庭行营”的名号，并由卫伯玉担任了行营节度使。

据上文第二节讨论，此前在至德元载，第一批入关的安西、北庭和西域诸国的援军，曾被整编为以李嗣业为指挥官的行营，沿用原来的安西、北庭节度名号，称“安西、北庭行营”或“四镇、北庭行营”，至德二载后，安西大都护府一度改为镇西大都护府[2]，所以有时又称“镇西、北庭行营”。相关史籍中，李嗣业的职衔或作“安西、北庭行营节度使”[3]，或作“四镇、北庭行营节度使”[4]，或作“镇西、北庭行营节度使”[5]，或作“四镇、伊西北庭行营兵马使”[6]；有时还可以省称作“北庭行营节度使”或“镇西节度使”等等[7]。具衔的不一，反映了安西、北庭行营名号混杂的情形。李嗣业及此后担任安西、北庭行营节度使的将领如马璘、段秀实、李怀光、朱泚等人的具衔都有“四镇、北庭行营节度使”的称谓[8]，与卫伯玉的署衔相同，如果仅仅

[1]《新唐书》卷一四一《卫伯玉传》，4657页；《册府》卷三八五《将帅部·褒异》，4247页；《册府》卷四一九《将帅部·以少击众》，4997页；《册府》卷四三四《将帅部·献捷》，5159页。

[2]《新唐书》卷四〇《地理志》四，1047—1048页；《新唐书》卷六七《方镇表》四，1870页；《通鉴》卷二二〇肃宗至德二载，7051页。《地理志》误系于至德元载。

[3]《新唐书》卷六《代宗纪》，166页。

[4]《册府》卷三五八《将帅部·立功》，4248页。“四镇”，《册府》讹作“西镇”。

[5]《册府》卷一二二《帝王部·征讨》，1459页。

[6]《新唐书》卷六《肃宗纪》，159页。“伊西北庭”（或称“伊西庭”），是“北庭节度使”的全称。

[7]《新唐书》卷一〇《肃宗纪》，253页；《通鉴》卷二二一肃宗乾元二年，7068页。

[8]《旧唐书》卷一五二《马璘传》，4066页；熊执易《马铖碑》，《文苑英华》卷八九二，4694—4696页；《旧唐书》卷一一《代宗纪》，312页；《旧唐书》卷一二一《李怀光传》，3492页；《旧唐书》卷一二《德宗纪》，325页。

从署衔判断的话，卫伯玉所率之“四镇、北庭行营”，完全可以视为是至德元载入关的“安西、北庭行营”的别称。

这里需要解释清楚的问题是，卫伯玉所率兵马是在肃宗乾元二年（759）十月入关的安西、北庭援军，而第一批西域勤王兵马早在至德元载（756）就已入关并参加了收复两京的战役。卫伯玉麾下的安西、北庭行营，与至德元载入关的安西、北庭行营到底是不是同一个行营？如果是，它们是何时、如何合并的？如果不是，二者之间有什么关系？

卫伯玉乾元二年十二月担任安西、北庭行营节度使，上元元年（760）八月改任“神策军节度使”[1]，任期不满一年。在上文第三节中，我们梳理了至德元载入关的安西、北庭行营在相州战役前后的活动轨迹。乾元二年正月李嗣业阵亡后，安西、北庭行营由荔非元礼代理。相州之役唐军失利，荔非元礼在乾元二年三月回到怀州，正式受命为安西、北庭行营节度使，并与前任节度使李嗣业一样，兼任了怀州刺史[2]。肃宗上元二年二月邙山之役唐军兵败，史思明攻陷怀州[3]。此后，荔非元礼率军移镇绛州翼城。宝应元年（762）三月，安西、北庭行营兵士因粮赐不足起事，杀害荔非元礼，推举安西胡人白孝德继任行营节度使[4]。在此期间（759—762），安西、北庭行营节度使的职务一直是由荔非元礼担任的[5]。卫伯玉不可能在同时担任安西、

[1]《通鉴》卷二二一肃宗上元元年八月，7096页。

[2]《旧唐书》卷一〇《肃宗纪》，255页；《通鉴》卷二二一乾元二年三月，7072页。

[3]《旧唐书》卷二〇〇上《史思明传》，5381页；《新唐书》卷二二五上《逆臣传》上《史思明传》，6431页。

[4]《旧唐书》卷一二八《段秀实传》，3584页；《新唐书》卷一三六《李光弼传》附《荔非元礼传》，4591页。

[5]《新唐书》卷一三六《李光弼传》附《荔非元礼传》，4591页；《旧唐书》卷一二八《段秀实传》，3584页；《新唐书》卷一三五《段秀实传》，4848页；《通鉴》卷二二二肃宗宝应元年建卯月，7120页；《册府》卷九四〇《总录部·患难》，11077页。

北庭行营节度使（759—760）。换言之，在卫伯玉担任安西、北庭行营节度使期间，实际上存在两个以“安西、北庭”为名的行营。荔非元礼率领的安西、北庭行营，由至德元载第一次进入内地的西域勤王军队组成，主要活动在洛阳以北的怀州、翼城一带；卫伯玉率领的安西、北庭行营，由乾元二年十月第二批入关的西域军队与陇右神策军构成，一直驻守在陕州，承担拱卫长安的战略防御任务。

通过卫伯玉由安西、北庭行营节度使改任神策军节度使的相关记载，可以对两个安西、北庭行营的问题进行更详尽的探讨。卫伯玉改任之事，以《唐会要》和《新唐书·兵志》的记载最为详尽。《唐会要》称：

> 及安禄山反，（成）如璆使其将卫伯玉领神策军千余人，赴难于相州城下。官军相州之败，伯玉收其兵，与观军容使鱼朝恩同保陕州。时西边土地已没，遂语（诏）伯玉所领军号神策军，以伯玉为军使，与陕州节度使郭英乂同镇于陕，观军容使鱼朝恩亦在焉。敕伯玉以其兵东讨有功，遂加号神策军节度使。[1]

《新唐书·兵志》载：

> 上元中，以北衙军使卫伯玉为神策军节度使，镇陕州，中使鱼朝恩为观军容使，监其军。初，哥舒翰破吐蕃临洮西之磨环川，即其地置神策军，以成如璆为军使。及禄山反，如璆以伯玉将兵千人赴难，伯玉与朝恩皆屯于陕。时边土陷蹙，神策

[1]《唐会要》卷七二《京城诸军》，1533页。“遂语伯玉所领军号神策军”，下文《新唐书》卷五〇《兵志》“语”作“诏”，《唐会要》涉形近误。

> 故地沦没，即诏伯玉所部兵，号“神策军”，以伯玉为节度使，与陕州节度使郭英乂皆镇陕。[1]

除了阙载卫伯玉在就任神策军节度使之前曾担任安西、北庭行营节度使，以及《唐会要》错误地将相州战役中李嗣业和荔非元礼两位安西、北庭行营节度使的事迹误植在了卫伯玉身上之外，这两种记载都将卫伯玉担任神策军节度使的原因归结为“西边土地已没”或“神策故地沦没”，即神策军在陇右的原驻地陷落，因此下诏以卫伯玉所率勤王兵马为神策军，并任命卫伯玉为节度使。

按，神策军是天宝十三载哥舒翰在临洮城西八十里设置的军镇[2]，所谓“故土沦没”，就是指洮州陷蕃。据《新唐书》记载，吐蕃在肃宗宝应元年攻陷洮州[3]，《元和郡县图志》记为广德元年（763）[4]。两说虽然不尽相同，但都在上元元年（760）卫伯玉就任神策军节度使之后。可知卫伯玉改任神策军节度使，与陇右神策军故地沦陷无关，《唐会要》和《新唐书·兵志》的记载不足为据。

据上文讨论可知，在乾元二年十二月至上元元年八月期间，卫伯玉率领的行营，与荔非元礼担任节度使的安西、北庭行营的番号完全相同。我们认为很可能是为了区别两个不同的行营，因此将卫伯玉行营改名为“神策军”，而卫伯玉本人也由安西、北庭行营节度使，转而成为神策军节度使。《唐会要》称“语（诏）伯玉所领军号

---

[1]《新唐书》卷五〇《兵志》，1332页。

[2]《元和郡县图志》卷三九《陇右道》，998页；《唐会要》卷七八《节度使》，1689页。参见《册府》卷九九二《外臣部·备御》，11655页。《元和郡县图志》称在临洮西八十里，《唐会要》及《册府》称“二百余里”。

[3]《新唐书》卷四〇《地理志》，1040页；《新唐书》卷二一六上《吐蕃传》上，6087页。

[4]《元和郡县图志》卷三九《陇右道》上，997页。

神策军，以伯玉为军使”，《新唐书·兵志》也称“即诏伯玉所部兵，号‘神策军’，以伯玉为节度使”，“所领军”（或“所部兵”）云云，也表明改变番号后的神策军，就是卫伯玉原来统领的兵马，即改名前以“安西、北庭”为名的行营。卫伯玉行营本来就是由安西、北庭与陇右神策军勤王兵马两部分组成。最初大概因为西域兵马较众，所以径称“安西、北庭行营”，稍后又因为与荔非元礼所率行营名称相同，故而改作“神策军”。卫伯玉由安西、北庭行营节度使改任神策军节度使，是因为所率行营改换了番号，而不是改赴他任。

由于现存史料中没有留下卫伯玉行营名称改易的明确记录，因而在相关记载中出现了一些相互矛盾甚至错误的说法，从而造成了理解的困扰。比如上文《唐会要》和《新唐书·兵志》根本没有提到卫伯玉曾担任安西、北庭行营节度使，而《通鉴》先是在乾元二年十二月载，卫伯玉在礓子阪战后“为镇西、四镇（应为“四镇、北庭”之误，见上文）行营节度使”，但一年之后，又在上元元年载，“及安禄山反，军使成如璆遣其将卫伯玉将千人赴难。既而军地沦入吐蕃，伯玉留屯于陕，累官至右羽林大将军。八月，庚午，以伯玉为神策军节度使”[1]。将担任神策军节度使之前的历官直接与右羽林大将军相衔接，从而略去了安西、北庭行营节度使的历官。

其实卫伯玉由神策军兵马使迁右羽林大将军，转安西、北庭行营节度使，再转神策军节度使，这一过程在相关记载中还是有踪迹可寻的。如《册府》在礓子阪战役下载，卫伯玉“以功迁右羽林军大将军、知军事，转四镇、北庭行营节度使，献俘百余人至阙下，迁神策军节度”[2]。《旧唐书》和《新唐书》本传虽然内容稍简，但也明确

---

[1]《通鉴》卷二二一乾元二年十二月，7089页；同卷上元元年八月，7096页。

[2]《册府》卷三八五《将帅部·褒异》，4572页。

记载了神策军兵马使、右羽林军大将军、四镇北庭行营节度使、神策军节度使的历官顺序。我们认为，上文《唐会要》、《新唐书·兵志》和《通鉴》阙载卫伯玉安西、北庭行营节度使历官，很可能是因为史书的编纂者不清楚这时存在两个安西、北庭行营的事实，无法解释卫伯玉与荔非元礼同时担任安西、北庭行营节度使的现象，因而有意回避了卫伯玉在担任神策军节度使前任安西、北庭行营节度使的记载。

此外，《唐会要》称卫伯玉率神策军将士“赴难于相州城下。官军相州之败，伯玉收其兵，与观军容使鱼朝恩同保陕州”。相州战役早在乾元元年三月就已结束，而卫伯玉是在半年之后才率军入关的。显然同样也是因为不了解这时有两个安西、北庭行营，因而张冠李戴，将李嗣业、荔非元礼所率行营参加相州会战之事，附会在了卫伯玉的名下。

六、杜甫“观兵诗”新解

上文通过对安西、北庭援军两次入关及与安史乱军作战的基本线索的梳理，勾稽和揭示了卫伯玉所率“安西、北庭行营”，与李嗣业、荔非元礼“安西、北庭行营”的关系，弄清楚了卫伯玉率军入关勤王的真相。在此基础上重新审视杜甫“观兵诗”，可以认定，“观兵诗”与参加相州战役的李嗣业“安西、北庭行营”无关。这两首诗的创作时间在乾元二年十月上旬杜甫流寓秦州（治今甘肃天水）期间，反映了卫伯玉“安西、北庭行营”兵马入关勤王的史实。

首先，杜甫在乾元元年（758）六月自左拾遗贬华州司功参军，二年七月，弃官携家流寓秦州，同年十月，离开秦州，南下同谷（今甘肃成县）[1]。卫伯玉率领安西、北庭和陇右的军队抵达长安的时间是乾元二年十月中下旬，在勤政楼前举行了观兵仪式，并于十一月七日到达陕州，与杜甫流寓秦州的时间（乾元二年七月至十月）前后衔接无隙。即杜甫在十月上旬赴同谷之前，在秦州见到了卫伯玉统领的西域军队，并创作了“观兵诗”，这支军队在同月中下旬到达长安。《观安西兵》题称“过赴关中待命”，就是指这支部队途经秦州，开赴关中待命。

其次，《新唐书》称“诏百官上勤政楼观安西兵赴陕州”[2]，而杜甫两首诗也都以“观兵”为主题，两者表述完全一致。我们认为肃宗特别下诏，命令百官集勤政楼前观兵，不仅是为了提振开赴前线的军队的士气，而且是要借此凝聚民心。与勤政楼观兵一样，杜甫在秦州观兵，应该也是参与了由秦州当地特别组织的欢迎安西、北庭军队的仪式[3]。《观安西兵》所谓“孤云随杀气，飞鸟避辕门。竟日留欢乐，城池未觉喧”，应该就是对秦州观兵仪式的描写。

此外，“观兵诗”描述的内容，也与乾元二年九月史思明南渡黄河，攻克洛阳后的形势高度契合。《观北庭兵》“妖氛拥白马，元帅待雕戈”句，透露了此时战场形势的重要消息，对正确理解“观兵诗”非常重要。《杜甫全集校注》引《梁书·侯景传》称：“普通中，童谣曰：‘青丝白马寿阳来。’后景果乘白马，兵皆青衣。”[4]认为诗人以侯

---

[1] 参见《杜甫全集校注》“附录”一“杜甫年谱简编”，6536—6542页。

[2] 参见上文第四节“洛阳再陷与第二批内调的西域军队”引。

[3] 很可能是因为卫伯玉所率援军以西域军队为主，而且在此前收复两京及相州战役中，第一支入关的西域军队表现出的强大的战斗力，在当时人的心目中留下了深刻的印象，所以“观兵诗”称“四镇富精锐”、“北庭送壮士”，而《通鉴》与《新唐书》则称“安西、北庭兵”或“安西兵”，都没有提到神策军。参见上文第四节“洛阳再陷与第二批内调的西域军队”。

[4]《梁书》卷五六《侯景传》，862页。

景所乘白马代指安史军队。我们认为此“白马”并非借称，而是洛阳白马寺的简称。史思明渡河后，李光弼在乾元二年九月庚寅主动放弃洛阳，撤军坚守河阳和陕州。史思明军队虽然得到了洛阳，但因为有河阳守军的压制，实际上并未入宫，而是“顿兵白马寺，南不出百里，西不敢犯宫阙，于河阳南筑月城，掘壕以拒光弼”[1]。直到上元元年四月，始正式率军入居洛阳[2]。在半年多的时间里，白马寺实际上就是史思明的前线指挥部。“妖氛拥白马”，是指史思明率军攻占洛阳、陈兵白马寺之事。由此可以进一步确认，“观兵诗”就创作于乾元二年九月史思明攻占洛阳之后，杜甫离开秦州之前。

“元帅待雕戈”句，《观北庭兵》解题称“元帅谓李嗣业”。但李嗣业本人从来没有担任过元帅一职。在邺城会战时，朝廷因为郭子仪与李光弼资历、功业相当，难以相统属，因此特别不置元帅[3]。诗中的“元帅”不可能指李嗣业其人，甚至相州战役也没有“元帅”。相州战役之后，德宗始在乾元二年三月三十日丙申，任命郭子仪为“东畿、山东、河东诸道元帅”[4]，到同年七月，又以李光弼取代郭子仪为天下兵马元帅[5]。“元帅待雕戈”之“元帅”，只能是新任唐军统帅李光弼。“雕戈”代指卫伯玉率领的安西、北庭行营将士，“元帅待雕戈”表明了诗人对西域貔虎之师的热切期待。至于“莫守邺城下，斩鲸辽海波”，则是希望唐军吸取相州兵败的教训，直捣安史军队在辽东的老巢。不能因为有“莫守邺城下”的描写，就机械地将此诗理解为是在唐军围攻邺城时所作。

[1]《旧唐书》卷一一〇《李光弼传》，3307页。
[2]《通鉴》卷二二一上元元年，7092页。
[3]《旧唐书》卷一八四《宦官传·鱼朝恩》，4763页。
[4]《旧唐书》卷一二〇《郭子仪传》，3453页。
[5]《旧唐书》卷一一〇《李光弼传》，3305—3306页。

安史之乱爆发后，唐西域守军内调勤王，是八世纪中叶唐朝乃至内亚历史上一个意义重大的事件。就唐朝而言，西域援军在长达八年的战争中始终处在与安史军队斗争的第一线，在平定安史之乱的过程中起了至关重要的作用，保障了唐政权能够维持危而不坠的局面。对内亚历史来说，西域唐军的撤离，大大削弱了唐朝在西域的军事力量，使唐朝在西域的势力从巅峰骤然跌入谷底，西域留守唐军在此后四十余年（756—792）坚守西域的过程中，不得不另觅强援，转而依附了回鹘汗国，借助回鹘的支持，展开与吐蕃的斗争，并保持与中原的微弱联系。唐朝势力的退出，是影响和改变西域历史发展方向的大事件。本文借由杜甫“观兵诗”提供的线索，通过对相关史料的梳理，揭示了西域军队在至德元载和乾元二年分两批内调入关的史实，纠正了传统认识的错误，对评价西域援军在平定安史之乱过程中的作用，认识八世纪中叶西域历史的转折，具有重要的参考价值。

（载《西域文史》第12辑，科学出版社，2018年。）

第三编

胡人与胡风

拾壹

凉州粟特胡人安氏家族研究

粟特胡又称昭武九姓胡人，指原居住在锡尔河与阿姆河之间地区（Sogdiana）的粟特人[1]。粟特，在汉唐载籍中又称“栗（粟）弋”[2]、“属繇”[3]、“窣利”[4]、“速利”等[5]。现在通行的“粟特”这个译名，似以前秦建元三年（367）《邓太尉祠碑》冯翊军所辖五部之“夷类十二种”之一的“粟特”为较早[6]。在正史中，最初出现于《北史》和《魏书》的“粟特国传”[7]。唐朝初年，玄奘行经粟特地区，记载了粟特原居地的大体范围，称“（自）素叶水城（Sūyāb）至羯霜那（kašz），地名窣利，人亦谓焉”。大体而言，这一区域主要包括素叶水城、千泉（Bin–yul）、呾逻私城（Talas）、白水城

[1] 关于这个字在粟特、希腊、波斯、突厥等语文中的写法，见张广达先生《唐代六胡州等地的昭武九姓》（《北京大学学报》1986年第2期，72—82页）一文中的介绍。

[2]《后汉书》卷八八《西域传》，中华书局，1982年，2922页；《晋书》卷九七《康居传》，中华书局，1982年，2544页。

[3]《三国志》卷三〇《魏书·乌丸鲜卑东夷传》，中华书局，1982年，862页引《魏略·西戎传》。

[4] 玄奘、辩机原著，季羡林等校注《大唐西域记》卷一，中华书局，2000年，72页。

[5] 义净原著，王邦维校注《大唐西域求法高僧传》卷上《玄照法师传》，中华书局，1988年，10页；义净原著，王邦维校注《南海寄归内法传》卷一，中华书局，1995年，69页。

[6] 录文见马长寿《碑铭所见前秦至隋初的关中部族》，中华书局，1985年，12页；有关考释见同书21—22页。

[7]《北史》卷九七《粟特传》，中华书局，1983年，3221页；《魏书》卷一〇二《粟特传》，中华书局，1974年，2270页。

（Isbījāb）、笯赤建（Nujakath）、赭时（Chach）、怖捍国（Farghana）、窣堵利瑟那国（Sutrūshana）、飒秣建国（Samarkand）、弥秣贺国（Māymurgh）、劫布呾那国（Kapūtānā）、屈霜你迦国（Kušanīk）、喝捍国（Kharghānkath）、捕喝国（Bukhārā）、伐地国（Betik）、货利习弥伽国（Khwārizmik）、羯霜那国等地，主要是指铁门（Darband-i Āhanīn）以北，锡尔河和阿姆河流域以康国（飒秣建）为中心的地区[1]。

《隋书》在记叙粟特诸国之一的康国时说：

> 其王本姓温，月氏人也。旧居祁连山北昭武城，因被匈奴所破，西逾葱岭，遂有其国。支庶各分王，故康国左右诸国并以昭武为姓，示不忘本也。[2]

这是在汉文史籍中较早提到粟特人以昭武为姓的一条资料。《新唐书》记载略同，但更具体地指出昭武诸姓除康姓外，还有安（即《大唐西域记》捕喝）、曹（即劫布呾那）、石（即赭时）、米（即弥秣贺）、何（即屈霜你迦）、火寻（即货利习弥迦）、戊地（即伐地，又称西安国）、史（即羯霜那）等，“世谓九姓”[3]。昭武九姓即本此。

粟特人世世代代以经商为业：

> 善商贾，争分铢之利。男子年二十，即远之旁国，来适中

[1] 见《大唐西域记》卷一，72—97页各条及注释。
[2]《隋书》卷八三《康国传》，中华书局，1982年，1848页。
[3]《新唐书》卷二二一下《康国传》，中华书局，1986年，6243页。

夏，利之所在，无所不到。[1]

魏晋至隋唐，在内地尤以康、安、曹、史、何诸姓的粟特胡人最为活跃。凉州安氏家族，就是侨居唐朝的最著名的粟特胡人家族之一。通过对安氏家族的研究，相信可以帮助我们了解西域胡人在唐朝社会中的生存状况，从而进一步加深对中华古代文化多元性的认识。

一、凉州安氏家族的兴起

凉州安氏家族是在隋朝末年兴起的一支著名的粟特胡人家族。

在隋唐载籍中，似乎随处可见西域粟特胡人的影子，但有关记载相当零散，且多见于说部，传说的色彩很浓重，见于正史记载者又以武将、伎艺人居多，除了近年发现的文书及墓志资料外，对粟特胡人的一般描述并不多见。隋末唐初的战乱，使通常在官方史乘中难得一见的、潜伏在社会不同层面的各种势力如沉渣泛起，粟特胡人也在这时隐隐约约留下了一些蛛丝马迹。在隋末唐初各地拥兵自保的势力中，可以肯定或推测为粟特胡人的社会集团主要有：

1. 关中何潘仁。隋末李渊起兵太原，渊女平阳公主自长安归鄠县乡下，散家资，招亡命，与李渊相呼应。

> 时有胡贼何潘仁聚众于司竹园，自称总管，未有所属。公主遣家僮马三宝说以利害，潘仁攻鄠县，陷之。……时京师留守频遣军讨公主，三宝、潘仁屡挫其锋。[2]

[1]《旧唐书》卷一九八《康国传》，中华书局，1975年，5310页。

[2]《旧唐书》卷五八《平阳公主传》，2315页。

此“胡贼”何潘仁，《资治通鉴》作“西域商胡”，其人必是粟特商胡无疑。在与平阳公主合兵之前，何潘仁已“有众数万，劫前尚书右丞李纲为长史”，聚众自保。史书中特别强调何潘仁“胡人”或“西域商胡”的身份，则其数万之众，应该是以胡人为主体的地方武装。粟特商胡在长安附近地区势力之盛，于此可见一斑[1]。太宗初入关，何潘仁会群帅迎于阿城[2]。入唐后无闻。

2. 长安史万宝。在平阳公主与何潘仁联兵之前，李渊的从弟李神通因遭到隋朝追捕，也与“京师大侠”史万宝等潜入鄠县南山起兵，后与平阳公主合为一处[3]。史万宝在唐初历任左翊卫将军、陕东道行台民部尚书等职，并受封为原国公[4]。武德五年（622）十月，与淮阳王李道玄讨刘黑闼，道玄轻骑犯阵，史万宝因与道玄有隙，拥兵不进，结果道玄被俘，唐兵大溃，史万宝只身逃归，此后事迹不显[5]。史书中未明言史万宝为胡人，但从其事迹及姓氏来看，很可能也是粟特胡人。

3. 河西康老和。大业十三年（617），凉州李轨起兵不久，甘州康老和也在同年起兵反隋，大概在武德元年（618）七月之前，被隋西戎使者曹戎所破[6]。河西是粟特胡人聚居之地，且自南北朝以来向有在战乱时据地自保的习惯，康老和其人应该也是拥兵甘州的粟特胡人。

---

[1]《资治通鉴》卷一八四隋恭帝义宁元年，5757页。后简称《通鉴》。参见《旧唐书》卷六二《李纲传》，2374页。

[2]《旧唐书》卷二《太宗纪》上，23页。

[3]《旧唐书》卷六〇《淮安王神通传》，2340页。

[4]《旧唐书》卷五三《李密传》，2224页；《旧唐书》卷五五《刘黑闼传》，2260页；《通鉴》卷一九〇武德五年，5951页。

[5]《旧唐书》卷六〇《淮阳王道玄传》，2353页。

[6]《隋书》卷五《恭帝纪》，100页；《通鉴》卷一八五武德元年七月，5800页。

4. 营州石世则。武德四年六月，

> 营州人石世则执总管晋文衍，举州叛，奉靺鞨突地稽为主。[1]

石世则因何而反，后果如何，都不得而知。但是营州与河西一样，也是粟特胡人集中的地区，所以石世则是粟特胡人的嫌疑也很大。

5. 平凉史索岩。近年在宁夏固原发现的粟特胡人史索岩墓志称，索岩在隋末任平凉郡都尉，时

> 九州百郡，称帝称王，各署衣冠，俱行正朔。公资忠殉节，固守危城，耻面伪庭，确乎不拔。义宁二年（618），献款宸极。武皇帝拜公朝请大夫。……[2]

“资忠殉节”、“耻面伪庭”云云，与其说表现了史索岩对隋朝廷的忠贞不二，倒不如说是反映了他在隋唐交替之际聚兵自保，拒绝向薛举西秦政权称臣，最后献款于唐朝的事实。史索岩的身份虽然与何潘仁等有所区别，但是应该也属于拥兵自保之例。

6. 平原郡史诃耽。与史索岩墓地在同一地区的史诃耽的墓志中，也反映了他在隋末投奔李渊的事实，据志载：

> 君讳诃耽，字说，原州平高县人，史国王之苗裔也。……隋开皇中，释褐平原郡中正，晨朝州府，清言激流水之声；暮

---

[1]《通鉴》卷一八九武德四年，5920页。参见《新唐书》卷一《高祖纪》，12页。

[2]《唐故平凉郡都尉骠骑将军史公墓志铭并序》，墓志拓片及录文见罗丰《固原南郊隋唐墓地》，文物出版社，1996年，45—47页。

> 还贵里，列骑动浮云之色。执心贞实，不用奇谲效能；栖神澹雅，岂以风华驰誉。属隋祚栋倾，猬毛俱起，黠贼薛举，剖斫豳岐。拥豕突之奇兵，近窥京辅；假狐鸣以挺祸，充仞王畿。高祖太武皇帝建旗晋水，鞠旅秦川，三灵之命有归，万乘之基爰肇。君遂间行险阻，献款宸极。义宁元年，拜上骑都尉，授朝请大夫，并赐名马杂彩。特敕北门供奉进马。[1]

史诃耽归唐在史索岩之前。隋末各地小股势力蜂起，“九州百郡，称帝称王”，史诃耽降唐之后就被唐朝封官晋爵，恐怕不会是只身归唐，很可能也是率领武装力量降唐的。

以上几例都是在隋唐交替之际社会秩序失控时出现的、起兵自保的社会集团。但是史书中对他们的具体活动语焉不详，而且除了何潘仁、史索岩、史诃耽之外，甚至不能明确肯定其余诸人的粟特胡人身份。同一时期河西凉州安氏家族的活动为分析粟特胡人的活动及其地位提供了非常有价值的线索。

隋朝末年，在通往西域要道上的河西地区，出现了两个割据政权。炀帝大业十三年，隋金城校尉薛举起兵，自称西秦霸王[2]，连下枹罕、西平、浇河诸郡，兵锋直逼武威。同年七月，在以安修仁为首的武威胡人支持下，隋鹰扬府司马李轨也在凉州起兵，号大凉王，据地自保。《旧唐书·李轨传》：

---

[1]《唐故游击将军虢州刺史直中书省史公墓志铭并序》，墓志拓片及录文见《固原南郊隋唐墓地》，68—72页。此“平原郡”与山东境内之平原郡无涉，《魏书》卷一〇六下《地形志》下（2619页），泾州领郡下有“平原郡”，领阴槃县，为隋安定郡属县（参见《隋书》卷二四《地理志》上，810页），志称平原郡，或仍魏旧名。参见《固原南郊隋唐墓地》，206页。

[2]《隋书》卷四《炀帝纪》下，92页。

> 时薛举作乱于金城，轨与同郡曹珍、关谨、梁硕、李赟、安修仁等谋曰："薛举残暴，必来侵扰，郡官庸怯，无以御之。今宜同心戮力，保据河右，以观天下之事，岂可束手于人，妻子分散！"乃谋共举兵，皆相让，莫肯为主。曹珍曰："常闻图谶云：李氏当王。今轨在谋中，岂非天命也。"遂拜贺之，推以为主。轨令修仁夜率诸胡入内苑城，建旗大呼，轨于郭下聚众应之，执缚隋虎贲郎将谢统师、郡丞韦士政。轨自称河西大凉王，建元安乐，署置官属，并拟开皇故事。[1]

本段具列的李轨等六名首谋中，安修仁次于最末，但在起兵行动中，修仁率先夜领"诸胡"入内苑城，李轨诸人只是在郭下聚众响应，安修仁及其所率"诸胡"的关键作用是显而易见的，而被推为"主"的李轨在这次事件中只起了配角的作用。李轨之所以被推为主，在很大程度上是因为隋末流行"桃李子歌"，李轨"名应图谶"，具有更强的号召力[2]。在大凉政权短暂的历史中，以安修仁为代表的粟特胡人起着举足轻重的作用。《旧唐书》下文中说：

---

[1]《旧唐书》卷五五《李轨传》，2248—2252页。参见《新唐书》卷八六《李轨传》，3708—3710页。《旧唐书》本传编次史料前后略有错乱，有关李轨大凉政权的疆域、年号以及与唐朝的关系等问题，史书记载也多有错误，请参见吴玉贵《关于李轨河西政权的若干问题》，《敦煌学辑刊》1990年第1期，68—78页，此不赘。又，以下引用新、旧《唐书·李轨传》不另注。

[2] 据《大唐创业起居注》卷上（李季平、李锡厚点校，上海古籍出版社，1983年，11页）："又有《桃李子歌》曰：'桃李子，莫浪语，黄鹄绕山飞，宛转花园里。'案：李为国姓，桃当作陶，若言陶唐也；配李而言，故云桃花园，宛转属旌幡。汾晋老幼，讴歌在耳。"唐高祖李渊也曾利用"名应图谶"来作为号召。甚至到了武德四年（621）时，唐并州总管李仲文图谋在突厥支持下自立，也"娶陶氏之女，以应桃李之歌"（《册府元龟》卷六八五《外臣部·举劾》，7882页。后简称《册府》），可见在隋唐之际，《桃李子歌》在社会上的影响是非常大的。

> 初，轨之起也，（梁）硕为谋主，甚有智略，众咸惮之。硕见诸胡[1]种落繁盛，乃阴劝轨宜加防察，与其户部尚书安修仁由是有隙。又轨子仲琰怀恨，形于辞色，修仁因之构成硕罪，更谮毁之，云其欲反，轨令赍鸩就宅杀焉。是后，故人多疑惧之，心膂从此稍离。[2]

起事未几，“诸胡种落繁盛”，竟至威胁到了李轨政权的存亡，并进而引发了安修仁与梁硕之间的矛盾，导致了“谋主”梁硕的死亡。在这场胡、汉集团的斗争中，安修仁是一个关键性的人物。梁硕欲削弱胡人集团，完全是为了李轨着想，李轨处死梁硕，实际是逼不得已，说明李轨大凉政权其实是由胡人集团左右的。梁硕之死，使胡人集团的势力更加张大，此后李轨逐渐形同胡人集团的傀儡。

当时凉州发生饥荒，李轨欲开仓给粟，李轨“故人”曹珍等表示赞同。但投降了大凉政权的原隋朝“旧官”则极力反对。《旧唐书》称：

> （隋虎贲郎将）谢统师等隋旧官人，为轨所获，虽被任使，情犹不附。每与群胡相结，引进朋党，排轨旧人，因其大馁，欲离其众。

《通鉴》也说谢统师等“密与群胡为党”[3]。

结合上下文意来看，“群胡”云云，就是指以安修仁为首的西域

[1]《新唐书》作“西域胡”。

[2]“轨子仲琰怀恨”句，《旧唐书》未交代原委，《新唐书》作“轨子仲琰尝候硕，硕不为起，仲琰憾之”。

[3]《通鉴》卷一八六武德元年，5835页。

胡人而言。曹珍在首谋起事的六人中，仅列李轨之后，而且在大凉政权中担任仆射。曹氏也是凉州胡人大姓之一，曹珍其人当为胡人。但是在史书中将曹珍作为李轨的“故人”，与以安修仁为首的“群胡”对举，表明随着安氏家族势力在胡人集团中的进一步强大，引起了曹珍等最初共同起事的胡人的反对。但是无论如何，安修仁的势力并没有因此而受到影响，隋朝降官之倒向安修仁系的“群胡”，就可以证实这一点。唐朝也正是借助安氏胡人集团的势力，一举统一了河西。

李轨称帝后，唐朝两次派遣使臣赶赴凉州，为李轨加官封爵，欲使李轨归唐，但李轨坚持称“皇从弟大凉皇帝”，拒绝接受唐朝册授的凉州总管职务和“凉王”的称号。此时内地群雄逐鹿，李渊父子不过是诸多割据势力之一，根本无力对付远在河西、但对李唐政权的发展具有重大战略意义的大凉政权。招降则李轨不受，出兵又力有不逮，李渊在对待河西大凉政权的问题上，实际上是处在进退两难的尴尬境地。而大凉政权此时不仅向西攻下了张掖、敦煌，击败了突厥阙达度设可汗，与青海地区的吐谷浑政权结成了联盟，而且在唐朝消灭薛举割据政权之后，趁机占领了原属于薛举集团的西平、枹罕二郡，有进一步向东发展的趋势。

就在这时，居住在长安的安修仁之兄安兴贵向唐朝廷上表，主动请缨，往凉州招降李轨。从李渊与安兴贵的对话，可以对安氏家族在凉州的实力有进一步的了解。高祖说：

> 李轨据河西之地，连好吐谷浑，结援于突厥，兴兵讨击，尚以为难，岂单使所能致也?

此前，李轨已拒绝了唐朝的册封，就当时的客观形势而言，李渊的担心应该说是不无道理的。安兴贵回答说：

> 李轨凶强，诚如圣旨。今若谕之以逆顺，晓之以祸福，彼则凭固负远，必不见从。何则？臣于凉州，奕代豪望，凡厥士庶，靡不依附。臣之弟为轨所信任，职典枢密者数十人[1]，以此候隙图之，易于反掌，无不济矣。

在李轨政权中，安氏家族仅职典枢密者就达数十人，无怪乎安兴贵敢以只身单骑前往凉州。

以后事态的发展正如安兴贵所料。兴贵至凉州，李轨授其以左右卫大将军的职务。安兴贵劝李轨降唐，遭到拒绝：

> 兴贵知轨不可动，乃与修仁等潜谋引诸胡众起兵图轨，……于是诸城老幼皆出诣修仁。轨叹曰："人心去矣，天亡我乎！"携妻子上玉女台，置酒为别，修仁执之以闻。

安氏兄弟就这样率领"诸胡"轻而易举地一举活捉李轨。唐朝不战而下河西诸郡。当安兴贵一行押送李轨返回长安时，高祖李渊派遣皇太子李建成亲自率人赶至距离长安八百里外的原州迎接，可见此事在当时唐朝引起的震动之大[2]。李轨与其子弟一起被杀，安兴贵被

[1]《通鉴》卷一八七武德二年五月作"子弟在机近者以十数"。与此略异。又新、旧《唐书》都说安兴贵"先在长安"，《通鉴》作"仕长安"。总之，安兴贵此时已定居长安。

[2]《新唐书》卷七九《隐太子建成传》(3541页)："凉州人安兴贵杀李轨，以众降，诏趣原州应接。建成素骄，不恤士，虽甚暑，昼夜驰猎，众不堪其劳，亡者过半。"又据《元和郡县图志》卷三《关内道》三原州（中华书局，1983年，57页），原州东南至上都八百里。

授予右武侯大将军、上柱国，封凉国公；安修仁左武侯大将军，封申国公[1]。武德九年唐太宗李世民继位之后初定功臣，安兴贵、安修仁各食实封六百户，位于六百户诸功臣之首[2]。

安兴贵家族在唐朝统一河西的过程中所起的关键作用说明，隋末唐初，以安氏家族为代表的粟特胡人在凉州具有十分重要的地位，甚至直接左右着河西的局面，李轨政权的成败，在很大程度上取决于他们的向背。有了他们的支持，李轨就能据地称王，而一旦失去他们的支持，李轨只有乖乖束手就擒。不妨说河西之地实际上是由安氏家族双手送给了唐朝。安兴贵称，安氏家族在凉州"奕代豪望"、"凡厥士庶，靡不依附"，确实没有多少夸张的成分。

从凉州安氏家族的例证可知，粟特胡人在隋唐之际的社会中已经成为一股不容忽视的社会势力，虽然不能确认史万宝、康老和、石世则诸人必是粟特胡人，但是他们在战乱之际作为粟特胡人的代表起兵自保，是完全有可能的。凉州安氏家族的研究，对于认识粟特胡人在隋唐社会中的地位和作用，无疑具有典型的意义。

---

[1] 此据新、旧《唐书·李轨传》及《通鉴》卷一八七。《新唐书》卷七五下《宰相世系表》五下（3446页。以下简称《世系表》）称，安兴贵为"左武侯大将军，归国宣公"，安修仁为"左骁卫大将军，郧国公"。张说《河西节度副大使鄯州都督安（公）神道碑》（以下简称《安忠敬碑》。《文苑英华》卷九一七，中华书局，1990年，4828—4829页），安兴贵为"右武侯大将军、凉州刺史，徙封荣、凉、归三国公"。穆员《相国义阳郡王李公墓志铭》（以下简称《李抱真墓志》。《文苑英华》卷九三七，4926—4928页），安修仁"佐太宗征伐，益大其家，宠位本州，启封申国"。显然，安氏兄弟封号后来屡有改易，此姑取本传。《全唐文》卷二三〇（中华书局，1983年，2331—2332页）和卷七八四（8193—8194页）也收录了《安忠敬碑》和《李抱真墓志》。《安忠敬碑》又收录于《张说之文集》卷一六。

[2]《旧唐书》卷二《太宗纪》上，31页。食实封六百户诸功臣分别为安兴贵、安修仁、唐俭、窦轨、屈突通、萧瑀、封德彝、刘义节等八人。中宗神龙二年（706）下制，规定依旧给实封功臣二十五家，其中有安修仁，无安兴贵。详情俟考。见《唐会要》卷九〇"缘封杂记"，上海古籍出版社，2006年，1949页。

二、河西走廊与粟特胡人

安氏家族在唐初兴起于河西，并不是一个孤立的或偶然的现象，了解河西走廊与粟特胡人的关系，是研究安氏家族兴起的背景的一个关键因素。

《新唐书·宰相世系表》称，周、隋年间，安氏先祖已“居凉州武威为萨宝”，也就是说最晚在北周时，安兴贵兄弟的祖先就已在凉州定居[1]。据上文可知，唐朝初年平李轨时，安兴贵一支已移居长安，但是他们在凉州还保留着祖宗的基业，据安兴贵之子安元寿墓志载：元寿初在太宗帐下为千牛备身，贞观三年（629），

> 凉公（安兴贵）以河右初宾，家业殷重，表请公（安元寿）归贯检校，有诏听许。公优游乡曲十有余年。[2]

以安兴贵在唐朝初年建立的功业和他的身份，安元寿将来仕途的通显，应该是不言而喻的。安元寿弃官回乡经商，说明对安氏家族来说，凉州的祖业要更重于子孙的仕途，所以安兴贵宁愿使儿子放弃官职，回乡“检校”家业。又据《安忠敬碑》，唐玄宗开元十四年十一月二十八日（726年12月14日），安兴贵的曾孙安忠敬卒于鄯州都督任上，于次年归葬于“乌城之南志公乡，附先茔也”。此“乌城”

[1] 关于安氏先祖，下文将专题讨论。请参看。

[2]《大唐故右威卫将军上柱国安府君墓志铭并序》（以下简称《安元寿墓志》），拓片及录文见昭陵博物馆《唐安元寿夫妇墓发掘简报》，《文物》1988年第12期，44—47页。

就是凉州城[1]。他们不仅保留着在凉州的产业，而且一直保持着祖先在凉州的茔地。安忠敬之子安重璋（即李抱玉）在至德二载（757）向唐肃宗上疏时说，安氏家族“世占凉州”[2]，进一步表明，直到安史之乱时，河西凉州始终是安氏家族的根本之地。

河西，俗称河西走廊，位于今甘肃省西部，东起乌鞘岭，西至敦煌，绵延一千多公里，南面有常年积雪的祁连山，北有龙首山、合黎山和马鬃山等山脉，南北山脉相距一百至数十公里不等，形成了两山之间的一条狭长的走廊，因位于黄河以西，故称河西走廊。河西走廊面积约十一万平方公里，中间由较低矮的大黄山和黑山切割成了三个平原，由于祁连山雪水的滋养，自古至今一直是水土肥美、亦农亦牧的一片沃土，更是古代连接东西方的最重要的通道。优越的地理位置和丰厚的自然环境，是凉州成为以经商为业的粟特胡人聚居地的根本原因。

早在新石器时代，河西走廊就已经是古代先民的生息之地。战国至汉代，这里先后是乌孙、大月氏和匈奴等游牧民族的驻牧之地。西汉武帝元狩二年（前121）霍去病击败匈奴之后，汉朝在河西设立武威、张掖、酒泉、敦煌四郡，汉族先民开始进入河西走廊，这里正式划入中原王朝的版图，成为内地通往西极绝域的孔道。历曹魏、西

---

[1]《新唐书》卷四〇《地理志》（1044页），凉州城东南二百里有乌城守捉。《初学记》卷八《州郡部·陇右道》（中华书局，1980年，180页）引《西河记》：凉州又称“盖乌城”，简称“乌城”，与“龟观”为对文；《元和郡县图志》卷四〇《陇右道》（1018页）亦记凉州为“乌城”，下文将要讨论的《安令节墓志》也称其祖上“先处乌城之域”，“乌”、“鸟”形近，疑“鸟”当作“乌”，乌城就是指凉州城而言。《新唐书》之“乌城守捉”盖是因“乌城”而得名。陈国灿《魏晋至隋唐河西胡人的聚居与火祆教》（《西北民族研究》1988年第1期，198—209页）认为《安忠敬碑》所说的“乌城”，就是《新唐书》“乌城守捉”。

[2]《新唐书》卷一三八《李抱玉传》，4619页。

晋，河西走廊一直由中央王朝直接管辖。永嘉之乱后，游牧民族大批进入中原，北方陷入战乱。凉州刺史张轨的子孙也在河西建立了本地的第一个地方政权——前凉（345—376）。此后历经前秦（376—385年间统治河西）、后凉（385—403）、西凉（400—421）、南凉（397—414）和北凉（401—439）等前后或同时存在的地方割据政权的统治，至439年再次统一于北魏。北魏分裂之后，河西转归西魏（北周）管辖。隋文帝篡夺北周政权，河西由隋朝继续统治。隋末大乱，这里出现了上述以李轨为首的、受到胡人支持的大凉政权。武德二年（619），在粟特胡人的支持下，唐朝一举消灭李轨，河西再次统一于中原政权。

自从张骞出使西域之后，西域与中国内地的关系日渐密切，到东汉中、后期，形成了中国历史上第一次西域人来华定居的高潮。来华的西域人主要是使臣、商贾、僧徒和伎艺人等，他们各自都对当时及后世的东、西方文化交流作出了贡献。从西汉中期到东汉中期二百多年间，商胡贾客不绝于途。

> 自兵威之所肃服，财赂之所怀诱，莫不献方奇、纳爱质，露顶肘行，东向而朝天子。……驰命走驿，不绝于时月；商胡贩客，日款于塞下。[1]

开始了河西走廊作为东西交通孔道的繁荣时期。河西走廊不仅在汉唐期间内地与西域的物质文化交流中起了重要的作用，而且也是众多外来人口的聚居之地。限于篇幅，我们将主要探讨粟特胡人入居河西走

---

[1]《后汉书》卷八八《西域传》，2931页。

廊的情况。

曹魏明帝太和（227—231）年间，仓慈迁敦煌太守，对旷无太守二十余年的敦煌地区多方进行治理，

> 常日西域杂胡欲来贡献，而诸豪族多逆断绝；既与贸迁，欺诈侮易，多不得分明，胡常怨望。慈皆劳之。欲诣洛者，为封过所；欲从郡还者，官为平取，辄以府见物与共交市，使吏民护送道路，由是民夷翕然称其德惠。[1]

马雍老师曾对这段资料进行了分析。他认为从这段资料中可知，西域胡商来华者分为两类，一类商人以洛阳为目的地，与宫廷进行直接贸易；另一类商人以敦煌为目的地，将货物在敦煌销售后，即返回故乡。既然有一些胡商停留在敦煌贸易，那么其中某些人长期定居在此处也是意中之事[2]，说明此时已有西域胡商入居河西走廊。此外还有一点特别值得引起重视，这段记载不仅是说明曹魏时西域胡商在河西走廊的活动的珍贵资料，而且可以进一步证明这些西域胡商可能就是早期进入河西走廊的粟特胡人，《三国志》将这些以"贸迁"为业的西域贾胡称作"杂胡"，而在唐代也明确将安禄山、史思明称作"杂种胡人"[3]，顾名思义，"杂胡"就是"杂种胡人"的简称。虽然目前还不能完全断定这里说的"杂胡"必定是指

---

[1]《三国志》卷一六《魏书·仓慈传》，512页。我们在引文中对原来的标点略微作了一些改动。

[2] 马雍《东汉后期中亚人来华考》，《西域史地文物丛考》，文物出版社，1990年，46—59页。

[3]《旧唐书》卷二〇〇《安禄山传》，5367页；同卷《史思明传》，5367页。

粟特胡人[1]，但是他们既然具有同一种称谓，则其间必定有相通之处。而且自东汉以来，“西域贾胡”史不绝书，甚至出现了“类西域贾胡，到一处辄止”这样的比喻[2]，综合各种迹象分析，这些三世纪初年来到河西或洛阳从事贸易活动的“杂胡”，很可能就是西域粟特胡人。

蜀汉建兴五年（227），诸葛亮出屯汉中，准备北伐。在刘禅当年三月颁发的诏书中，也提供了粟特胡人留居河西的证据。当提及蜀汉的战略部署时，诏书中说：

> 吴王孙权同恤灾患，潜军合谋，掎角其后。凉州诸国王各遣月支、康居胡侯支富、康植等二十余人诣受节度，大军北出，便欲率将兵马，奋戈先驱。天命既集，人事又至，师贞势并，必无敌矣。[3]

---

[1] 陈寅恪先生认为唐代“杂种胡人”就是指“昭武九姓月支种”而言，说见《唐代政治史述论稿》上篇《统治阶级之氏族及其升降》，上海古籍出版社，1982年，31页。黄永年先生认为“杂胡、杂种、杂类、杂夷、杂人、杂户这类名词，只是若干少数民族的统称。月氏余裔以至昭武九姓胡种姓不一，自可被以杂种胡之称，而杂种胡则不一定是月氏余裔昭武九姓胡，二者不好等同”。说见《“羯胡”、“柘羯”“杂种胡”考辨》，《文史》第8辑，中华书局，1980年，39—46页。专指西域胡人的“杂胡”，与一般意义上的魏晋杂胡应该是有区别的。关于魏晋杂胡，请参见唐长孺《魏晋杂胡考》，《魏晋南北朝史论丛》，生活·读书·新知三联书店，1962年，382—450页。

[2]《后汉书》卷二四《马援传》，844页。关于东汉“贾胡”的种种记载，参见张广达《唐代六胡州等地的昭武九姓》，《北京大学学报》1986年第2期，72—82页。

[3]《三国志》卷三三《蜀书·后主传》（895页）裴注引《诸葛亮集》。关于这段资料的解释，请参见马雍《东汉后期中亚人来华考》，《西域史地文物丛考》，46—59页；陈国灿《魏晋至隋唐河西胡人的聚居与火祆教》，《西北民族研究》1988年第1期，198—209页；荣新江《小月氏考》，《中亚学刊》第3辑，47—62页。又《三国志》卷一六《魏书·苏则传》（492页）称，太祖崩，西平麴演叛乱，“武威三种胡并寇钞，道路断绝”。护羌校尉苏则率“羌胡”平定武威，“降其三种胡”。“三种胡”未见具体解释，但是从行文分析，它应该不包括“羌胡”，很可能是指粟特胡人也未可知，参见张广达《唐代六胡州等地的昭武九姓》，《北京大学学报》1986年第2期，72—82页。

这里说的“康居胡侯”，应该就是定居凉州的粟特胡人武装集团。又，南朝梁初名将康绚（464—520），也是康姓的粟特人，据载：

> 康绚，字长明，华山蓝田人也。其先出自康居。初，汉置都护，尽臣西域，康居亦遣侍子待诏于河西，因留为黔首，其后即以康为姓。晋时陇右乱，康氏迁于蓝田。[1]

明确地将康氏先祖定为汉代入居河西的西域人。以上两条资料都将康氏定为“康居人”，在汉唐载籍中，往往将“康居”与“康国”混称，对于这种现象的解释虽然各不相同[2]，但是这些入居内地的所谓“康居人”应该就是“康国”（Samarkand）的粟特胡人，对这一点是没有多少异议的。最晚从东汉末年开始，就已经有大量粟特胡人从西域来到河西走廊定居。

此后，历晋、南北朝，有关入居河西的西域胡人的记载史不绝书。晋怀帝永嘉五年（311）刘聪军攻破洛阳，怀帝被俘。次年，梁芬等人在长安奉秦王邺为皇太子，凉州刺史张轨驰书关中，号召勤王，并

> 遣前锋督护宋配步骑二万，径至长安，翼卫乘舆，折冲左右。西中郎（将）寔中军三万，武威太守张琠胡骑二万，骆驿继发，仲秋中旬会于临晋。[3]

河西是多种族杂居的地区，史书中特意强调的二万“胡骑”中，固然

---

[1]《梁书》卷一八《康绚传》，290—293页。参见《南史》卷五五《康绚传》，1373—1375页。

[2] 参见余太山《塞种史研究》，中国社会科学出版社，1992年，96—117页。

[3]《晋书》卷八六《张轨传》，2225页。参见《通鉴》卷八八永嘉六年，2778页。“将”字据《通鉴》补。

不排除有其他胡人的可能，但是其中应该也有西域粟特胡人集团。因为这时凉州（武威）已经成了粟特胡商聚居的中心地区。大约在西晋永嘉六年，由驻在凉州粟特商团首领发往撒马尔罕的一封粟特文书简，反映了大批西域粟特胡商在河西及内地的活动情况。从书简的内容来看，胡商主要以凉州武威为活动基地，足迹遍及敦煌、酒泉、金城、长安、洛阳等地，每地的商队多则上百人，少则数十人，相互间保持着密切的联系。凉州是商胡活动的基地，信中提到前往内地的商胡集团，就是从凉州出发的[1]。

唐朝平州平夷戍主粟特人康续的墓志中，在叙述康续的先世时，也提到了东晋末年粟特人在河西的情况，志中说：

> 君讳续，字善，河南人也。昔西周启祚，康王承累圣之基；东晋失图，康国跨全凉之地。控弦飞镝，屯万骑于金城；月满尘惊，辟千营于沙塞。举葱岩而入款，宠驾侯王；受茅土而开封，业传枝胤。[2]

---

[1] 这封书简是由斯坦因在敦煌附近的烽火台中发现的，后经许多学者研究，但是对书简的写作时间和其中涉及的地点，都还没有统一的意见。姜伯勤先生列举了外国学者如W. B. Henning、J. Harmatta及日人榎一雄的研究，请参见《敦煌吐鲁番文书与丝绸之路》（文物出版社，1994年，195页），此不赘引。国内学者的研究及译注，请见陈国灿《敦煌所出粟特文信札的书写地点和时间问题》（武汉大学历史系魏晋南北朝隋唐室编《魏晋南北朝隋唐史资料》1985年第7期）、林梅村《敦煌出土粟特文古书信的断代问题》（《中国史研究》1986年第1期）和王冀青《斯坦因所获粟特文二号信札译注》（《西北史地》1986年第1期）等。

[2]《大唐故平□□□戍主康君墓志铭》，《隋唐五代墓志汇编·洛阳卷》，第六册，天津古籍出版社，1991年，43页。参见《唐代墓志汇编》，上海古籍出版社，1992年，657—658页。“月满尘惊”，向达《唐代长安与西域文明》（生活·读书·新知三联书店，1957年，30页）作“月尘汉惊”。向达先生说：“续之先世，固葱岭以西之人，或系北齐之际入居中国，康王云云则庾墓之辞耳。”陈国灿先生则认为：“说‘康国跨全凉之地’，确有夸美之意。如果理解成在十六国期间，康居集团及其武装的遗迹遍及五凉政权各地，也无不可。”（《魏晋至隋唐河西胡人的聚居与火祆教》，《西北民族研究》1988年第1期。）

这条史料表明，在东晋十六国时期，即大体上相当于五凉政权统治河西时期，西域粟特胡人继续大量入居河西，并进一步扩大了他们在河西的势力。这一时期有关河西的一些零星的记载，与这条史料中反映的情况也是相符合的。

河西割据开始于西晋凉州刺史张轨（301—314），虽然张轨本人一直坚持奉晋正朔，《晋书》也没有将他归入"僭伪"之列，但事实上当时的凉州已经成了一个独立的政权。前凉末代统治者张天锡时（363—376），有奋节将军康妙、中卫将军史景[1]，他们很可能都是定居凉州的粟特胡人。特别值得注意的是，康妙是作为凉王张天锡的使节在史书中出现的[2]。当时的粟特商胡往往兼有使臣的身份，不仅在来到中国时以使臣的身份进行贸易活动，而且当他们在内地定居之后，还继续扮演着原来的角色[3]，康妙很可能就是兼有使臣身份的粟特胡商。

后凉吕光征讨西域，属下有将军康盛；初据凉州后，其所署西平太守康宁自称匈奴王，起兵叛光。此外，吕光妻石氏、甥石聪，西安太守石元良，建康郡人史惠等[4]，都与粟特胡人姓氏相同，虽然载籍中没有明言他们必定是粟特胡人，但是康宁自称"匈奴王"，则必为胡人无疑，而从河西历史背景来看，其余诸人为昭武九姓的嫌疑也非常大。吕光之子吕纂时，有力士康龙。又，当时有胡人安据盗发张

[1]《晋书》卷八六《张天锡传》，2251、2252页。

[2] 事在晋简文帝咸安元年（371），此行是为了联络桓温，以共同对付前秦。参见《通鉴》卷一〇三，3254页。

[3] 关于北魏、突厥、唐初粟特人承担外交使命的情况，请参见本篇下文。

[4] 以上并见《晋书》卷一二二《吕光载纪》，3054（康盛）、3058（康宁）、3059（石氏）、3058（石聪）、3062（石元良）、3061（史惠）等页。

骏墓，吕纂“诛安据党五十余家”。史称安据为“即序胡”[1]，被诛杀的安据族党五十余家，可能也多为西域粟特胡人。又，吕隆在后凉末年遣母弟爱子及文武旧臣五十余家前往长安，纳质于后秦姚兴，其中史难一家也被充作人质[2]。

北凉承玄三年（430），沮渠蒙逊遣宗舒等入贡北魏，请求内附，在表文中，先历数北凉前后奉表入贡“竟不仰达”之情，接着说：

> 然商胡后至，奉公卿书，援引历数安危之机，励以窦融知命之美。

商胡在这时承担了外交使节的使命[3]。蒙逊子牧犍永和七年（439），北魏以北凉“虽称蕃致贡，而内多乖悖”，下书切责，具列牧犍十二条罪状，其中第四条为“切税商胡，以断行旅”[4]。这些被北凉统治者课以重税的商胡中，必定包括世代以贸迁为业的粟特胡人。同年，北魏破姑臧，沮渠牧犍被俘，

> 收其城内户口二十余万，仓库珍宝不可称计。……车驾东还，徙凉州民三万余家于京师。[5]

[1]《尚书正义》卷六：“织皮昆仑，析支渠搜，西戎即叙。”注云：“织皮，毛布，有此四国，在荒服之外，流沙之内，羌髳之属皆就次叙。”（《十三经注疏》，中华书局，1979年，150页）“即序胡”本此。

[2]《晋书》卷一二二《吕纂载记》，3066、3067页；同卷《吕隆载记》，3070页。

[3]《魏书》卷九九《沮渠蒙逊传》，2204页。参见《魏书》卷四《世祖纪》上，78页；《通鉴》卷一二一宋文帝元嘉七年，3825页。

[4]《魏书》卷九九《沮渠牧犍传》，2207页。

[5]《魏书》卷四上《世祖纪》，90页。《通鉴》卷一二三宋文帝元嘉十六年（3876页）亦作“三万”，《考异》曰：“《十六国春秋钞》云：‘十万户’，今从《后魏书》。”

据《北史·粟特国传》载：

> 其国商人先多诣凉土贩货，及魏克姑臧，悉见虏。文成（452—465）初，粟特王遣使请赎之，诏听焉。自后无使朝献。[1]

粟特王请赎的粟特商胡，必定也在被移徙的三万余家之列。

粟特王向北魏提出赎还粟特商胡，是说明粟特人聚居凉州并一直与祖居地保持着密切联系的一条最重要的史料。北魏在世祖太延五年（439）冬十月辛酉将凉州俘民掳往平城；高宗在正平元年（452）即位，即位五年之后，始见粟特国朝贡的记载（太安三年，457）[2]，到高宗即位，上距凉州民被迁已有十三年之久，如以高宗时记载的粟特最初朝贡的时间计算，则达十八年。在此期间，粟特国至少曾在世祖太延五年十一月[3]、世祖太平真君五年（444）十二月[4]两次遣使向北魏朝贡。为什么在世祖时的两次朝贡中没有提出赎还粟特商人的问题，而是过了十几年后，到了高宗时才提出这个问题？仅仅根据现有的资料，显然还无法回答这个问题，但是这并不影响这条资料对说明河西，尤其是凉州在南北朝时期是粟特胡人聚居地的重要意义。

到了周、隋时代，随着突厥统一漠北以西直至波斯的广大地域，

[1]《魏书》卷一〇二《粟特国传》（3270页）“文成”作“高宗”。高宗是拓拔濬的庙号，文成是谥号。

[2]《魏书》卷五《高宗纪》太安三年正月，116页。《册府》卷九六九《外臣部·朝贡》（11388页）作“（二年）三月正年”，误。

[3]《魏书》卷四上《世祖纪》上，90页。

[4]《魏书》卷四下《世祖纪》下，98页。

东西贸易进一步繁荣，这时河西走廊的“国际化”色彩更加浓重，粟特商人的地位也更趋重要。北周时，由于西域金、银币在河西广泛流通，使政府默认了它的合法地位[1]。我们知道，除了在岭南等个别地区之外，我国古代一向没有以金银等贵金属作为通货的习惯[2]。在上文提到的粟特文书简中，在提到葡萄酒、胡椒、米的价格时，通货用银钱，在穆格山文书和吐鲁番文书中也有粟特胡人用银币交易的记录[3]，河西流通金、银币，显然与粟特商人大量经营商业贸易有直接关系。

隋炀帝继位之后，隋朝以河西走廊为枢纽，大规模地开展了与西域的交往，

> 时西域诸蕃，多至张掖，与中国交市。帝令（裴）矩掌其事。矩知帝方勤远略，诸商胡至者，矩诱令言其国俗山川险易，撰《西域图记》三卷，入朝奏之。[4]

此时大批商胡通过河西进入内地，给地方财政造成了沉重的负担，沿途各地疲于迎送。史称：

> （炀帝）以西域多诸宝物，令裴矩往张掖，监诸商胡互市。啖之以利，劝令入朝。自是西域诸蕃往来相继，所经州郡，疲于送迎，糜费以万万计。[5]

---

[1]《隋书》卷二四《食货志》，691页。
[2] 参见赵翼《陔余丛考》卷三〇“银”，河北人民出版社，1990年，510—513页。
[3]《敦煌吐鲁番文书与丝绸之路》，195、197—199页。
[4]《隋书》卷六七《裴矩传》，1578页。
[5]《隋书》卷二四《食货志》，687页。

随着对外交往的发展，隋炀帝设立四方馆负责隋朝对外交往事宜，西方曰西戎使者。隋末唐初李轨占据河西时，隋朝署置的西戎使者曹琼坚守甘州（张掖），与李轨对抗。曹琼其人很可能就是粟特胡人[1]。正是由于河西走廊在东西贸易往来中的重要地位，才吸引了大批粟特商人入居凉州，从而出现了上文讲到的由粟特胡人左右凉州地方政权的局面。

从以上简略叙述可知，自东汉末年以来，河西走廊一直是粟特胡人聚居的一个重要地区，隋末张掖康老和拥兵自立，安兴贵兄弟左右凉州局势，并不是一些孤立的事件，拥立李轨也好，割据张掖也好，甚至是后来倒向唐朝，都是在战乱频仍的境况下，粟特胡商维护自身经济利益的手段。安史之乱爆发之后，唐朝边兵内调平叛，唐肃宗至德二载（757），武威九姓商胡安门物又与河西兵马使盖庭伦联合，杀害河西节度使周泌，发动了一次大规模的兵变。商胡聚众六万，“武威大城之中，小城有七，胡据其五，二城坚守”[2]。七城而胡据其五，凉州城内昭武九姓胡人之众，于此可见一斑。据称，唐军破城之后，“名王贵马，大玉文具，素女锦衣，百金之产，万井之资，皆委于入贡之府，布于有地之宫”[3]。这场战争对凉州的粟特胡人来说，不啻是一次

---

[1]《通鉴》卷一八五武德元年七月，5800页。

[2]《通鉴》卷二一九肃宗至德二载，7015页。参见《旧唐书》卷一〇《德宗纪》，245页。“周泌”，《旧唐书》作“周佖”。又，《通鉴》称“旬有七日”平之，《德宗纪》二月戊子下云：“文城太守武威郡九姓齐庄破贼五千余众。”校勘记〔九〕谓：“此处史文疑有讹舛，《校勘记》卷五谓应作‘交城守捉使齐庄破武威郡九姓贼’。”今按：九姓起兵在正月丙寅，二月戊子已在后二十三日，与《通鉴》“旬有七日”不合；且平定九姓主将为支度判官崔称与中使刘日新。《德宗纪》必有错简。又，下文引独孤及《大唐河西平胡圣德颂（并序）》云，本年正月，“武威郡胡洎九蕃夷落”起兵，“二月乙丑”，下诏令崔称、刘日新等出兵，庚寅，破城。本年正月庚戌朔，二月己卯朔，二月无乙丑，庚寅为二月十三日。此姑存疑。

[3] 独孤及《大唐河西平胡圣德颂（并序）》，《文苑英华》卷七七四，4077页。

惨重的浩劫。

位于河西走廊西端的敦煌的粟特胡人聚落，可以作为粟特胡人聚居河西的一个极有价值的参考。敦煌卷子P.3559（c）天宝十载（751）左右的一件《差科簿》中，记载了敦煌从化乡民236人，二十二姓，其中康、安、石、曹四姓占有总人数的六成，加上罗、何、米、贺、史等五姓，以昭武九姓为主的胡人占了总人数的九成。从这些人的姓名分析，明显具有翻译痕迹的约100人，如安咄迦、安薄鼻、康薄鼻等；胡姓而取汉风名字者为111人，胡姓但是名字不能判定为胡名或汉名者25人。昭武九姓胡人聚落正式属于唐朝的乡里编制，他们的作用很可能是充当贸易的中介人[1]。可见到唐代时，以凉州为中心的河西走廊各地久已成为粟特胡人的聚居地，我们见到的安兴贵家族，不过是浮出水面的冰山一角。

大批粟特人世代留居河西，在个别地区粟特人口甚至占了主要的地位，这样就必然出现了粟特胡人参与地方行政管理的现象，有不少粟特人担任了河西各级政权的地方长官。除了上述凉州刺史安兴贵、安修仁等[2]，至少还有以下诸人。

粟特人史尼，北魏任张掖县令；子史思任北周酒泉县令[3]。

凉州建康表氏人史宁，西魏文帝大统十二年（546）任凉州刺史，废帝元年（552）除凉·甘·瓜三州诸军事、凉州刺史，北周武帝

[1] 这份文书的录文见池田温《中国古代籍帐研究》。有关分析见池田温（辛德勇译）《八世纪中叶敦煌的粟特聚落》，《日本学者研究中国史论著选译》，第九卷，中华书局，1993年，140—220页；《敦煌吐鲁番文书与丝绸之路》，189—197页。

[2] 据《李抱真墓志》与《安忠敬碑》，兴贵、修仁兄弟二人都曾任凉州刺史。《册府》卷一六九《帝王部·却贡献》（2032页）："（武德）二年十月，凉州刺史安修仁献百年苏，云饵之可延寿。"则修仁任刺史在先。参见郁贤皓《唐刺史考》第三编《陇右道·凉州》，江苏古籍出版社，1987年，405—406页。

[3]《唐故游击将军虢州刺史直中书省史公墓志铭并序》，《固原南郊隋唐墓地》，69页。

保定三年（563）卒于凉州[1]。建康郡为前凉所置，大概在今甘肃高台境内，是粟特胡人世居之地，史索岩、史宪诚、史孝佑等，都自称出自凉州建康，史宁理应也是粟特胡人[2]。

北周甘州大中正康默。

《康敬本墓志》：君讳敬本，字延宗，康居人也。元封内迁家张掖郡。……曾祖默，周甘州大中正。[3]

北周甘州司马安朝。

《安怀墓志》：君讳怀，字道，河西张掖人也。祖隋朝因官洛阳，遂即家焉。曾祖朝，前周任甘州司马；风才温雅，识理详明，郊无狼顾之人，□□枭鸣之吏。[4]

北周肃州刺史安何藏器。据上引《安忠敬碑》，安兴贵祖何藏器曾任“周开府仪同三司，宁远将军，肃州刺史”。

北周（或隋）凉州刺史康感。

《康留买墓志》：君讳留买，本即西州之茂族，后因锡命，遂为河南人焉。曾祖感，凉州刺史；祖延德，安西都护府果毅；父洛，皇朝上柱国。[5]康留买葬于唐高宗永淳元年（682），据志，留买父为“皇朝上柱国”，则其祖为隋时人，而曾祖感任凉州刺史当在周、隋时代。

---

[1]《周书》卷二八《史宁传》，465—469页。

[2] 关于建康史氏的研究，参见《固原南郊隋唐墓地》，196—197页。

[3]《大唐故康敬本墓志铭》，《隋唐五代墓志汇编·洛阳卷》，第五册，109页。参见《唐代墓志汇编》，530页。

[4]《□周故陪戎副尉安府君夫人史氏合墓志铭并序》，《隋唐五代墓志汇编·洛阳卷》，第七册，21页，参见《唐代墓志汇编》，845—846页。

[5]《大唐故游击将军康府君墓志》，《隋唐五代墓志汇编·洛阳卷》，第六册，78页；参见《唐代墓志汇编》，693—694页。又请参考《康磨伽墓志》，《隋唐五代墓志汇编·洛阳卷》，第六册，79页；《唐代墓志汇编》，694—695页。此“河南”，应是指吐谷浑而言。又，据墓志，隋朝就已设安西都护一职，此事我们在《隋朝与西域关系史研究》（《中亚学刊》第六辑，1997年）一文中另有详论，可参考。

唐肃州刺史史藏。

《薛莫与夫人史氏合葬墓志》：夫人讳字，武昌人也。洎周室衰微，徙居陇右。祖藏，左骁卫中郎，摄肃州刺史，父夏州长史，兄思谦，右领军卫大将军。[1]史氏父、祖分别在粟特人聚居地肃州和夏州任职，武昌人云云，很可能是出于附会。总之，不能排除粟特人的可能性。

在历史上声名最著的，是曾在747—752（天宝六载至十一载）年间担任河西节度使的粟特胡人安思顺。天宝九载（750），安思顺以河西节度使的身份权领朔方节度使，次年，朝廷欲以高仙芝代安思顺为河西节度使，"思顺讽群胡割耳剺面请留己，制复留思顺于河西"[2]，高仙芝也因此改任右羽林大将军[3]。从此例可知，担任官职的胡人与留居河西的胡人之间确实有着一种密切的相互依存关系，河西的胡人构成了担任官职胡人的社会基础，而担任官职的胡人则是这些入居胡人的代表。另一方面，河西胡人的请求竟然能够改变朝廷的成命，也足见粟特胡人在河西具有举足轻重的地位。

最可注意的是康国人康拔达和康德的记载。

据《康阿达墓志》载：公讳阿达，西域康国人也，……祖拔达，梁使持节骠骑大将军、开府仪同三司、凉·甘·瓜三州诸军事、凉州萨宝。当官处任，水镜元以近其怀；处逝公途，石席不之方其志。诏赠武威太守。[4]

---

[1]《大唐故右骁卫大将军雁门县开国公上柱国左万骑使河东薛君故武昌郡夫人史氏合葬墓志铭并序》，《隋唐五代墓志汇编·陕西卷》，第一册，110页；参见《唐代墓志汇编》，1344页。

[2]《通鉴》卷二一六天宝十载，6904页。

[3]《新唐书》卷一三五《高仙芝传》，4578页。

[4]《大唐上仪同故康莫量息阿达墓志铭》，《唐代墓志汇编》，124页。

据上文可知，由粟特人总领河西诸郡军事，在当时并不算很稀奇的事情，但是问题在于南朝梁并没有直接统治过河西，何以康拔达的官职会由梁朝来任命呢？北魏末年，东、西魏间战乱不已，“氐、羌、吐谷浑所在蜂起”，河西无主。康拔达被南朝梁赐封为凉·甘·瓜三州诸军事、凉州萨宝，说明在南朝梁时，粟特商胡集团在河西已占据了相当重要的地位，康拔达很可能是以割据者的名义与梁朝联系，从而受到梁的赐封的[1]。

与康拔达相似的是关于康德的记载。

前引《康续墓志》在述及康续的先祖时说：曾祖德，齐任凉州都督；祖暹，齐任京畿府大都督；父老，皇朝左屯卫翊卫。
与梁朝情况相同，北齐也并没有实际控制过凉州，康德之受齐封，有两种可能性。一是北齐曾在其辖境侨置凉州，康德所任都督为侨置凉州的都督；一是与康拔达情况相类似，即康德实际控制了凉州，为了贸易的便利而在名义上接受了北齐的任命。无论属于哪种情况，都表明粟特人与凉州之间的密切的依存关系，而这也为安氏家族在凉州“奕代豪望”的说法提供了很有说服力的注解。

三、安兴贵家族与安同

近年富安敦（Antonino Forte）在其新著《质子安世高及其后裔》一书中，专门对安兴贵家族的世系进行了研究，并根据《安忠敬碑》和姓谱的资料，主张凉州安氏是汉代安世高和北魏初年安同的后

[1] 参见陈国灿《魏晋至隋唐河西胡人的聚居与火祆教》，《西北民族研究》1988年第1期，198—209页。康拔达与梁的联系当是通过青海、四川的吐谷浑道进行的。参见《梁书》卷五四《河南王传》，810页。

代[1]。如何认识碑传和姓谱资料中将前代“入朝王子”作为隋唐一些胡人家族祖先，是粟特胡人研究中的一个基本问题，有必要进一步加以讨论。

安兴贵、修仁兄弟在唐初通显之后，曾由颜师古作《安兴贵家传》，叙述安氏家世[2]，但此书久已亡佚。记叙安氏家族成员的传记资料，主要有《旧唐书·李抱玉传》（以下简称《李抱玉传》）[3]、《旧五代史·李振传》（以下简称《李振传》）[4]、以及上文所引《安忠敬碑》、郭正一《安元寿墓志》与《李抱真墓志》、董晋《义阳王李公德政碑记》（以下简称《李抱真德政碑》）[5]，此据写作时代先后，将这些传记中涉及先祖的主要内容摘引如下。

《安元寿墓志》（作于中宗光宅元年，684）：君讳元寿，字茂龄，凉州姑臧人也。……曾祖弼，周朝服侯。幼挺人英，夙标时望。丹山綷羽，响振朝阳；紫阙腾鳞，光流下稷。祖罗，周开府仪同三司、隋石州刺史、贵乡县开国公。质表珪璋，器惟瑚琏。衣冠佐夏，道叶调梅；钟鼎迁周，化光分竹。父兴贵，皇朝右骁卫将军、左武卫将军、冠军将军、上柱国凉公，别食绵、归二州，实封六百户，克施在封六百户。

[1] Antonino Forte, *The Hostage An Shigao and His Offspring, An Iranian Family in China*, Italian School of East Asian Studies Occasional Papers 6, Kyoto, 1995。本书承荣新江先生惠借，特致谢意。并请参看荣新江书评论文《安世高与武威安姓》，黄时鉴编《东方与西方：历史与文化》第一集，上海文化出版社（即刊）。

[2]《新唐书》卷五八《艺文志》（1482页）原注云“卷亡”。

[3]《旧唐书》卷二三二，4619页。《新唐书·李抱玉传》有关安氏先祖的内容与《旧唐书》完全相同，从略；见《新唐书》卷一三八，4619页。又，新、旧《唐书·李抱真传》未涉及先祖，从略；参见《旧唐书》卷一三二，3647页；《新唐书》卷一三八，4620页。

[4]《旧五代史》卷一八，251页。《新五代史·李振传》有关先祖的内容与《旧五代史》同。见《新五代史》卷四三，469页。

[5]《全唐文》卷四四六，4558—4559页。

《安忠敬碑》（作于玄宗开元十五年，727）：公讳忠敬，字某，武威人也。轩辕帝孙，降居弱水，安息王子，以国为姓。世高之违汉季，自河南而适辽东；高阳之受魏封，由阴山而宅凉土。高阳王同，生尚书左仆射河涧公原晤真，河涧生建节将军西平公缬从正，西平生龙骧将军黄门侍郎广宗侯薛晤徵。累叶勋华，载于魏史。高祖何藏器，广宗之子也，周开府仪同三司，宁远将军，肃州刺史，张掖郡公。曾祖罗方大，隋开府仪同三司，皇朝赠石州刺史，贵乡公。祖兴贵，右武侯大将军，凉州刺史，徙封荣、凉、归三国公。考文生，不仕。

《李抱真德政碑》是董晋任门下侍郎同平章事期间所作，在德宗贞元五年至九年之间（789—793）[1]。碑称：唐之元臣曰义阳郡王抱真，字太元（玄）。皇开府仪同三司，凉州都督，河·兰·鄯·廓·瓜·沙·甘·肃九州大总管，中国公修仁之元孙；开府仪同三司，左武卫大将军永（达）之曾孙；兵部尚书怀恪之孙；赠太子太保齐管之子。

《李抱真墓志》（作于贞元十年，794）：公讳抱真，字太真，本姓安氏，世为凉州盛族。高祖修仁，佐太宗征伐，益大其家，宠位本州，启封中国；曾祖永达，开府仪同三司，左骁卫大将军；祖怀恪，陈州司马，赠兵部尚书；考济，官太子太保。

《李抱玉传》（作于后晋天福六年至开远二年之间，941—945）：李抱玉，武德功臣安兴贵之裔。代居河西，善养名马，为时所称。

《李振传》（作于宋开宝六年至七年间，973—974）：李振，字兴绪，唐潞州节度使抱真之曾孙也。祖、父皆至郡守。

---

[1] 参见《旧唐书》卷一四五《董晋传》，3934—3937页；《新唐书》卷一五一《董晋传》，4819—4821页。

以上六种资料都涉及安氏家族的先祖，但是将安兴贵家族与北魏安同，甚至汉代安息王子安世高联系起来的，只有张说所著《安忠敬碑》。

安同家族是北魏初期有名的胡人家族[1]。安同，史称其为辽东胡人，先祖安世高，汉时以安息王侍子的身份入洛，历曹魏至晋，避乱辽东，因居辽东之地[2]。安同父屈，仕燕主慕容暐（360—370年在位）[3]为殿中郎将。苻坚灭慕容暐，安屈友人公孙眷的妹妹没入苻氏宫，后来出赐代王什翼犍（北魏太祖拓拔珪祖父）之甥、南部大人刘库仁为妻，深得刘库仁宠爱，赖此关系，安同得以随公孙眷往来代北贸易，并因此结识魏太祖拓拔珪，后成为北魏的外朝大人。在拓跋珪登国元年（386）发生过一件事，对说明安同这时的活动很重要。据载，时拓跋珪初称魏王，迫于内忧外患，派遣安同作为行人求救于慕容垂，归来途中，遇刘显众阻截，“安同乃隐藏于商贾囊中，至暮乃入空井，得免”。[4]安同的身份显然是负有外交使命的商胡。可见安同的父亲虽然做过小官，但他的家族最初仍然是以商胡的面貌出现的。后来拓拔珪班赐功臣，安同因功赐妻妾及隶户三十、马二匹、羊五十口，加广武将军。历太祖、太宗（拓跋嗣）、高祖（拓跋焘）三朝，先后任右光禄大夫、征东将军，冀、青二州刺史等职，并得到了

[1] 安同传记见《魏书》卷三〇，712—717页；《北史》卷二〇，751—753页。下文凡出《安同传》的资料不另注。

[2] 从安同家族经商的经历来看，应该是粟特商胡，不可能是安世高的后裔。为了避免枝蔓，此不置辩。

[3] 慕容暐，《魏书》卷九五有传（2061—2063页），另请参见《通鉴》卷一〇〇、一〇一、一〇二各卷。

[4]《魏书》卷一五《拔跋窟咄传》，385页。参见《魏书》卷二《太祖纪》登国元年，21页；《通鉴》卷一〇六孝武帝太元十一年，3368页。《通鉴》称安同为外朝大人，此从《魏书》。

北新侯和高阳公的爵位[1]。安同以兴贩贸易结识拓跋珪，在供职于北魏的同时兼营商业，及至在冀州任上，仍“颇殖财货，大兴寺塔，为百姓所苦”，始终没有放弃经商的职业。

安同五子一弟。长子屈[2]，太宗时典太仓事。子阳烈，散骑侍郎，赐爵北新子。

次子原，太宗时以武功赐爵武原侯，世祖时官至尚书左仆射、河间公，加侍中、征南大将军。后为子求襄城公卢鲁元女，鲁元不许，二人相互告讦，原“遂谋为逆，事泄伏诛”[3]。

三子颉，太宗初为内侍长，察举百僚。世祖神䴥元年（428），以监军侍御史平赫连昌，因军功拜建节将军，赐爵西平公。三年（430），以冠军将军击败刘彦之，攻克洛阳，擒刘义隆。四年卒，赠征南大将军、仪同三司，进爵为王。

四子聪，曾担任内侍。

五子蕯，为龙骧将军、给事黄门侍郎，赐爵广宗侯。

安同弟睹，太宗时为乐陵太守，卒。长子国，官至冠军将军，赐北平侯，杏城镇将。国弟难，历清河太守、给事中等职，以功赐爵清河子。卒。难子平城，袭清河子爵，官至虞曹令，为乙浑所杀。

---

[1]《魏书》卷三《太宗纪》，62页，神瑞七年（422）“十有一月，泰平王（即世祖拓跋焘）亲统六军出镇塞上，安定王弥与北新公安同居守”。但据本传，安同没有任过北新公，“世祖即位，进爵高阳公”。事在神瑞八年（423）。疑《太宗纪》误。

[2] 中华书局标点本“校勘记”：“百衲本卷末有宋人校语云：‘同父名屈，同长子又名屈，同虽胡人，祖孙不应同名。’诸本无此校语，殿本人《考证》，却不说明是宋人语。按‘屈’是音译，祖孙同名是常事。”今按：唐朝有何智猛（疑为昭武九姓胡人），其父亦名智猛（见《何知猛墓志》，《唐代墓志汇编》下册，1617页）。可证祖孙或父子同名确有其事。

[3] 卢鲁元，《魏书》卷三四有传（801—802页）。安原之死因，史书记载相当模糊，《卢鲁元传》则根本没有提这件事。《魏书·天象志》（见下文引）中两处记载安原被杀一事，但也没有提到具体死因，只是笼统地说因“谋逆”被杀。

安同家族略如上述。

汪篯先生早年曾对张说《安忠敬碑》记载的世袭提出了怀疑，并指出了碑文中两处显著的破绽。他说：

> 考《张说之文集》卷一六《河西节度副大使安公碑铭》，似安兴贵、修仁兄弟果为安同之六世孙，然据《魏书》卷三〇《安同传》，则知张说所撰之碑至为可笑。碑中之原晤真即《魏书·安同传》中之原，原以谋反伏诛，阖门俱戮，其同产兄弟皆连坐，是不应有子孙显于魏氏矣，此其一也[1]。传载原弟颉拜建节将军爵西平公，碑称原晤真子缬从正为建节将军西平公；传载颉弟荫[2]为龙骧将军给事黄门侍郎，赐爵广宗侯，碑称缬从正子薛晤徵为龙骧将军黄门侍郎广宗侯，官爵俱一一相合，且缬与颉同音，蔭与荫形近，是碑中原晤真之子缬从正，缬从正之子薛晤徵，实即传中原弟颉，颉弟荫之化身，否则断不能如此巧合，此其二也。然则安兴贵、修仁必非安同之后裔又无可致疑矣。[3]

[1] 今按：安原之死，《安同传》说“伏诛”，《魏书》卷一〇五《天象志》二（2356页）、同卷《天象志》三（2403页）两次提及此事，都将它与太延元年五月“月犯右执法”的天象联系起来，也说是“诛”或“伏诛”，但是《通鉴》卷一二二宋文帝元嘉十二年（435）说（3859页）：“魏左仆射河间公安原，恃宠骄恣。或告原谋为逆，冬十月，癸卯，原坐族诛。”不管是“诛”也好，还是“族诛”也罢，安原是以谋逆罪被杀，这一点在几种记载中都是相同的。据《魏书》卷一〇一《刑罚志》，魏初刑禁疏简，穆帝“乃峻刑法，每以军令行事”。昭成帝什翼犍时，“犯大逆者，亲族男女无少长皆斩”（2873页）。世祖继位，以刑法太重，神䴥中（428—431）令崔浩定律令，规定“大逆不道腰斩，诛其同籍，年十四已下腐刑，女子没县官”（2873—2874页）。《安同传》在安原事下也说：“原兄弟外节俭，而内实积聚，及诛后，籍其财至数万。”揆诸文意，安原兄弟当是同时伏诛。《资治通鉴》作“族诛”，实在是有深意的。如此，则北魏安同家族不可能有后代留下来。汪说是。

[2] 标点本《魏书》“荫”作“蔭”。

[3]《西凉李轨之兴亡》，《汪篯隋唐史论稿》，中国社会科学出版社，1984年，275页。

汪说两条足证《安忠敬碑》所载先祖实出于附会无疑。如以安同为第一代，将两种记载中共同涉及的人物关系加以对比，就能更清楚地看出这个问题：

《安同传》		《安忠敬碑》	
一代	安同（高阳公）	一代	安同（高阳公）
二代	长子屈		
	次子原（河间公）	二代	子原晤真（河涧公）
	三子颉（西平公）	三代	孙缬徒正（西平公）
	四子聪		
	五子薩（广宗侯）	四代	曾孙薛晤徵（广宗侯）
三代	屈子阳烈	五代	何藏器（张掖郡公）
		六代	安罗方大（贵乡公）

安同五子，但是《安忠敬碑》只选了次子原、三子颉、五子薩作为安兴贵家族的先祖，他们三人都有封爵可供炫耀，对于附会造假来说，显然是最佳的人选。其余二人都无封爵，也就失去了附会的价值。

从碑文自身来看，以“累叶勋华，载于魏史”为界，碑文明显分为相互缺少联系的两个部分，此前所述是安同家族，此后是安兴贵家族；而且按照碑传行文惯例，“累叶勋华”之类夸示先祖的文字照例是应该放在历数先祖事迹之后，开始叙述传主行迹之前的，而在此碑中，却将它置于高祖之前，即已讲完“累叶勋华”之后，接着又说“高祖何藏器”如何如何，这就在行文逻辑上将“高祖”以下摈弃在了“累叶勋华”之外，不仅与碑传行文惯例有别，而且在文理上也欠通达。造假的痕迹至为明显。

不仅如此，碑云安忠敬父文生（成），祖兴贵，而《世系表》则云安忠敬父文成，祖恒安，曾祖兴贵，两说相差一辈。在安氏家族中，安兴贵与安修仁为兄弟，李抱玉与李抱真为从兄弟，各种记载都是一致的。据《世系表》，安兴贵与安修仁分别为李抱玉和李抱真的高祖，与他们各自的辈份相合；如果按照《安忠敬碑》，则安兴贵为李抱玉曾祖，安修仁为李抱真的高祖，与原来的辈份相差一辈，《安忠敬碑》的记载显然是错误的[1]。我们虽然无法确知《安忠敬碑》漏书安忠敬祖父的具体原因，但是它必定与张说将两个不同的家族穿凿附会在一起有关。

由于张说名气很大，而且以撰写碑志知名，所以由他附会的安氏世袭产生了很大的影响，不仅以讹传讹，造成了一些历史记载的错误[2]，而且也直接影响到了近人对安氏家族世袭的研究。如《元和姓纂》载，兴贵“生恒安生成”，岑仲勉先生断句为，兴贵“生恒安、生成”，并在校记中说：

> 案《唐·世系表》作“文成”。余按《忠敬碑》：“考文生”。“生”、“成”音近，故可作“文成”，此作“生成”，误。[3]

显然是因为受《安忠敬碑》的影响，甚至没有注意到自己引用的《世系表》记载的安氏行辈与张说的说法并不相同，而是径直依据碑文认定恒安与文成为兄弟关系，并以此为前提来校勘《元和姓纂》。其实

[1] 参见附录“河西安氏世系表”。

[2]《新唐书》卷五九《艺文志》杂家类著录李文成《博雅志》十三卷，注云“安国公兴贵子”（1536页），也因此而误。又，安氏改姓在第八代李抱玉时（至德二载，757），此称第六代文成为“李”，当是出自后人追记。

[3]《元和姓纂》卷四“安”，中华书局，1994年，501页。

《世系表》明谓恒安子文成，所以即使不考虑其他因素，《姓纂》之“生成”，也完全有可能是“生文成”之脱误，而且“生恒安生（文）成”与下文“生齐营（管）生抱真”句式完全相同，足证《姓纂》漏脱“文”字，恒安与文成是父子，而不是兄弟关系。不必非要从兄弟关系出发，来考虑字形的讹误[1]。

张说“为文属思精壮，长于碑志，世所不逮”。但是又以“好贿”贪财知名，并曾因此而丢官。尤可注意的是张说的下属张观、范尧臣等“依据说势，市权招赂，擅给太原九姓羊钱千万”[2]。纳贿的对象就是太原的粟特胡人，则张说为凉州粟特胡人安忠敬作诔墓文是一点也不足怪的。安忠敬不可能是安同的后裔。

富安敦根据资料类型，分为四部分来讨论安氏世系：第一部分为文献资料；第二部分为碑铭资料；第三部分为与安世高有关的早期佛教资料；第四部分是结论。在此仅就与本文关系密切的前两部分进行讨论。

富安敦将文献资料分作三类，其一为传记，即《魏书》与《北史》“安同传”；第二类为谱牒，即《元和姓纂》、《世系表》、《古今姓氏书辨证》（以下简称《姓氏书》）、《通志·氏族略》（以下简称《氏族略》）、《姓谱》（胡三省注《通鉴》时引用）、《姓氏急就篇》等；第三类为韵书，即《唐韵》、《广韵》中提到安世高的零星资料。在谱牒资料中，确实是将安世高作为河西安兴贵家族的先祖，但是未有一语及安同及其家族。就谱牒资料而言，河西安兴贵家族与北魏安同家族

---

[1] 富安敦也受此影响，一方面承认安兴贵与安修仁为兄弟关系，李抱玉与李抱真为从兄弟关系，但是另一方面又说安兴贵是李抱玉的曾祖，而安修仁则是李抱真的高祖。参见《质子安世高及其后裔》，8、25—26、48—49、109页。

[2] 参见《旧唐书》卷九七《张说传》，3049—3057页；《新唐书》卷一二五《张说传》，4404—4412页；《通鉴》卷二一三玄宗开元十四年二月，6771页。

了无关系，能够将两个家族联系起来的，只是他们共同将安世高作为自己的先祖。关于安兴贵家族与安世高，下文中将专门讨论，此不赘。韵书中提到的资料与我们讨论的内容也没有直接的联系，真正涉及安兴贵与安同家族的关系的，是他具列的“碑铭”中的资料。

在碑铭资料中，作者讨论了《安元寿墓志》、《安忠敬墓志》和《安令节墓志》，据上文所引，《安元寿墓志》中并没有将安世高或安同作为河西安氏的先祖，而《安令节墓志》则没有提到安兴贵家族，明确将安世高、安同、安兴贵作为一系的只有《安忠敬碑》，惟其如此，作者对《安忠敬碑》的价值给予了高度的评价。但是《安忠敬碑》最明显的漏洞是将安同三子作为子孙三代，以填充北魏初年至北周的时间空白。要认同张说记述的世系，就必须对这个问题有一个比较圆满的解释，但是作者在正文中并没有就此展开讨论，只是在注解中有一段相当含混的解说，认为《魏书》安原兄弟三人与《安忠敬碑》安原祖孙三人，

> 姓名类似且官衔相同，可能表明安原的兄弟和子、孙可能有混淆。但是衔号可以继承或转授给其他人，而且他们的姓名虽然类似，但实际上是不同的，所以我认为没有理由断定确实有过这样的混淆。[1]

也就是说，虽然承认封爵相同、姓名类似的事实，但还是断定《安忠敬碑》的祖孙三人与《魏书》兄弟三人无关。这样的解释显然是很牵强的。

[1]《质子安世高及其后裔》，50页，注〔21〕。

首先，由于译音繁简不同，胡人的姓名有全称和略称的区别，最显著的例子就是安兴贵的父亲，在不同记载中分别作安罗方大、安盘婆（娑?）罗、安婆罗、安罗，与安原兄弟三人的姓名在《魏书》与《安忠敬碑》中的情况几乎完全相同，何以作者对安罗姓名的不同记载可以坦然接受，但是对安原兄弟的姓名却不允许有全称、略称之别呢？“姓名虽然相似，但是实际并不相同”不能作为证据。

其次，由于受时代风气的影响，《魏书》向以“芜冗”著称，每为一人作传，则其子孙不论有官无官，有功无功，皆附缀于后，甚至至数十人者。有无事可记者，只叙其官阀一二语，“一似代人作家谱”[1]。即使在《安同传》中，也记载了安氏十三人，甚至连安同的族孙平城也附见于记载，安原作为安同之子，如果确有后人，《魏书》断不会只字不提。这从另一个角度证明安原兄弟因族诛而绝嗣，并没有后代。

再次，退一步说，即使安原有后代，但是恰恰由安原的子、孙分别继承或接受了与安原两个弟弟完全相同的封爵，世上恐怕很难有这样的巧合，所以我们认为富安敦的解释是不足以令人信服的。

要将安同作为河西安兴贵家族的先祖，要解决的另一个关键问题是必须将《安忠敬碑》与其他关于安同家族先祖的资料的歧异处加以合理解释。由安兴贵上溯三代，《安忠敬碑》所载为父安罗方大、祖安何藏器、曾祖安薛晤徵；据《世系表》、《元和姓纂》及《安元寿墓志》则为父安罗、祖安弼、曾祖安难陀。安弼之“弼”与安何藏器之“器”读音相近，可理解为何藏器的简称，关键是安难陀与安薛晤徵的对应。富安敦解释说，碑文中的“安薛”是汉文名，而《魏书》

[1]《陔余丛考》卷七“魏书芜冗处”，116页。

中的“安难陀”是外国名，所以两名实际是指同一人，即安兴贵的曾祖、安同之孙。但实际上《安忠敬碑》中记载的是“安薛晤徵”，并没有提到“安薛”其人。“安薛晤徵”与“安难陀”都是胡语的译音，以作者的理论显然无法将他们二人说成是同一个人。

《安令节墓志》是否能证明安兴贵家族出自北魏安同呢？回答也是否定的。

安令节卒于武则天长安四年（704），中宗神龙元年（705）葬于长安龙首原，墓志为郑休文撰，石抱璧书，志载：

> 君讳令节，字令节，先武威姑臧人，出自安息国，王子入侍于汉，因而家焉。历后魏、周、隋，仕于京洛，故今为豳州宜禄人也。……汉年侍子，先处乌城之域；魏代侍中，爰列蝉冠之地。……祖瞻，皇唐左卫潞川府左果毅；武人贞吉，智果为毅，或奇或正，知王帐之兵雄；千夫百夫，识金坛之卒劲。父生，上柱国，南荆则昭阳始居，西楚则共敖初作，战功所与，今古荣之。[1]

“乌城”就是指姑臧（凉州）。富安敦根据两点，证明安令节与安兴贵出自同一家族，一是同出姑臧，先祖都是“安息王子”；一是志称安令节先祖“魏代侍中，爰列蝉冠之地”，而安原在世祖始光二年

[1]《大唐故公士安君墓志铭并序》，《隋唐五代墓志汇编·北京大学卷》，第一册，109页。参见《唐代墓志汇编》上册，1045页。志中提到安令节有子如岳、国臣、武臣等，《新唐书》卷一三六《李国臣传》（4952—4953页），称李国臣，河西人，本姓安，后赐姓李，曾累封临川郡王。此人卒于代宗大历年间（766—779），未知李国臣是否就是安令节之子。又，安史之乱时，安庆绪麾下有“贼将”安武臣（见《旧唐书》卷一〇《肃宗纪》，246页），与安令节二子姓名相同。参见《质子安世高及其后裔》，55页，注〔40〕、〔41〕。

（425）随魏主北征柔然后，“迁尚书左仆射，河间公，加侍中、征南大将军”[1]，所以墓志的“侍中”就是指安原。也就是说，安兴贵与安令节都是安原的后嗣。

今按：侍中只是加官，如果墓志中所说的侍中果真是安原，为什么不称其他官职或爵位，而只列加官呢？这本身就成问题。而且即便墓志中的“侍中”是指安原，据上文所述，知安原并无后嗣，安令节同样不可能是安原的后代，《安令节墓志》的记载与张说《安忠敬碑》一样，都是出于附会。至于《安令节墓志》自称其先祖为“安息王子”，我们在下文中将会看到，以入侍王子作为先祖，是在入居唐朝的胡人中盛行的一种风气，既不限于粟特人，也不限于安姓胡人，更不限于安兴贵与安令节，尤其不足以说明安兴贵与安令节出于同一家族。

四、安兴贵家族与安世高

在谱牒资料中，将安兴贵家族追溯到了邈远的黄帝（姬姓，轩辕氏），如：

《安敬忠碑》：轩辕帝孙，降居弱水。

《世系表》：武威李氏，本安氏，出自姬姓。黄帝生昌意，昌意次子安，居于西方，自号安息国。

《姓氏书》：安，出自姬姓，黄帝生昌意，昌意次子安，居于西方，号安息国。

都将黄帝作为安氏的先祖。如同安氏以黄帝作为其始祖一样，隋唐康

[1] 参见《北史》卷九八《蠕蠕传》，3252页。此役西路统帅为奚斤与安原，《通鉴》卷一二〇文帝元嘉二年（3776页）未书安原。

姓粟特胡人也将康叔作为自己的先祖。

上文所引《康续墓志》说：昔西周启祚，康王承累圣之基；东晋失图，康国跨全凉之地。

一方面炫为康叔之后，但同时又不讳言其胡人的身份，自承出自康国[1]。谱牒资料中关于安氏的记载同样也有这种情况，即一方面将安兴贵家族与黄帝联系起来，另一方面，又自称是“安息”王子的后代。富安敦之所以认为安同、安兴贵、安令节三个家族出自同一族系，一个很重要的原因就是他们都以安息王子作为自己的先祖。兹将涉及安世高与安兴贵家族的资料摘引如下：

《元和姓纂》:《风俗通》，汉有安成。《庐山记》，安高，安息王子，入侍。姑臧凉州。出自安（息）国，汉代遣子朝，国居凉土。后魏安难陀至孙盘娑罗，代居凉州。[2]

《世系表》：后汉末，（安息国）遣子世高入朝，因居洛阳。晋、魏间，家于安定。后徙辽左，以避乱又徙武威。后魏有难陀孙婆罗，周、隋间，居凉州武威为萨宝。生兴贵、修仁。至抱玉赐姓李。

《通志·氏族略》：安氏，安息王子入侍，遂为汉人，故其族出凉州。《风俗通》，汉有安成，《庐山记》吴有安高。唐赐抱玉为李氏，其余即安氏也。望出姑臧河内。[3]

《姓氏书》：后汉末，（安息国）遣世子高入朝，因居洛阳，晋魏间家于安定，后徙辽东姑臧，以避乱又徙武威。[4]

---

[1] 上引《康磨伽墓志》也说：“自昔文王作圣，启迹于西州；夏禹称贤，降灵于东国。永言前古，君子无隔于华戎；详之后叶，英（疑原志脱漏一字）不殊于中外。”

[2]《元和姓纂》卷四“安”，500页。富安敦认为“安国”应为“安息国”之误，此姑从之。

[3]《通志》卷二六《氏族略》，中华书局，1987年，454页。

[4] 邓名世《古今姓氏书辩证》卷八，王力平点校，江西人民出版社，2006年，119—120页。

如果说黄帝是邈不可求的人物的话，安世高则是早期中国佛教史上的一个重要的人物，他的来源及背景虽然还不能十分肯定，但是来华后的主要行迹是清楚的[1]。安世高，字安清，事迹主要见于《高僧传》，略云：

> 安清，字世高，安息国王正后之太子也。幼以孝行见称，加又志业聪敏，克意好学，外国典籍及七曜五行、医方异术乃至鸟兽之声，无不综达。……王薨，便嗣大（或作“父”）位。乃深惟苦空，厌离形器。行服既毕，遂让国与叔，出家修道。……既而游方弘化，遍历诸国，以汉桓（147—167年在位）之初，始到中夏。才悟机敏，一闻能达。至止未久，即通习华言。于是宣译众经，改胡为汉，……其先后所出经论，凡三十九部。……如此二十余年，乃与同学辞诀云：“我当往广州，毕宿世之对。……”既而，遂适广州。值寇贼大乱，行路逢一少年，唾手拔刃曰：“真得汝矣。”高笑曰：“我宿命负卿，故远来相偿，卿之忿怒，故是前世时意也。”遂申颈受刃，容无惧色。贼遂杀之。观者填陌，莫不骇其奇异。既而神识，还为安息王太子，即今时世高身是也。高游化中国，宣经事毕，值灵帝（168—189年在位）之末，关洛扰乱，乃振锡江南。……遂达会稽。至便入市，正值市中有乱相打者，误着高头，应时殒命。……高既王种，西域宾旅皆呼为安侯，至今犹为号焉。[2]

---

[1] 本文关于安世高的论述，主要参考了马雍《东汉后期中亚人来华考》，《西域史地文物丛考》，46—59页；王邦维《安息僧与早期中国佛教》，叶奕良编《伊朗学在中国论文集》，北京大学出版社，1993年，83—94页。

[2]《高僧传》卷一《安清传》，汤用彤校注，中华书局，2004年，4—6页。

安世高身为王子，来华较早，而且翻译了大量佛教经典，在当时和后世都有很大的影响，所以围绕着他的行迹形成了众多的传说。《高僧传》作者慧皎在本传后胪列了《经录》、《别传》、《荆州记》、《安般守意经序》等著作中的不同的说法，并对其中的“纰谬”进行了批驳。但即便是慧皎撰写的传记中，也以相当大的篇幅记载了与安世高“缘业”有关的种种“神迹”。众多传说的形成，体现了安世高在历史上曾经有过的巨大影响，“西域宾旅皆呼为安侯”，正是表明了安世高在东汉末年及后世来华胡人心目中的崇高地位。

稍加注意就会发现，凡是谱牒中将安世高作为安兴贵家族始祖者，对后汉末年至北周时代安氏族人都付诸阙如。姑不论安世高能否留下后裔，如果安世高真有后裔的话，作为东汉末年名闻遐迩的人物，他的子孙竟然一直默默无闻，直到唐初年才见于载籍，这显然是不合乎情理的。就唐朝风气来看，将凉州安氏先祖认定为安世高，必定也是出于伪托。在唐初粟特胡人的墓志中，将先祖追溯至汉末的安息王子，已成为一种惯例，反映在墓志中，就是出现了程式化的固定的套语。如：

《安师墓志》[1]称：原夫玉关之右，金城之外，逾狼望而北走，越龙堆而西指，随水引弓之人，著土脾刀之域，俱立君长，并建王侯，控赏罚之权，执杀生之柄。天孙出降，侍子入朝，日磾隆于汉辰，由余重于秦代，求之往古，备在缣缃。君讳师，字文则，河南洛阳人也。十六代祖西华国君，东汉永平中，遣子仰入侍，求为属国，乃以仰为并州刺史，因家洛阳焉。曾祖哲，齐任武贲郎将；祖仁，隋任右

[1]《唐故蜀王府队正安君墓志铭》，《隋唐五代墓志汇编·洛阳卷》第四册，142页。“小年随朝露共尽”、“日磾”，《唐代墓志汇编》（上册，384页）录文误作“隋朝”、“日殚”。

武卫鹰扬；父豹，隋任骁果校尉；并勇冠褰旗，力逾扛鼎，至如逢蒙射法，越女剑端，减灶削树之奇，塞井飞灰之术，莫不得之天性，暗合曩篇。君克嗣嘉声，仰隆堂构，编名蜀府，誉重城都，文武兼资，名行双美，以斯厚德，宜享大年。彼仓不仁，歼良奄及，以显庆二年正月十日枃疾，终于洛阳之嘉善里第。……呜呼哀哉！永言人事，悲凉天道，小年随朝露共尽，大夜与厚地俱深。着嫔风于冥漠，纪懿范于沈阴，譬银河之不晦，同壁月而长临。其词曰：日磾仕汉，由余宦秦，美哉祖德，望古为邻。笃生懿范，道润松筠，爰有华族，来仪作嫔。四德无爽，六行纷纶，诞兹令胤，时乃日新。奄捐朱景，遽委黄尘，泉扃一闭，春非我春。

《康达墓志》[1]亦载：原夫玉关之右，金城之外，逾狼望□□走，越龙堆而□指，随水引弓之人，著土脾刀之域，□□君长，并建王侯，控赏罚之权，执煞生之标。天降外孙，侍子入朝，日磾隆于汉辰，由余重于秦代，求之往古，□在缣缃。君讳达，自（字）文则，河南伊阙人也。十六代祖西华国君，东汉永平中，遣子仰入侍，求为属国，□以□为并州刺史，因家河□焉。曾祖勖，齐任上柱国；祖逵，齐任雁门郡上仪同；父洛，隋任许州通远府鹰击郎将；并勇冠褰旗，力逾扛鼎，至如逢蒙射法，越女剑端，减灶削树之奇，塞井飞灰之术，莫不得之天性，暗合曩篇。君克嗣嘉声，仰隆堂构，编名勋校，誉重成都，文武兼资，名行双美，以斯厚德，宜享大年。彼苍不仁，歼良奄及，以总章二年六月廿二日枃疾一旬，终于河南思顺里之第。……呜呼哀哉！永言人事，悲□天道，小年随朝露共尽，大夜与厚地俱深。着嫔风于冥漠，纪懿范于□阴，譬银河之不晦，同壁月而

[1]《唐故上骑都尉康君墓志铭并序》，《隋唐五代墓志汇编·洛阳卷》第五册，75页。“小年随朝露共尽”，《唐代墓志汇编》上册，503页录文误作“隋”。

长临。其词曰：日磾仕汉，由余宦秦，美□祖德，望古为邻。笃生懿范，道润松筠，爰有华族，来仪作嫔。四德无爽，六行纷纶，诞兹令胤，时乃日新。奄捐朱景，遽委黄尘，泉扃一闭，春非我春。

安师于唐高宗龙朔三年（661）卒于洛阳嘉善里，志立于同年九月廿日（10月26日），康达在高宗总章二年（669）卒于洛阳思顺里，葬于同年七月八日（8月9日），前后相去已有八年，但是两通墓志不仅开头部分完全相同，而且除了姓氏与个别字外，所有内容都完全相同。岑仲勉先生早年曾注意到两志的雷同现象，说：

> 安、康当不同出，何姓源犹复抄袭？今如“蜀府”改为“勋校”，执笔之人，似非绝不语文义者，而字与先系，竟任其完全雷同，是可怪也。[1]

岑先生举此例是要说明类似这种墓志“绝无传信之价值”，但是这种记载对于证实当时入居内地胡人中盛行与汉族相同的社会风习，却是不可多得的珍贵史料。唐代承晋魏旧俗，高门大族享有很高的声望，旧族以门第相矜，新贵以攀附为荣，甚至“不计官品，而上阀阅”，攀缘高门右姓，蔚为风气，“言李悉出陇西，言刘悉出彭城”[2]。这种重门第、尚右姓的习俗，不可避免地对入居唐朝的胡人产生了重大影响。随着大批胡人迁居内地，到唐中宗时（705—710），就开始甄别胡姓的高下贵贱。时中宗令按照德行、门风、功业、时望等标准重修《氏族志》，规定“夷蕃酋长袭冠带者，析著别品”[3]。“析著别

[1]《贞石证史》，《金石论丛》，上海古籍出版社，1981年，83页。

[2]《新唐书》卷九五《高俭传》，3839—3844页；《新唐书》卷一七二《杜中立传》，5206页。

[3]《新唐书》卷一九九《儒学·柳冲传》，5676页。参见《唐会要》卷三六《氏族》，665页。

品"，或作"别为一品"[1]，两说意思大体相同，即在修订汉族氏族世系的同时，对在唐朝担任官职的"蕃夷"首领的氏族门第专门进行整理。这种做法至少有两种社会功能，其一是将入居唐朝的蕃夷酋长姓氏与唐朝的汉姓区别开来；其二是将蕃夷酋长与普通的胡人区别开来。攀附前代地位显赫的胡人作为自己的先祖，正是这种社会风气的产物。入居内地的胡人由于长期受汉文化的熏陶，要在墓志中炫耀自己的先祖，但又缺乏基本的汉文修养，一种内容相近或相同的程式化的墓志套语于是应运而生。粟特胡人史索岩妻安娘与史诃耽墓志，也可提供这方面的例证。

《安娘墓志》：夫人讳娘，字白，岐州岐阳人，安息王之苗裔也。夫弈弈仙基，分轩台而吐胄；悠悠别派，掩妫水而疏疆。从层构于天街，族高西域；系芳蕤于地绪，道映中区。瓜瓞滋绵，羽仪纷蔼。斯并涣乎家传，刊夫国史。[2]

《史诃耽墓志》：君讳诃耽，字说，原州平高县人，史国王之苗裔也。夫弈弈崇基，分轩丘而吐胄；悠悠远派，掩妫水而疏疆。从层构于天街，族高河右；系芳蕤于地绪，道映中区。瓜瓞滋绵，羽仪纷蔼。斯并涣乎家传，刊夫国史。[3]

除了个别字外，两志行文完全相同，最显著的区别只是根据各自的姓氏，将"安息王"改成了"史国王"。为了说明唐代胡人墓志中的这种程式化表达方式的盛行，还可举出安神俨、康枚两通墓志作为证据。

---

[1]《册府》卷五六〇《国史部·谱牒》，6728页。此事《唐会要》在神龙元年五月十八日，《册府》在神龙三年五月。"袭冠带"，《册府》作"晓袭冠带"。

[2]《大唐故平凉郡都尉史公夫人安氏墓志铭并序》，原录文及墓志拓片见《固原南郊隋唐墓地》，47—49页。个别标点略作改动。

[3]《唐故游击将军虢州刺史直中书省史公墓志铭并序》，原录文及拓片见《固原南郊隋唐墓地》，68—72页。

《安神俨墓志》：君讳神俨，河南新安人也。原夫吹律命系，肇迹姑臧；因土分枝，建旗强魏。英贤接武，光备管弦。……公禀和交泰，感质贞明，志局开朗，心神警发。仁惠之道，资训自天，孝友之方，无假因习。[1]

《康杦墓志》：君讳杦，字仁德，河南巩县人也。原夫吹律命系，肇迹东周；因土分枝，建旗西魏。英贤接武，光备管弦。……君禀和交泰，感质贞明，志局开朗，心神警发。仁惠之道，资训自天，孝友之方，无假因习。[2]

安神俨妻史氏，康杦妻曹氏，都是著名的粟特胡人姓氏，显然二人是久已入居内地的粟特胡人，这两通墓志也可证明，唐代粟特胡人墓志中流行固定的套语[3]，但由于他们汉文化修养有限，所以在根据粟特

[1]《唐故安君墓志铭并序》，《隋唐五代墓志汇编·洛阳卷》第六册，51页，参见《唐代墓志汇编》上册，669页。

[2]《唐故康君墓志铭并序》，《隋唐五代墓志汇编·洛阳卷》第六册，64页，参见《唐代墓志汇编》上册，680页。

[3] 我们还可以提供同名支怀的两通墓志为证。《唐故支君墓志铭并序》："君讳怀，字信，洛州洛阳人也。林宗则汉时令哲，伯道则晋代名贤，故知兰桂虽秋，逢春更馥；荆衡久剪，睹日成林。流质后昆，岂得而忘言者也。……雅嗣门风，操履贞洁，不居俗网，身处林泉。君词超仁智，言出有章，懿列群朋，雅绍先宗之首；神情挺秀，器标众友之前。孝敬表于闺门，仁义洽于州里。四时无以过其信，百金不足比其诺，立志无违，出言必践，因心被物，自己形人，不慕功荣，意贪贤仕，闲居养志，不汲汲于荣华，乐道忘忧，岂戚戚于贫贱。逍遥自得，旨酒盈樽。福善无征，辅仁斯谬。……葬于洛城之北长岗之限。徒使瞰洛踞邙，无□登临之望，瞻峭眺巩，永绝游陟之踪。纵其昼夜俱明，窀穸终无暂晓，定知朝光一落，未属鲁阳之麾。气绝已度三辰，何处神香之救？千秋不朽，希遇庄周；百截含灵，恩逢西伯。呜呼哀哉！乃为词曰：朝光不住，物性短修，哲人斯委，身去名留。池台绝迹，坟垄魂游，于兹永别，何处相求？灵辒背洛，神旐归邙，人悲泣泪，膨啼断肠，松门惨恻，原野苍芒，云悉翠岭，风悲白杨。"（《唐代墓志汇编》上册，267页）"因心被物"，原录文作"思被物"，此据下引墓志改。

《大唐故支君墓志铭》："君讳怀，字通，洛州河南人也。林宗则汉时令哲，百道则晋代名贤，故知兰桂虽秋，逢春更馥；荆衡久剪，睹日成林。流质后昆，岂得而忘言者也。……雅嗣门风，操履贞洁，不居俗网，身处林泉。君词超仁（转下页）

胡人的不同姓氏对套语进行改动时，往往会出现一些不可理喻的错误。《康杴墓志》既要附会康叔之后，又昧于故实，所以将“肇迹姑臧”改作“肇迹东周”，尽管也勉强可以拉扯上康叔，但是就用典而言，却显得很不贴切[1]。如果将安娘与史诃耽、安神俨与康杴等两组墓志结合起来看，则岑仲勉先生认为“可怪”的安师与康达墓志的雷同现象，就一点也不奇怪了。《史诃耽墓志》与《康达墓志》的区别只是在于，《史诃耽墓志》将“安息王”改成了“史国王”，而《康达墓志》可能是因一时疏忽，未将“十六代祖西华国君”一席话进行改动。说明在唐代粟特胡人中，盛行着附会入朝王子作为先祖的风气，不必因为有些资料中将安世高作为北魏辽东安同、唐初河西安兴贵及安令节等家族的先祖，就生硬地将三个不同的家族拉扯在一起。

早先的汉文载籍中将安息（Parthia）人称作“安”姓，两汉以

（接上页）智，言出有意，懿列群朋，雅绍先宗之首；神情挺秀，器标众友之前。孝敬表于闺门，仁义洽于州里。四时无以过其信，百金不足比其诺，立志无违，出言必践，因心被物，自己形人，不慕功荣，意贪贤仕，闲居养志，不汲汲于荣华，乐道忘忧，岂戚戚于贫贱。逍遥自得，旨酒盈樽。福善无征，辅仁斯谬。……葬于洛城之北长岗之隈。徒使瞰洛踞邙，无复登临之望，瞻峭眺巩，永绝游陟之踪。纵其昼夜俱明，窀穸终无暂晓，定知朝光一落，未属鲁阳之麾。气绝已度三辰，何处神香之救？千秋不朽，希遇庄周；百截含灵，恩逢西伯。呜呼哀哉！乃为词曰：朝光不住，物性短修，哲人斯委，身去名留。池台绝迹，坟垄魂游，于兹永别，何处相求？灵輴背洛，神旐归邙，人悲泣泪，膨啼断肠，松门惨恻，原野苍芒，云悉翠岭，风悲白杨。”（《隋唐五代墓志汇编·洛阳卷》，第四册，11页）“言出有章”，“章”字下半泐，《唐代墓志汇编》上册（294页）录文作“言出有意”，据文意及上志，似应为“章”。

志文四百余字，除了父、祖姓名，去世时间等内容外，所有内容完全相同，甚至连志主的名字也相同。可见墓志中的套语在入居唐朝的胡人中是非常盛行的，这种现象并不限于粟特人。

[1] 岑先生说：“余少读书，见夫旧日三家村冬烘先生，为人写婚礼书帖，往往编成一种套语，预备钞誊，故除郡望之外，几无不大同小异。以此而推，古代民间墓志，如非平生事迹可纪，或延文人捉刀者，当亦难免斯弊。”又说：“康或得为胡人之后，如曰汉姓，则姓氏书称康叔之后，东周字总非贴切。”《金石论丛》，93页。

后，往往将阿姆河（Amu Daria）以北今布哈拉（Bukhara）地方的粟特政权称作“安国”，并借用安姓来转称这里的粟特人，造成了汉代的“安息”与后世的“安国”的混淆。最晚到了八世纪时，汉文中所称的安姓，也已经被居住在内地的粟特胡人所接受，例如在德宗建中三年（782）的一封粟特文书信中，粟特胡人自称为“安（An= γ ’n）姓俗人Catfārāsarān”[1]。安息与安国的混淆，也为唐代安姓粟特胡人附会安息王子后裔提供了便利。在《安娘墓志》中，一方面说其祖上是安息国王的后裔，另一方面在叙述族源时又说：

> 弈弈仙基，分轩台而吐胄；悠悠别派，掩妫水而疏疆。

妫水（Oxus）就是阿姆河，表明她是安国（Bukhārā）人，与安息国无涉。《安元寿墓志》在最末的颂词中也说：

> 妫水导源，凉土开国。星垂兽象，地分龙勒。

明确表明河西安兴贵家族是安国粟特胡人，与安息国并无关系[2]，更谈不上是安世高的后裔。

粟特胡人在将其族系追溯到中国古代历史上传说中的人物（如黄帝），或年代久远的人物（如康叔、曹参等）的同时，又将前代有影响

---

[1] 见W. B. Henning, “The Sogdian Texts of Paris”, *Bulletin of the School of Oriental and African Studies*, XI, 1946, 4。参见张广达《唐代六胡州等地的昭武九姓》,《北京大学学报》1986年第2期，72—82页。

[2]《史记》卷一二三《大宛列传》（中华书局，1982年，3162页）称安息国“临妫水”，但这只能说安息国当时东界到达了阿姆河上游一带，而以“妫水”为所在国的代称，则只能是指昭武九姓诸国。

的胡人作为自己的祖先（如安世高、史国王、康国王等），这是一个非常有趣的现象。建立在血缘关系之上的家族，在中国封建社会的实践或理论上都具有核心的地位，这种作法无疑是受到了华夏社会文化传统的强烈影响，但又不能将这种作法简单归结为汉化的一种表现[1]。将中国历史上或传说中的人物作为先祖，使粟特胡人与移居地的主体民族在民族源头上统一了起来，为适应移居地的社会环境制造了舆论；作为前代"胡国"王族的后裔，则在客观上树立了粟特移民本民族的共同祖先，为保持本民族的传统创造了理论根据，从而起到增强本民族内部凝聚力的作用。就具体史实来看，这些冒认祖宗的记载固然是经不住推敲的；但是就隋唐时代民族关系的研究而言，它们却是不可多得的宝贵资料。

五、河西安氏与唐代社会

河西安氏家族始见于北魏，兴于隋末，盛于唐，衰于五代初，历经数百年不坠。自安难陀始见于载籍，至安难陀十一世孙李振于后唐庄宗同光元年（923）被族诛[2]，至少传承了十一代，男性见于史乘者有37人，担任过不同官职者21人[3]，其中安兴贵、安修仁、李抱真、李抱玉、李振等，或功名显赫，或权倾一时，都是历史上非常有

---

[1]《隋书》卷八四《康国传》（1849页）记载，康国"胡律"规定，罪"重者族，次罪者死，贼盗截其足"。表明血缘家族在粟特本土社会组织中有着重要的地位，而移居内地的粟特人注重宗族的作法，只是在其固有习俗的基础上，采取了华夏社会的传统方式。

[2] 参见《旧五代史》卷三〇《唐书·庄宗纪》，413—414页；《通鉴》卷一七二后唐庄宗同光元年，8900页。诏称"疏属仆使，并从原宥"。则河西安氏并没有完全绝嗣。

[3] 据《李振传》称，振"父、祖皆至郡守"，但是在有关资料中，李振以上二代并无任郡守者，则史书记载阙漏必定甚多。

名的人物。这样一个粟特胡人的家族，在隋唐历史上可以说是绝无仅有的。试将安氏家族担任过官职的男性主要仕履列成简表（见下表）。

世 系	姓 名	仕履及封（赠）爵
二代	何藏器（北周）	开府仪同三司　宁远将军　肃州刺史　张掖郡公
三代	罗方大（周、隋）	周开府仪同三司　隋石州刺史　贵乡县开国公 唐赠石州刺史　贵乡公
四代	兴贵（唐初）	右骁卫将军　左武卫将军　冠军将军　上柱国 右武侯大将军　凉州刺史　荣、归、凉三国公，食封六百户
	修仁（唐初）	左骁卫大将军　凉州刺史 郧国公　申国公　食封六百户
五代	元寿（607—683）	右骁卫郎将　左监门卫中郎将　忠武将军　云麾将军　右骁卫将军　右威卫将军
	永寿	右领军将军
六代	神感	右武卫良社府果毅
	怀恪	陈州司马　赠兵部尚书
	玄晖	殿中侍御史　贝州刺史
七代	忠敬（661—726）	右威卫翊府右郎将兼新泉军使　赤水、新泉军监牧使　会州刺史　松州都督　河西节度副大使　临洮军使　鄯州都督
	羲仲	阁门府果毅
	日钦	绛州参军事
	齐管	赠太子太保
八代	抱玉（重璋）（704—777）	持节郑州诸军事兼郑州刺史　郑陈颍亳四州节度 陈郑泽潞节度使　凤翔节度使　山南西道节度使
	抱真（733—794）	汾州别驾　殿中少监　陈郑泽潞节度留后　食封五百户
九代	自正	少府少监　袭凉国昭武公
	缄	殿中侍御史　少府监

（续表）

世　系	姓　名	仕履及封（赠）爵
十代	绪	京兆府参军
	纵	宝鼎主簿
	综	河中参军
十一代	振（?—923）	金吾将军　台州刺史　青州留后　（梁）户部尚书　崇政院使

从唐肃宗至德二载（757）安难陀第八代孙李抱玉上疏改姓李氏，并于乾元二年（759）徙籍京兆长安县开始[1]，安氏家族的情况发生了一些明显的变化，主要表现在以下几个方面：

第一，第八代之前，他们虽然在长安、洛阳等地有固定的居址[2]，但是仍然将凉州作为家族的根本重地，上文所引安元寿以千牛备身辞职，返回凉州董理“家业”十余年；安忠敬去世后归葬凉州祖先茔地；李抱玉请求改姓时称“世占凉州”等，都可以说明这一点。自改姓徙籍之后，安氏家族的重心向东移到了长安、洛阳地区，与凉州以及粟特祖居地的关系日渐疏远。

第二，在第八代以前有关安氏家族成员的记载中，一般都不讳言胡人先祖，但是在改姓徙籍后的资料中，就已见不到承认自己是胡

[1]《通鉴》卷二二一肃宗乾元二年（759）四月戊申下云（7075—7076页）：“以鸿胪卿李抱玉为郑、陈、颖、亳节度使。抱玉，安兴贵之后也，为李光弼裨将，屡有战功，自耻与安禄山同姓，故赐姓李氏。”《新唐书》卷一三八《李抱玉传》则称（4619页）：“至德二载，（李抱玉）上言：‘世占凉州，耻与逆臣共宗。’有诏赐之姓，因徙籍京兆，举族以李为氏。”二说相差两年。《旧唐书》卷一三二《李抱玉传》载李抱玉乾元二年上疏（3646页），云：“‘臣贯属凉州，本姓安氏，以禄山构祸，耻与同姓，去至德二年五月，蒙恩赐姓李氏，今请割贯京兆府长安县。’许之。因是举宗并赐国姓。”则至德二载改姓，乾元二年，徙籍京兆。《新唐书》与《通鉴》都是将两件事合在一起叙述，故出现前后差异。

[2] 安元寿卒于东都河南里私第，夫人翟六娘卒于西京怀远里。

人后代的资料了。安难陀第十一代李振，在唐咸通、乾符年间累举进士不第，在唐末谮朱全忠杀大臣裴枢等数十人，称“此辈自谓清流，宜投于黄河，永为浊流”。最后竟投尸于黄河。在有关记载中，只是谴责振“深疾缙绅之士”，但并没有将这件事与李振作为胡人后裔的事实联系起来[1]，不仅河西安氏族人在改姓徙籍后绝口不提胡人祖先，即使社会舆论也已淡忘了他们的胡人身份。

第三，从上文所列仕履可以看出，在第八代之前，安氏家族成员在唐朝政府中担任的职务主要是武职[2]，而从第八代以后，担任军事职务就已不再是安氏家族入仕的特点了。

河西安氏第八代正当安史之乱时期（755—763），我们知道自安史乱后，河陇失陷，唐朝武装力量撤出西域，内地与西域的联系受阻，割断了世代寓居内地的粟特胡人与中亚故地的传统联系；而且此后随着伊斯兰势力在中亚逐渐取得支配地位和海上贸易的兴起，曾经盛极一时的欧亚陆路交通逐渐被海路取代，丝绸之路在东西经济、文化交流中的重要作用日渐式微，从而注定了粟特商胡衰落的命运。河西安氏家族史的转折，与这一历史进程基本上是同步的。

此外，安氏家族的婚姻状况也应该引起足够的重视。河西安氏婚姻资料不多，就目前已知者来看，改姓之前已知一例，安元寿娶翟六娘。《翟六娘墓志》称六娘为下邳人[3]，我们怀疑她可能是胡人或胡人的后裔。在唐代，翟氏与粟特人关系较为特殊，与粟特胡人结姻者并不限翟六娘一例。如玄宗时代居住在洛阳的康国大首领（870—949）之

---

[1] 事在天祐二年（905），参见《旧五代史》卷一八《李振传》，253页；《新五代史》卷四三《李振传》，471—472页；《通鉴》卷二六五，8643页。

[2] 据上文，文成曾写过《博雅志》，但他并没有入仕。

[3]《大唐故右威卫将军武威安公故妻新息郡夫人下邳翟氏墓志铭并序》，拓片及节略录文见《安元寿夫妇墓发掘简报》，《文物》1980年第2期，37—49页。

妻，就是翟氏[1]；又，翟那宁昏，母名康波蜜提慕[2]。另知有不知名“翟公”之妻也是康氏[3]。人所习知的伊吾火祆庙“祆主”翟槃陀[4]、隋代并州人翟突娑家族，也都是著名的翟姓胡人。据《翟突娑墓志》载：

> 君讳突娑，字薄贺比多，并州太原人也，父娑，摩诃大萨宝薄贺比多。[5]

翟那宁昏、翟突娑、翟娑，都是胡名汉译，翟氏不仅与粟特胡人通婚，而且担任火祆庙的“祆主”和祆教“摩诃大萨宝”，毫无疑问与粟特胡人有着非同寻常的关系。翟突娑姓名与其父相差一字；字“薄贺比多”，与乃父完全相同，与北魏安屈祖孙同名也不无相似之处。此外，西魏废帝二年（553），吐谷浑商队通使于北齐，西魏凉州刺史史宁劫持了吐谷浑商队，“获其仆射乞伏触扳（拔）、将军翟潘密、商胡二百四十人，驼骡六百头，杂彩丝绢以万计”[6]。我们知道，与突厥人一样，在吐谷浑部族内也有粟特人，此将军“翟潘密”与商胡同时被俘，他与粟特人也不无关系[7]。总之，安元寿妻翟六娘出自胡人的嫌疑是很大的。

---

[1]《大唐故酋长康国大首领因使入朝检校折冲都尉康公故夫人汝南上蔡郡翟氏墓志铭并序》，《隋唐五代墓志汇编·洛阳卷》第十一册，121页，参见《唐代墓志汇编》下册，1634页。

[2]《翟那宁昏母康波蜜提慕墓志》《隋唐五代墓志汇编·新疆卷》，160页，参见《唐代墓志汇编》上册，402页。

[3]《翟公妻康氏墓志》，《隋唐五代墓志汇编·洛阳卷》第七册，52页。

[4] S.367《沙州伊州地志》，黄永武《敦煌宝藏》，3册，258—259页定名为《沙州地志》。郑炳林《敦煌地理文书汇辑校注》（甘肃教育出版社，1989年，，65—73页）、王仲荦《敦煌石室地志残卷考释》（上海古籍出版社，1993年，196—207页）均有录文，可参看。

[5]《隋唐五代墓志汇编·洛阳卷》第一册，131页。

[6]《周书》卷五〇《吐谷浑传》，913页。

[7] 如果将以上情况与敦煌粟特人聚居地顺化乡的翟氏联系起来考虑的话，就可以更清楚地看出翟氏与粟特胡人间的特殊关系。参见池田温（辛德勇译）《八世纪中叶敦煌的粟特聚落》，《日本学者研究中国史论著选译》，第九卷，166页。

而且退一步说，即便她不是胡人，翟氏也只是一个很普通的姓氏[1]，但是从安氏第八代开始，安氏结姻对象有了很大的改变。据《李抱真碑》载，第八代李抱真“再娶于郑”，前妻为洛阳令郑伋之女，再娶洛州壶关令郑巩之女，伋、巩二人同为“七房郑氏”之第二房胤伯之后[2]。李抱真三女，长、幼二女“并从西方之教”，次女嫁“清河崔氏”。郑、崔都是中原著姓。已知的三例，居然全都是与高门世族结姻。根据以上三例，虽然无法推知安氏婚姻的一般状况，但它至少可以说明到了后期，安氏家族在婚姻上特别注重攀附汉族高门大姓，从而为上层粟特胡人的汉化过程提供了很典型的个案。

最后，安氏家族与突厥的关系，也是一个非常值得注意的问题。从突厥建国伊始，就与粟特胡人产生了密切的关系，为时人所艳称的粟特胡商Maniach[3]、酒泉粟特胡人安诺槃陀[4]、突厥使臣康鞘利[5]等，都曾在突厥汗国的外交活动中扮演重要的角色。其他如深得突厥始毕可汗信任的粟特部落首领史蜀胡悉[6]，突厥汗国亡国后，率“衙帐百姓”降唐的粟特首领安菩[7]，突厥颉利发安乌唤与其子安朏汗[8]，都是突厥汗国内的粟特部落集团首领。河西安兴贵家族与突厥的特殊关

[1] 关于翟氏，请参见《元和姓纂》卷一〇，1582页。岑仲勉先生指出，下邳翟氏，当是“下邽”之误。

[2] 郑伋，见《新唐书》卷七五上《宰相世系表》上，3301页，但未及任洛阳令事。郑巩见同卷，3315页。

[3] H. Yule, “Cathay and the Way Thither”, *Supplementary Notes* Ⅷ, CLⅩ—CLⅩⅤ。

[4]《周书》卷五〇《突厥传》，908页。

[5]《大唐创业起居注》卷上，10—11页。参见《旧唐书》卷一《高祖纪》，3页；《旧唐书》卷一九四上《突厥传》上，5153页。

[6]《隋书》卷六七《裴矩传》，1582页。

[7] 参见张广达《唐代六胡州等地的昭武九姓》，《北京大学学报》1986年第2期，72—82页。墓志录文原载于《中原文物》1982年第2期，又见《唐代墓志汇编》上册，1105页。

[8] 李至远《唐维州刺史安侯神道碑》，《文苑英华》卷九二〇，4844页。

系，也可为粟特胡人与突厥汗国间的传统联系提供有力的证据。

在唐朝与东突厥决战的关键时刻，颉利可汗兵败，欲投降唐朝；但是又“潜怀犹豫”，怕唐朝出尔反尔，发起攻击。这时唐太宗派遣鸿胪卿唐俭与安修仁“慰谕”突厥，“颉利见使者，大悦。不虞官兵至也”[1]。如果说身为鸿胪卿，唐俭任外交使臣是职责所在的话，安修仁作为副使，则肯定因为唐太宗要利用安氏家族与突厥的关系，才被委以说降突厥的重任。突厥可汗对唐使深信不疑，也说明安氏家族与突厥的关系非同一般。

又，据《安元寿墓志》载：

> 贞观元年（627），突厥颉利可汗拥徒卅万众，来寇便桥，太宗亲率精兵出讨，颉利遣使乞降，请屏左右，太宗独将公一人于帐中自卫。其所亲信多类此也。

太宗独留安兴贵之子元寿接待突厥使臣，不可能仅仅是出于“亲信”元寿，恐怕在很大程度上也是由于安氏家族与突厥间关系密切。

安修仁之子永寿，也曾担负沟通唐朝与突厥别部联系的使命。贞观二十年江夏王李道宗击败薛延陀等部之后，回纥等十一姓遣使入贡于唐，表示归附，太宗大喜，“(八月）辛未，诏回纥等使者宴乐，颁赉拜官，赐其酋长玺书。遣右领军中郎将安永寿报使”[2]。突厥、薛延陀相继覆灭之后，漠北粗定，贞观二十一年，唐太宗以漠北诸部置十三州，“拜其酋长为都督、刺史，给玄金鱼以为符信。又置燕然都

---

[1]《旧唐书》卷六七《李靖传》，2479页。
[2]《通鉴》卷一九八，6239页。

护以统之”[1]。安永寿出使漠北，正在薛延陀咄摩支平定之后，漠北置州之前，显然与次年唐朝在漠北大规模设置正式行政机构有关，在历史转折的关键时刻，安氏家族又一次充当了沟通唐朝与漠北游牧民族联系的中介人。

附录：

河西安氏世袭表

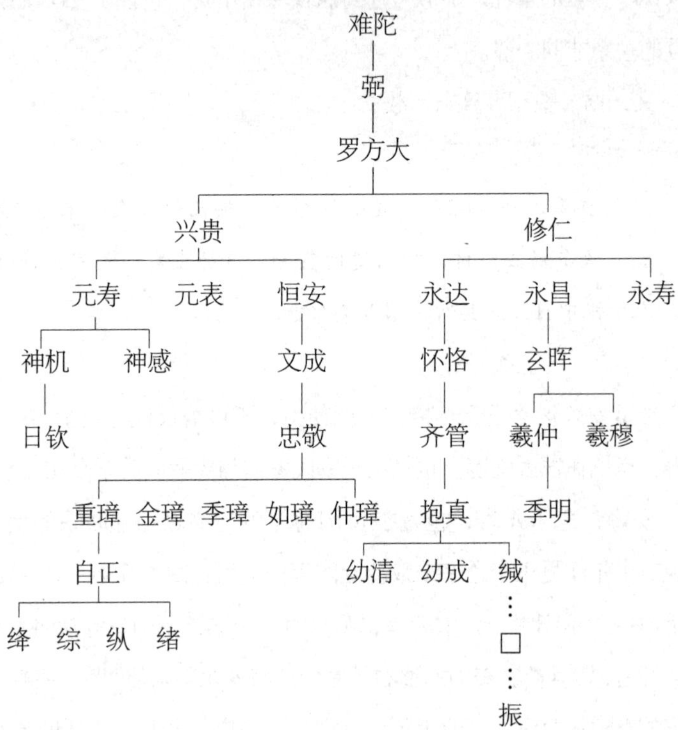

（载《唐研究》第3卷，北京大学出版社，1997年。）

[1]《旧唐书》卷一九九下《铁勒传》，5348页。

拾贰

白居易“毡帐诗”所见唐代胡风

唐朝是一个“胡风”盛行的时代。所谓“胡风”，特指流行于唐朝社会各阶层的种种并非汉民族原有的社会风习，其中主要有当时从北方游牧民族和西域等地传来的风俗，也有由魏晋南北朝南下的游牧民族遗留的社会风俗，诸因素共同作用的结果形成了唐朝胡风盛行的局面。当代学者对唐代胡风的研究主要集中在“胡乐”、“胡服”、“胡食”等几个主要的方面[1]。其实，唐代的胡风在居室文化领域也有突出的表现，本文试从白居易（772—846）的“毡帐诗”入手，对这一学术界注意较少的问题进行一些粗浅的讨论[2]，以加深对唐朝文化来源多样性的认识。

一、白居易“毡帐诗”

唐文宗太和三年（829），著名诗人白居易称病辞去刑部侍郎职，由长安东归，以太子宾客分司东都洛阳，时年五十八岁。回到洛阳之后，诗人居住在早年购置的履道坊宅内，直到七十五岁（武宗会昌

[1] 有关唐代胡风的研究，主要参见向达《唐代长安与西域文明》，生活·读书·新知三联书店，1957年，1—116页；〔美〕薛爱华《撒马尔罕的金桃》，吴玉贵译，社会科学文献出版社，2017年，93—105页。

[2] 薛爱华曾简略地提到了这个问题，但没有进行专门讨论，见《撒马尔罕的金桃》，95—96页。

五年，846）去世。在此期间，这位远离宫廷纷争的老人在宅院内张设了一顶青毡帐[1]，伴着青毡、红炉，度过了人生旅途中最后十八个漫漫的寒冬。在白居易的诗、文中，多次深情地提到或专门描述了“青毡帐”（或“碧毡帐”、“毡帐”），此据写作年代先后，分别具引如下[2]：

1. 太和五年（831）作《别毡帐火炉》：

忆昨腊月天，北风三尺雪。年老不禁寒，夜长安可彻？
赖有青毡帐，风前自张设。复此红火炉，雪中相暖热。
如鱼入渊水，似兔藏深穴。婉软蛰鳞苏，温炖冻肌活。
方安阴惨夕，遽变阳和节。无奈时候迁，岂是恩情绝？
毳帘逐日卷，香燎随火灭。离恨属三春，佳期在十月。
但令此身健，不作多时别。[3]

2. 太和六年（832）《夜招晦叔》：

庭草留霜池结冰，黄昏钟绝冻云凝。
碧毡帐上正飘雪，红火炉前初炷灯。
高调秦筝一两弄，小花蛮榼二三升。
为君更奏湘神曲，夜就侬来能不能？[4]

[1] 关于履道坊宅，请参见中国社会科学院考古研究所洛阳唐城队《洛阳唐东都履道坊白居易故居发掘简报》，《考古》1994年第8期。

[2] 引文据朱金城《白居易集笺校》（下文简称《笺校》），上海古籍出版社，1988年。年代从《笺校》，不另注。

[3]《笺校》卷二一格诗歌行杂体，1455—1456页。时六十岁，在洛阳，任河南尹。又，此诗《笺校》附录三《白居易年谱简编》太和五年（4040—4041页）未收。

[4]《笺校》卷二六律诗，1864页。时六十一岁，在洛阳，任河南尹。

3. 太和六年《池边即事》：

毡帐胡琴出塞曲，兰塘越棹弄潮声。
何言此处同风月，蓟北江南万里情。[1]

4. 太和六年《雪夜喜李郎中见访兼酬所赠》：

可怜今夜鹅毛雪，引得高情鹤氅人。
红蜡烛前明似昼，青毡帐里暖如春。
十分满盏黄金液，一尺中庭白玉尘。
对此欲留君便宿，诗情酒分合相亲。[2]

5. 太和六年《府酒五绝》之二“招客”：

日午微风且暮寒，春风冷峭雪干残。
碧毡帐下红炉畔，试为来尝一盏看。[3]

6. 太和六年《雪夜对酒招客》：

帐小青毡暖，杯香绿蚁新。醉怜今夜月，欢忆去年人。

---

[1]《笺校》卷二六律诗，1867页。时六十一岁，在洛阳，任河南尹。
[2]《笺校》卷二七律诗，1911页。时六十一岁，在洛阳，任河南尹。又，《笺校》附录三《白居易年谱简编》系此诗于太和五年下（4040页），与正文异。此姑从正文。
[3]《笺校》卷二八律诗，1989页。时六十一岁，在洛阳，任河南尹。又，《笺校》附录三《白居易年谱简编》太和六年（4041—4042页）未收。

暗落灯花烬，闲生草座尘。殷勤报弦管，明日有嘉宾。[1]

7. 太和七年（833）《青毡帐二十韵》：

合聚千羊毳，施张百子卷。骨盘边柳健，色染塞蓝鲜。
北制因戎创，南移逐虏迁。汰风吹不动，御雨湿弥坚。
有顶中央耸，无隅四向圆。旁通门豁尔，内密气温然。
远别关山外，初安庭户前。影孤明月夜，价重苦寒年。
软暖围毡毯，鎗摐束管弦。最宜霜后地，偏称雪中天。
侧置低歌座，平铺小舞筵。闲多揭帘入，醉便拥袍眠。
铁檠移灯背，银囊带火悬。深藏晓兰焰，暗贮宿香烟。
兽炭休亲近，狐裘可弃捐。砚温融冻墨，瓶暖变春泉。
蕙帐徒招隐，茅庵浪坐禅。贫僧应叹羡，寒士定留连。
宾客于中接，儿孙向后传。王家夸旧物，未及此青毡。[2]

8. 太和八年（834）《除夜言怀兼赠张常侍》：

三百六旬今夜尽，六十四年明日催。
不用叹身随日老，亦须知寿逐年来。
加添雪兴凭毡帐，消杀春愁付酒杯。
唯恨诗成君去后，红笺纸卷为谁开？[3]

---

[1]《笺校》卷二八律诗，1994页。时六十一岁，在洛阳，任河南尹。

[2]“施张百子卷”下自注云：“司马迁书云‘张空卷’”。末句下注云：“王子敬语偷儿云：‘青毡我家旧物’。”《笺校》卷三一律诗，2134—2135页。今按：王家旧物云云，可参见《晋书》卷八〇《王羲之传》，2105页。时六十二岁，以太子宾客分司东都洛阳。

[3]《笺校》，外集卷上，诗文补遗一，诗词一，3832页。时六十三岁，以太子宾客分司东都洛阳。

9. 太和八年《风雪中作》：

岁暮风动地，夜寒雪连天。老夫何处宿？暖帐温炉前。
两重褐绮衾，一领花茸毡。粥熟呼不起，日高安稳眠。
是时心与身，了无闲事牵。以此度风雪，闲居来六年。
忽思远游客，复想早朝士。踏冻侵夜行，凌寒未明起。
心为身君父，身为心臣子。不得身自由，皆为心所使。
我心既知足，我身自安止。方寸语形骸，吾应不负尔。[1]

10. 太和九年（835）《酒熟忆皇甫十》：

新酒此时熟，故人何日来？自从金谷别，不见玉山颓。
疏索柳花碗，寂寥荷叶杯。今冬问毡帐，雪里为谁开？[2]

11. 开成三年（838）《洛下雪中频与刘李二宾客宴集因寄汴州李尚书》：

水南水北总纷纷，雪里欢游莫厌频。
日日暗来唯老病，年年少去是交亲。
碧毡帐暖梅花湿，红燎炉香竹叶春。
今日邹枚俱在洛，梁园置酒召何人？[3]

---

[1]《笺校》卷三〇格诗，2059页。时六十三岁，以太子宾客分司东都洛阳。
[2]《笺校》卷三二律诗，2230页。时六十四岁，以太子少傅分司东都洛阳。
[3]《笺校》卷三四律诗，2331页。时六十七岁，以太子少傅分司东都洛阳。

12. 开成三年《初冬即事呈梦得》：

青毡帐暖喜微雪，红地炉深宜早寒。
走笔小诗能和否？泼醅新酒试尝看。
僧来乞食因留宿，客到开樽便共欢。
临老交亲零落尽，希君恕我取人宽。[1]

13. 会昌六年（846）《自咏老身示诸家属》：

寿及七十五，俸沾五十千。夫妻偕老日，甥侄聚居年。
粥美尝新米，袍温换故绵。家居虽濩落，眷属幸团圆。
置榻素屏下，移炉青帐前。书听孙子读，汤看侍儿煎。
走笔还诗债，抽衣当药钱。支分闲事了，爬背向阳眠。[2]

14. 除了诗歌外，诗人在太和六年写作的《与刘禹锡书》中也提到了青毡帐：

昨问李宗直，知是久亲事，常在左右，引于青毡帐前，饮之数杯，隅坐与语。先问贵体，次问高墙，略得而知，聊用为慰，即瞻恋饥渴之深浅可知也。复何言哉！[3]

同一物事，在诗文中如此频繁地以浓墨重彩加以详细描述，是

[1]《笺校》卷三四律诗，2373页。时六十七岁，以太子少傅分司东都洛阳。
[2]《笺校》卷三七律诗，2578页。时七十五岁，在洛阳，任刑部尚书致仕。
[3]《笺校》外集卷下，诗文补遗三，文，3941页。时六十一岁，在洛阳，任河南尹。

非常罕见的，根据歌咏的对象，姑且将白居易创作的这一类诗歌统称作“毡帐诗”。

《风雪中作》称“以此度风雪，闲居来六年”，此诗作于太和八年，上推六年，正是诗人初以太子宾客分司东都之时，即唐文宗太和三年。也就是说，从还居洛阳当年起，诗人就开始在毡帐里过冬了。《自咏老身示诸家属》作于会昌六年，是诗人在他生命的最后一年，即七十五岁时创作的一首诗，即使在这时，诗人仍然过着“置榻素屏下，移炉青帐前”的生活，青毡帐一直伴随诗人走完了人生的最后历程。

应该特别指出的一点是，除《自咏老身示诸家属》外，最晚的毡帐诗是在开成三年创作的《洛下雪中频与刘李二宾客宴集因寄汴州李尚书》与《初冬即事呈梦得》二首，从毡帐诗中可以考知，太和三年至开成三年之间，毡帐在诗人生活中起了很重要的作用，而在开成四年至会昌五年之间，在诗文中未见使用毡帐的证据。开成四年初冬，诗人始患“风痹”[1]，上引《别毡帐火炉》中说“但令此身健，不作长时别”。体魄强健是享受毡帐情趣的必要条件，得风痹之后，诗人大概很少在毡帐中生活，所以在开成四年以后描写毡帐的诗文非常鲜见，会昌六年提到的情景，可能只是偶一为之。到开成四年时，白居易已在毡帐中度过了十个冬日（829—838）。诗人罹患风痹是否与长期居住毡帐有关，已无从考察。

二、“毡帐诗”反映的毡帐形制与用途

以上与毡帐有关的诗文，主要是描写诗人在青毡帐中待客、宴

[1]《笺校》卷三五律诗，2386页“病中诗十五首”序云：“开成己未岁（839），予蒲柳之年六十有八。冬十月甲寅旦，始得风痹之疾。”

饮的情形，其中《别毡帐火炉》、《风雪中作》及《青毡帐二十韵》等三首诗集中描述了青毡帐的形制、用途及诗人在毡帐中日常起居的情景，对了解有关唐代毡帐的知识和诗人的毡帐生活都非常重要，尤其是《青毡帐二十韵》，特别受到后人的瞩目。宋人程大昌（1123—1195）曾主要依据白居易的记叙，对毡帐的来源、形制进行了详细考证[1]：

> 唐人昏礼多用百子帐，特贵其名与昏宜，而其制度则非有子孙众多之义，盖其制本出塞外，特穹庐、拂庐之具体而微者耳。棬柳为圈，以相连琐，可张可阖，为其圈之多也，故以百子总之，亦非真有百圈也。其施张既成，大抵如今尖顶圆亭子，而用青毡通冒四隅上下，便于移置耳。白乐天有《青毡帐诗》，其规模可考也。其诗始曰："合聚千羊毳，施张百子卷。骨盘边柳健，色染塞蓝鲜。"其下注文自引《史记》"张空拳"为证，即是以柳为圈而青毡冒之也。又曰"有顶中央耸，无隅四向圆"，是顶耸旁圆也。既曰"影孤明月夜"，又曰"最宜霜后地"，则是以之弛张，移置于月、于霜，随处悉可也。又曰"侧置低歌座，平铺小舞筵"，则其中亦差宽矣。既曰"银囊带火悬"，又曰"兽炭休亲近"，则是其间不设燎炉，但用银囊贮火，虚悬其中也。又曰"蕙帐徒招隐，茅庵浪坐禅"，其所称比，但言蕙帐、茅庵，而不正比穹庐，知其制出穹庐也。乐天诗最为平易，至其铺叙物制，如有韵之记，则岂世之徒缀声音者所能希哉！……丙申十月十一日夜，醉后读白集，信笔以书。[2]

[1] 程大昌的传记见《宋史》卷四三二《儒林传》，中华书局，1985年，12858—12861页。

[2]《演繁录》卷一三"百子帐"条，影印文渊阁本，第852册，181—182页。丙申年十月十一日，即1176年11月13日。

程大昌所论主要有四点：1. 毡帐出自塞外，实即穹庐、拂庐之具体而微者，白居易所设“毡帐”即百子帐；2. 毡帐以柳为圈，顶耸周圆，周覆以毡；3. 毡帐有便于移动的特点；4. 毡帐内不设火炉，而是以“银囊”贮火，虚悬帐中。

如果仅就《青毡帐二十韵》而言，程大昌所列诸条应该是没有多大问题的，但是结合诗人其他与毡帐有关的诗来看，“不设燎炉”云云，显然与事实不尽相合。上引《别毡帐火炉》“复此红火炉，雪中相暖热”;《风雪中作》“老夫何处宿？暖帐温炉前”;《自咏老身示诸家属》“置榻素屏下，移炉青帐前”等等，都说明“地炉”是毡帐取暖的重要手段。而且非常有趣的是，“碧毡帐”（或“青毡帐”）与“红火炉”对举，甚至成了作者毡帐诗中相对固定的修辞手段，如《夜招晦叔》“碧毡帐上正飘雪，红火炉前初炷灯”;《府酒五绝》“碧毡帐下红炉畔，试为来尝一盏看”;《洛下雪中频与刘李二宾客宴集因寄汴州李尚书》“碧毡帐暖梅花湿，红燎炉香竹叶春”;《初冬即事呈梦得》“青毡帐暖喜微雪，红地炉深宜早寒”等等，都是显例。“不设燎炉”，显然不能作为毡帐的一般特点。或在不同的气候条件下，毡帐取暖有地炉和银囊两种不同的途径，而地炉显然较银囊更为重要。

此外，应该补充的是，虽然《青毡帐二十韵》有“御雨湿弥坚”的描述，但毡帐最适宜的季节是洛阳的冬季，特别是初冬，而不是雨季。诗人每年施设毡帐的时间多在冬天，《别毡帐火炉》:“方安阴惨夕，遽变阳和节。无奈时候迁，岂是恩情绝？毳帘逐日卷，香燎随火灭。离恨属三春，佳期在十月。”《初冬即事呈梦得》:“青毡帐暖喜微雪，红地炉深宜早寒。”“十月”、“早寒”都是指初冬言，而“三春”阳和时节，就到了诗人惜别毡帐的时候了。除了程大昌指出的“于月”、“于霜”可随意择地施设的特点外，毡帐最为诗人称赏的是它在风天雪夜的防风保暖性能。“雪中相暖热”、“青毡帐里暖如春”、“帐小青毡暖”、“内密气温然”、“暖帐温炉前”、“碧毡帐暖梅花湿”、“青毡帐暖喜微雪”等句，读来温煦舒暖，在寒风凛冽的严冬里透出了亲切融融的意境。

程大昌指出毡帐即“百子帐”，唐人使用这个名称，只是“特贵其名与昏宜”，他认为“百子帐”这个称呼在前代就已存在，唐朝人只是因为此名适宜于婚嫁的场合，所以袭用了旧称。但是他并没有对“百子帐”一词的来源进行讨论。《梁书》载：“河南王者，其先出自鲜卑慕容氏。……有屋宇，杂以百子帐。”[1]这里所说的“河南王”，就是指立国于今青海地区的慕容鲜卑后裔吐谷浑。可知它是对鲜卑人屋室的称呼。《南齐书》也称，吐谷浑“多畜，逐水草，无城郭。后稍为宫室，而人民犹以毡庐百子帐为行屋”[2]。明确指出“百子帐”是鲜卑人对“毡庐”的别称。当吐谷浑上层统治者住进宫室之后，普通人民仍然以百子帐为居室。魏孝明帝正光二年（梁武帝普通二年，521），北魏赐柔然降主什物，其中有“百子帐十八具”[3]，这些百子帐就是由北魏工匠制作的毡帐。鲜卑以前，未见有“百子帐”的记载。根据以上诸条可以推知，“百子帐”这个名称源出于鲜卑，“百子”最初很可能是鲜卑人称呼毡帐的译音。诚如程大昌所言，“子孙众多”云云，出于唐朝人的附会，最初原义可能并非如此。

白居易径以“百子卷”称毡帐，下文宋之问诗也称“催铺百子帐，待障七香车”，可知唐代对百子帐这个称呼是比较熟识的。而到

---

[1]《梁书》卷五四《河南传》，中华书局，1992年，810页。

[2]《南齐书》卷五九《河南传》，中华书局，1983年，1026页。参见《南史》卷七九《河南王传》，1978页。

[3]《北史》卷九八《蠕蠕传》，3260页。参见《魏书》卷一〇三《蠕蠕传》，中华书局，1974年，2300页。

了宋代以后，人们对“百子帐”似乎就比较陌生了。如宋太祖建隆二年（961），慕容延钊徙山南东道节度使：“是冬大寒，遣中使赐貂裘、百子毡帐。”[1]其实“百子帐”就是毡帐，可能是因为担心人们不明所谓，所以专门在“百子”后加了“毡帐”二字作为补充。宋人蔡絛也称：“古号百子帐者，北之穹庐也，今俗谓之毡帐。神庙时（神宗，1068—1085年在位）慨然有志于四方，思欲平二国，乃诏新作百子帐，将颁诸辅臣。未就，而泰陵（哲宗，1086—1100年在位）继之，又弗及赐。至太上（徽宗）崇宁间（1102—1106），工人告落成。”[2]到了十二世纪初年，民间已恢复了“毡帐”的旧称，在当时人看来，“百子帐”只是古人对毡帐的称谓。

三、毡帐与汉唐北方游牧民族的关系

上文《南齐书》称毡庐百子帐为“行屋”，说明它是适应鲜卑人游牧生活的一种民居方式。其实，毡帐一直是北方古代游牧或半游牧民族最主要的居住形式，不独鲜卑为然。

以制作材料言，毡帐又称“毳帐”、“旃帐”[3]。至少从匈奴开始，它就成了北方游牧者的居室。匈奴称毡帐为“穹庐”[4]、“穷庐”[5]、“穹

[1]《宋史》卷二五一《慕容延钊传》，中华书局，1990年，8834页。

[2]《铁围山丛谈》卷二，冯惠民、沈锡麟点校，中华书局，1997年，30页。

[3]《史记》卷一四《匈奴传》（2901页）“穹庐”下，“集解”引《汉书音义》称“穹庐，旃帐”。

[4]《汉书》卷八七下《扬雄传》（3562页）“破穹庐”下，颜师古曰：“穹庐，毡帐也。”

[5] 刘文典《淮南鸿烈集解》卷一一（中华书局，1989年，350页）：“譬若舟、车、楯、肆、穷庐，故有所宜也。”注称：“水宜舟，陆地宜车，沙地宜肆，泥地宜楯，草野宜穷庐。”

间”或“弓间”[1]，与“百子”一样，“穹庐”显然也源于译音。史称匈奴“父子同穹庐卧”[2]。与匈奴同时的乌孙也以毡帐为室。汉武帝元封六年（前105），江都王建女细君公主远嫁乌孙，公主悲愁无奈，作歌遣怀，其中有“穹庐为室兮旃为墙，以肉为食兮酪为浆”的描写[3]。汉末魏初，乌丸、鲜卑等东胡民族“居无常处，以穹庐为宅，皆东向”[4]。柔然“土气早寒，所居为穹庐毡帐”[5]。高车诸族延请宾客，不讲究座次，“穹庐前丛坐，饮宴终日，复留其宿”[6]。奚人“居有毡帐，兼用车为营”[7]。吐谷浑“随逐水草，庐帐为屋，以肉酪为粮”[8]。突厥“畜牧为事，随逐水草，不恒厥处，穹庐毡帐，被发左衽，食肉饮酪”[9]。

在一些半游牧的民族中，毡帐也是一种重要的民居形式，东汉西域蒲类国人“庐帐而居，逐水草，颇知田作”。东且弥国“庐帐居，逐水草，颇田作”[10]。两国属于半游牧经济，但都庐帐而居。吐蕃“其人或随畜牧而不常厥居，然颇有城郭。其国都城号为逻些城。屋皆平头，高者至数十尺。贵人处于大毡帐，名为拂庐。寝处汙秽，绝不

[1]《史记》卷二七《天官书》（1338页）：“故北夷之气如群畜穹闾”，“索隐”称：“邹云一作‘弓闾’。《天文志》作‘弓’字，音穹。盖谓以毡为闾，崇穹然。又，宋均云‘穹，兽名’，亦异说也。”

[2]《汉书》卷九四上《匈奴传》上，中华书局，1983年，3760、3772页。

[3]《汉书》卷九六下《乌孙传》，3903页。

[4]《三国志》卷三〇《魏志·乌丸鲜卑东夷传》（中华书局，1982年，832页）“裴注”引《魏书》论东胡乌丸习俗。同卷“裴注”引《魏书》也说（836页）：“鲜卑亦东胡之余也……其言语习俗与乌丸同。”

[5]《南齐书》卷五九《芮芮虏传》，中华书局，1983年，1023页。芮芮是柔然的异称。

[6]《北史》卷九八《高车传》，中华书局，1983年，3271页。

[7]《旧唐书》卷一九九下《奚传》，中华书局，1975年，5354页。

[8]《晋书》卷九七《吐谷浑传》，中华书局，1982年，2537页。

[9]《隋书》卷八四《突厥传》，中华书局，1982年，1864页。

[10]《后汉书》卷八六《西域传》，中华书局，1982年，2928、2929页。

栉沐”[1]。城郭与毡帐并存。自汉至唐，北方游牧或半游牧民族广泛使用了毡帐，匈奴甚至规定“汉使不去节，不以墨黥其面，不得入穹庐”[2]。毡帐在游牧民族心目中的重要地位于此可见。

古代游牧民族居住的毡帐主要有三种类型：一是毡帐与车辆合而为一，固定在一起的车帐。二是毡帐与车辆可分可合，临时居住或移动时，车、帐合而为一；长期居住于一地时，分而为二。三是毡帐与车辆分而为二，可以折叠张合的毡帐，张设时置于地面，移动时车载畜驮均可。三种类型虽然常常共存于同一时期或同一民族之中，但是不同的毡帐类型，大体上是与游牧生活的不同发展阶段相适应的。时代越早，流动性越强，居住与交通功能的区分越不明显。随着游牧经济的发展，居室的用途与交通用途日渐分离，最后帐、车分而为二[3]。白居易在洛阳宅内施设的毡帐，就是属于车、帐分离之后，纯粹作为居室，但同时又保留了便于移动特点的毡帐。

由于毡帐与游牧民族有着密切的关系，在内地农耕民族眼里，毡帐久已与游牧民族及其生活方式紧密地联系在了一起。东汉永平八年（65），汉使臣郑众在与匈奴的交往中，以一介之使“争礼毡幄”，李贤注称“毡幄谓匈奴也”[4]，明确以毡帐作为匈奴的代称。而作为制作毡帐的重要材料，毡也带有了强烈的象征意义。晋太康年间（280—290），天下以毡为絈头、络带及衿口，“百姓相戏曰，中国必为胡所破也。毡产于胡，而天下以为絈头、带身、衿口，胡既三制之

[1]《旧唐书》卷一九六上《吐蕃传》上，5220页。

[2]《汉书》卷九四上《匈奴传》上，3760、3773页。

[3] 关于游牧民族毡帐的三种分类及论证，请见〔日〕江上波夫著，王子今译《匈奴的住所》,《西北史地》1991年第3期，103—114页。

[4]《后汉书》卷三六《郑众传》，1245页。

矣，能无败乎”[1]。隋炀帝时，突厥启民可汗屡屡上表，陈请变服色，易冠带，改变原来的游牧生活方式。隋炀帝下诏说，启民可汗“遵奉朝化，思改戎俗，频入谒觐，屡有陈请。以毡墙毳幕，事穷荒陋，上栋下宇，愿同比屋。诚心恳切，朕之所重。宜于万寿戍置城造屋，其帷帐床褥已上，随事量给，务从优厚，称朕意焉”[2]。将放弃“毡墙毳幕”作为改变游牧生活方式的最重要的标志。唐人薛登也在《请止四夷入侍疏》中指出，遣子入侍，渐染华风，是导致游牧民族南下中原的重要诱因，刘元海等匈奴五部以离散之余而能入主于内地，就是因为“居汉之故”；而匈奴冒顿虽兵力雄强而不入中国者，则是因为“生长碛漠之北，以穹庐坚于城邑，以毡罽美于章绂。既安其所习而乐其所生，是以无窥中国之心”[3]。明确将穹庐与城邑、毡罽与章绂，分别作为游牧文化与农耕文化的重要分界标准。

著名僧人玄奘在唐朝初年游历了中亚各地，他依照佛教的观念指出，世界有四洲，其中南瞻部洲有南象主（五印度之地）、西宝主（波斯及以西之地）、北马主（泛指突厥、铁勒等北方游牧民族）、东人主（唐朝之地）等四主，“马主之俗，天资犷暴，情忍杀戮，毳张穹庐，鸟居逐牧”[4]。将“毳张穹庐，鸟居逐牧”作为游牧文化的最重要的特征。而与他同时代的僧人道宣在谈到四主时则说：“雪山以北，至于北海，地寒宜马，名马主也。其俗凶暴，忍煞，衣毛，是突厥国。”[5] 突出强调“衣毛”在游牧文化中的象征意义。在古人眼中，居

[1]《宋书》卷三〇《五行志》，887页。
[2]《隋书》卷三《炀帝纪》上，71页。
[3] 薛登《请止四夷入侍疏》，《全唐文》卷二八一，中华书局，1983年，2854页。
[4] 玄奘、辩机原著，季羡林等校注《大唐西域记校注》卷一，中华书局，1985年，43页。
[5] 道宣《释迦方志》卷上，范祥雍点校，中华书局，1983年，12页。

室与衣着是区分不同文化类型的重要标准，在他们看来，毡帐与毛褐就是游牧文化的集中体现。

当这些具有鲜明的游牧民族特点的生活习俗的象征意义发展到了一定阶段时，就带有了强烈的价值判断的色彩，甚至成为道德评估的标准。如隋炀帝称毡帐生活“事穷荒陋”，就已包含了明显的褒贬成分，而最典型，也称得上最极端的例子是北宋初期徐铉（917—992）对待毛褐的态度。徐铉自南唐入宋，据载：“初，铉至京师，见被毛褐者，辄哂之，邠州苦寒，终不御毛褐，致冷疾。一日晨起，方冠带，遽索笔手疏，约束后事，又别署曰：‘道者，天地之母。’书讫而卒，年七十六。”[1]程大昌虽然对徐铉“以织毛衣，制本出塞外，不肯被服，宁忍寒至死”的做法是否得当表示怀疑，但是仍然“信其有守”，不自禁地流露出了对他“笃古坚毅，死且不易”的精神的赞赏[2]。因毛褐出自游牧民族，宁可冻死而不服，毛褐所承载的沉重的道德判断意义是显而易见的。

人们日常生活习俗的形成，与经济生活有着密切的关系，并且受到经济生活形态的强烈制约，这种影响表现在衣食住行各个领域，有时甚至宗教活动的具体形式也会被深深地打上经济生活类型的烙印。如鲜卑人有神车之制，即将神像置于车中以供祭祀[3]，以适应流移不定的游牧生活。突厥人无祠庙，刻毡为神像，或盛于皮袋，或系

---

[1]《宋史》卷四四一《许铉传》，13045—13046页。

[2]《演繁录》卷一三“毛裘”条，影印文渊阁本，第852册，180页。

[3]《魏书》卷一三《献明皇后传》，324页载：献明后为避仇，“匿神车中三日”，得免。《资治通鉴》卷一〇六晋武帝太元十年（中华书局，1976年，3350—3351页。以下简称《通鉴》。）亦载此事，“胡注”云：“北人无室屋，逐水草，置神于车中而严事之，因谓之神车。”

于竿上，四时祭祀[1]。经济生活类型对生活习俗的影响，于此可见一斑。居住毡帐，就是以畜牧为业、行逐水草、居无定处的游牧民族经济生活方式的直接反映。

毡帐固然有防风保暖的优点，但是这种优点只是相对于露宿野处而言的，是长期过着游牧生活的人们的无法之法。与土木结构的民居相比，毡帐的这些优点恰恰成了它最突出的弱点。可以说，居住毡帐，尤其是长期居住毡帐，与都市生活是格格不入的，白居易在唐朝最繁华的都市中长期以毡帐为居，是一个非常特殊而有趣的现象，对它进行深入探讨，将有助于对唐朝所谓胡风的认识。

四、突厥以前毡帐在黄河流域及以南地区的传播

白居易张设在庭院里的毡帐，并不是一个孤立的现象，有它独特的历史根源和时代背景。

秦汉时代，在黄河流域及以南地区，鲜有见到使用毡帐的记载。东汉末年，随着匈奴入居内地，使用毡帐的地域范围也随之南移，在内地间或出现行用毡帐的现象。曹魏太和年间（227—233），魏明帝大营洛阳宫室，车驾幸许昌，“许昌逼狭，于城南以毡为殿，备设鱼龙曼延”[2]。这是所见较早的一例。

北魏以后，例证稍多。南朝宋文帝元嘉二十七年（450），魏拓

[1]《酉阳杂俎》前集卷四，方南生点校，中华书局，1981年，45页。又，在突厥人之前，尔朱荣的属部刘灵助也曾“刻毡为人象，画桃木为符书，作诡道厌祝之法”。《魏书》卷九一《刘灵助传》，1959页。

[2]《三国志》卷一三《钟毓传》，400页。《南齐书》卷九《礼志》上（148页）称：“魏文修洛阳宫室，权都许昌，宫殿狭小，元日于城南立毡殿，青帷以为门，设乐飨会。”系此事于魏文帝名下，此存疑。

跋焘南征彭城，曾在城南戏马台设立毡屋[1]。宋废帝刘昱以荒淫乖张、行事百无禁忌著称，元徽五年（477），他在仁寿殿东隅张设“毡幄”寝处，被杨玉夫等人杀害[2]。所谓“毡屋”或“毡幄”，显然都是毡帐的别称。南齐明帝建武二年（495），魏帝拓跋宏率军南下至寿阳，“军中有黑毡行殿，容二十人坐”[3]。明帝永泰元年（498），北魏军围樊城，“去城数里立营顿，设毡屋”[4]。北魏后废帝中兴二年（532），高欢欲立平阳王，“遣四百骑奉迎帝入毡帐，陈诚，泣下霑襟”[5]。梁元帝承圣元年（552），王僧辩等征讨侯景，出兵檄文历数侯景对黄河以南地区造成的巨大破坏，其中也有“偃师南望，无复储胥、露寒，河阳北临，或有穹庐毡帐”的描写[6]。从以上史例可知，鲜卑南下以来，毡帐使用渐广，甚至南朝统治者也有使用毡帐的个例。但魏晋南北朝期间使用毡帐者多为统治阶层，范围也主要局限于宫禁或军阵，尚未在民间见有日常生活用毡帐的事例。

据上文，魏孝明帝正光二年，在北魏统治者颁赐柔然降主的什物中，仍然有毡制的百子帐。这些百子帐虽然不是鲜卑人自用之物，但它表明在入主中原（姑以398年迁都平城为界）之后，鲜卑人虽然逐步放弃了游牧生活方式，但仍然残留了使用百子帐的遗风，这与北魏在行军作战时使用毡帐的记载是一致的。应该特别注意的是，由于不适宜内地气候环境，毡帐在北魏的使用悄悄地发生了根本性的变

[1]《宋书》卷五九《张畅传》，1601页。参见《宋书》卷四六《张畅传》，1397页（此传附见于《张邵传》下，与卷五九本传重出）。

[2]《宋书》卷九《后废帝纪》，190页。参见《魏书》卷九七《刘昱传》，2152页。“毡幄”，《南齐书》卷一《高帝纪》上（10页）作“毡屋”。

[3]《南齐书》卷五七《魏虏传》，994页。

[4]《南齐书》卷三〇《曹虎传》，563页。

[5]《北史》卷五《孝武皇帝纪》，170页。

[6]《梁书》卷五《元帝纪》，123页。参见《南史》卷四四《齐武帝诸子传》，1106页。

化。齐武帝永明十年（魏孝文帝太和十六年，492），南齐使臣萧琛、范云出使北魏，观看了祭天仪式。仪式中专供宴饮休息的百子帐，使他们留下了深刻的印象。据记载：

> （拓跋）宏西郊，即前祠天坛处也。宏与伪公卿从二十余骑戎服绕坛，宏一周，公卿七匝，谓之蹋坛。明日，复戎服登坛祠天，宏又绕三匝，公卿七匝，谓之绕天。以绳相交络，纽木枝枨，覆以青缯，形制平圆，下容百人坐，谓之为“繖”，一云“百子帐”也。于此下宴息。[1]

绳索交络、纽木支枨、形制平圆等，都是毡帐形制的最典型特征，但是南朝使臣见到的百子帐虽然形制仍旧，可是覆盖材料却由毛毡改作了“青缯”（丝织品），使用范围也由日常居室变成了“宴息”的场所。这条资料中透露的消息表明，最晚从五世纪末年开始，为了适应内地生活环境的需要，原来的百子帐已经退出了鲜卑人日常生活的领域，它指称的对象也由毡帐变成了布帐。

陈文帝天嘉四年（563），江德藻出使北齐，归来著《聘北道里记》云：

> 北方婚礼必用青布幔为屋，谓之青庐。于此交拜，迎新妇。[2]

[1]《南齐书》卷五七《魏虏传》，991页。

[2] 据《酉阳杂俎》续集卷四贬误（241页）转引。《酉阳杂俎》前集卷一礼异（7页）所述北朝婚礼与此同。“聘北道里记”，《酉阳杂俎》作“聘北道记”，此从《隋书》卷三三《经籍志》，986页。江德藻，见《陈书》卷三四《文苑传》，中华书局，1992年，456—457页。据本传“校勘记”〔八〕，出使时间应在天嘉二年。

从下文唐人记述可知，北朝供婚礼专用的“青庐”[1]，就是百子帐。其使用的材料和用途都与492年南齐使臣所见的百子帐相仿，只是北齐将这种“青布缦”制成的帐屋易称作“青庐”[2]。总之，五六世纪时，鲜卑民族基本上放弃了毡帐生活，但是他们在婚礼和祭祀等重大场合使用的“青缯帐”或“青布庐”，仍然依稀留存了对早年居室文化的记忆。制作材料由毡到布的转变，从一个侧面反映了北魏入居中原后逐步适应内地农耕社会环境的轨迹。

在突厥兴起以前，黄河流域及以南地区毡帐的使用非常有限，所见史例非常之少，而且多集中在宫廷范围之内。随着鲜卑的南下，使用毡帐稍多，但也主要局限于军中。虽然鲜卑民族很快就弃毡帐而安室屋，适应了中原的生活习俗，但是“百子帐”这个名称的流传，反映了鲜卑早年游牧居室文化对内地农耕社会的影响。

五、突厥与唐代黄河流域及以南地区的毡帐

上文程大昌说，唐人婚礼多用百子帐。他接着说：

> 唐德宗时，皇女下降，颜真卿为礼仪使，如俗传障车、却扇、

---

[1] 青庐，又见于敦煌写本吉凶书仪，参见周一良《敦煌写本书仪中所见的唐代婚丧礼仪》,《魏晋南北朝史论集续编》，北京大学出版社，1991年，245—260页。

[2] “青庐”名称及婚俗在东汉末年就已出现。余嘉锡笺疏，周祖谟等整理《世说新语笺疏》下卷假谲第二七（上海古籍出版社，1993年，851页）:“魏武少时，尝与袁绍好为游侠，观人新婚，因潜入主人园中，夜呼叫云:‘有偷儿贼!’青庐中人皆出观，魏武乃入，抽刃劫新妇与绍还出。”可证。“百子帐”与“青庐”名称的相混，很可能与鲜卑毡帐改为布帐有关。赵守俨先生认为，青庐也是毡制的，“青庐也罢，百子帐也罢，其形制与我们今天所见的蒙古毡帐是差不多的”。参见赵守俨《唐代婚姻礼俗考》,《赵守俨文存》，中华书局，1998年，23页。

> 花烛之礼，颜皆遵用不废[1]，独言毡帐本塞外穹庐遗制，请皆不设，其言毡帐，即乐天所赋而宋之问所谓“催铺百子帐”者是也。

透露出了唐朝皇室嫁女仪式中盛行百子帐的消息。中唐人封演[2]也详细记述了这件事，此转录于下：

> 近代婚嫁，有障车、下婿、却扇及观花烛之事，又有卜地、安帐并拜堂之礼，上自皇室，下至士庶，莫不皆然。今上诏有司约古礼，今仪使太子少师颜真卿、中书舍人于邵等奏：障车、下婿、观花烛及却扇诗，并请依古礼，见舅姑于堂上，荐枣栗腶修，无拜堂之仪。又，毡帐起自北朝穹庐之制，请皆不设，惟于堂室中置帐，以紫绫幔为之。[3]

两人所记同为一事，但封演为德宗时人，他的记述应该更具权威性。

---

[1] 本段颜真卿奏议原文见下引《唐会要》卷八三《嫁娶》，上海古籍出版社，1991年，1812页。此处程大昌理解为障车、却扇、花烛之礼等，颜真卿皆“请遵用不废”，而周一良《敦煌写本书仪中所见的唐代婚丧礼仪》(《魏晋南北朝史论集续编》252页）则认为，“据《唐会要》八三，颜真卿为礼仪使曾‘请停障车、下婿及却扇诗等。’看来却扇是唐代流行而未被承认的民间习俗。”并在注解中谓，《封氏闻见记》“奏”字下脱“停”字。两种理解正好完全相反。关于这个问题还可参见下文引《封氏闻见记》。

[2] 关于封演，请参见《四库全书总目》卷一二〇子部杂家类四（中华书局，1987年，1033页）“提要”的介绍。

[3]《封氏闻见记》卷五“花烛”，乾隆五十七年江宁刘文奎刻，5页。“今上诏有司约古礼，今仪使太子少师颜真卿、中书舍人于邵等奏：障车、下婿、观花烛及却扇诗，并请依古礼，见舅姑于堂上，荐枣栗腶修，无拜堂之仪。”赵贞信校注《封氏闻见记校注》(中华书局，1958年，39页）作：“今上诏有司约古礼今仪。礼仪［原注：原无此二字，据《唐会要》补。］使太子少师颜真卿、中书舍人于邵等奏：请停［原注：原无此二字，据《唐会要》补］障车、下婿、观花烛及却扇诗，并请依古礼，见舅姑于堂上，荐枣栗腶修，无拜堂之仪。”可参考。

从这段记载可知，中唐婚礼所安之帐，是作为“北朝穹庐之制”的毡帐，与五世纪末年北魏行用的“青布缦”之帐相比，已经发生了重大的变化。而且唐代使用毡帐的习俗盛极一时，“上自皇室，下至士庶，莫不皆然”，流行于社会各阶层。与鲜卑初入中原在特定场合和少数集团中使用毡帐的情况形成了鲜明的对比。

封演和程大昌提到的颜真卿奏议，分别见于《唐会要》和《通典》记载。《唐会要》说：

> 建中元年（780）十一月二日，礼仪使颜真卿等奏，……（公主，郡、县主出降）相见行礼，近代设以毡帐，择地而置，此乃元魏穹庐之制，合于堂室中置帐，请准礼施行。[1]

明确将唐人婚礼中施设毡帐归结为“元魏穹庐之制”，这与唐代毡帐袭用鲜卑旧称是一致的。

程大昌谓“催铺百子帐”为宋之问诗。据查，宋之问诗无此句，唯陆畅《云安公主下降奉诏作催妆诗》：

> 云安公主贵，出嫁五侯家。天母亲调粉，日兄怜赐花。
> 催铺百子帐，待障七香车。借问妆成未？东方欲晓霞。[2]

与程大昌所引完全相同。很可能是程大昌“醉后信笔”将陆畅的诗误植到了宋之问名下。云安公主是唐顺宗（805）之女，宪宗时（806—

[1]《唐会要》卷八三嫁娶，1812页。参见《通典》卷五八《公侯士大夫婚礼》，中华书局，1996年，1654页。“元魏穹庐之制”，《通典》作“虏礼穹庐之制”。

[2]《全唐诗》卷四七八，5441页。题下注称：“顺宗女下嫁刘士泾，百僚举畅为傧相。”

820）下嫁刘士泾[1]。陆畅对云安公主婚姻情形的描写，表明婚礼设毡帐的习俗并没有因为颜真卿的反对而消失，至少在九世纪初年，在唐人婚礼中仍然保留着“铺百子帐”的习俗。唐人婚礼中流行毡帐的习俗，在敦煌壁画中也有反映，莫高窟148、360诸窟绘制于盛唐和中唐时代的婚嫁图中，以突出的位置描绘了“百子帐”的形状，覆盖在平圆顶百子帐表面的毛毡质地厚重，毡帐内壁菱形木格交错，地面上带有图案的敷设物清晰可见[2]。图像资料为文献记载提供了有力的旁证。

从以上论述可知，唐人所用毡帐，尤其是婚礼中使用的、以“百子帐”为名的毡帐，出自鲜卑遗制。洛阳为北魏旧都，而且白居易自称其毡帐为“百子帐”，则其所设毡帐与鲜卑的历史渊源自不待言。但是更重要的是，鲜卑南下之后，随着经济生活方式的改变，同时为了适应内地的气候环境，“百子帐”的制作材料已由毛毡改为纺织品，而到了唐代，却又由缯、布变为毡褐。《唐会要》说婚礼施毡帐出自“元魏穹庐之制”，固然正确地揭示了这种风俗的来源，但是还应该看到，唐人婚俗中的帐幕与北魏相比已经发生了较大的变化，最突出的就是制作材料由缯、布到毡褐的转变。

在百子帐由鲜卑人传入内地并演变为布帐，数百年之后，到中唐时又转而变为毡帐，这种转变显然不能简单地用“元魏穹庐之制”来解释。各种记载只是注意到了百子帐是鲜卑遗留的“穹庐之制”，但是没有看到它由毡而布，又由布而毡的戏剧性变化过程，进而也就无从全面解释唐代内地流行毡帐的真正来源。从唐朝的情况分析，有理由认为这种变化与唐代胡风盛行有直接关系，具体地说就是受到了

---

[1] 参见《新唐书》卷八三《云安公主传》，3666页；《唐会要》卷六《公主》（75页）误作“云阳”。

[2] 参见谭蝉雪《敦煌婚姻文化》（甘肃人民出版社，1993年）“石窟壁画的婚嫁图”及图版一、二。

突厥居室文化的直接影响。

突厥文化对中原的影响是多方面的，此仅就与毡帐有关者略作探讨。

早在南北朝后期，突厥人就已大批入居北周及北齐境内，在北周京师享受优渥待遇的突厥人“常以千数”[1]。随着突厥与内地政权间交往的开展，突厥以“穹庐毡帐”为特点的居室文化也对华夏农耕地区产生了影响。大业三年（607），隋炀帝北巡突厥，“欲夸戎狄，令（宇文）恺为大帐，其下坐数千人。帝大悦，赐物千段”[2]。所谓“千人毡帐”，一直是北方游牧民族生活的典型象征[3]，虽然不能断定炀帝“大帐”形制必出于突厥，但他为夸示突厥而制作的“大帐”与突厥“毡帐”间的密切关系是显而易见的。

唐灭突厥之后，唐太宗贞观四年（630），又有大批突厥人入居内地，“其酋首至者，皆拜为将军、中郎将等官，布列朝廷，五品以上百余人，因而入居长安者数千家”[4]。突厥人的南下，将他们的生活习俗，包括居室文化带入了内地。突厥可汗颉利在长安被安置在太仆寺内，“颉利不室处，常设穹庐廷中，久郁郁不自憀，与家人悲歌相泣下，状貌羸省”[5]。太仆寺位置在唐西京皇城“承天门街之东，第六横街之北，从西第一”[6]。既然在皇城内都张设了突厥毡帐，毫无疑问，其他突厥人入居地区搭置的毡帐必定也不在少数。

流风所及，突厥文化甚至对唐朝皇室的生活产生了重大影响。唐太宗的太子李承乾深受突厥文化的浸染，并身体力行，在日常生活

[1]《周书》卷五〇《突厥传》，911页。

[2]《隋书》卷六八《宇文恺传》，1588页。参见《资治》卷一八〇炀帝大业三年，5632页。

[3] 参见洪迈《容斋四笔》卷九“南舟北帐”，《四部丛刊》续编影宋本，4页。

[4]《旧唐书》卷一九四上《突厥传》上，5163页。

[5]《新唐书》卷二一五上《突厥传》上，6036页。

[6] 见徐松《唐两京城坊考》卷一西京皇城，方严点校，中华书局，1985年，14页。

中极力模仿突厥生活习俗。史称：

> （太子）好效突厥语及其服饰，选左右貌类突厥者五人为一落，辫发羊裘而牧羊，作五狼头纛及幡旗，设穹庐，太子自处其中，敛羊而烹之，抽佩刀割肉相啖。又尝谓左右曰："我试作可汗死，汝曹效其丧仪。"因僵卧于地，众悉号哭，跨马环走，临其身，剺面。良久，太子欻起，曰："一朝有天下，当帅数万骑猎于金城西，然后解发为突厥，委身思摩，若当一设，不居人后矣。[1]

由帝位继承人张施在皇宫里的毡帐，可以作为突厥居室文化对唐人生活发生巨大影响的典型个案，同时也为研究白居易履道坊宅内的毡帐提供了有力的旁证。同时，突厥居室文化对高昌的影响，也可以为认识这一问题提供有益的参照。

如所周知，高昌是著名的"火州"，典型的高昌民居是预先在地面表层勾勒出墙垣、屋壁的具体位置，然后将垣、壁位置内外的土尽数掘去，形成自然的生土墙。在生土墙上凿出孔洞，搭置木椽，并在木椽上铺设木板，然后加盖屋顶，形成一所在地面深挖出来的两层居室[2]。这是一种适应高昌暑热、多风的环境而形成的独特的民居形式。王延德说，高昌"地无雨雪而极热，每盛暑，居人皆穿地为穴以处"[3]，就是指这种民居形式。但是在突厥统治期间，在高昌地区却出现了与本地自然环境极不适应的毡帐。唐朝初年，玄奘途经高昌，高昌王麴文泰邀请玄奘在"大帐"中讲经，大帐可容三百人，与玄奘所

[1]《资治》卷一九六贞观十七年，6189—6190页。参见《旧唐书》卷七六《恒山王承乾》，2648页；《新唐书》卷八〇《常山愍王承乾传》，3564页。

[2] 观民《交河城调查记》，《考古》1959年第5期。

[3]《宋史》卷四九〇《高昌传》，14111页。

见西突厥统叶护可汗的“大帐”规模相当[1]。而在阿斯塔那五〇号墓出土的同时代的吐鲁番文书中，也有供应“缝毡帐宫人”和“开帐窗”者的饮食的记录，同时还有供应“帐上用”的“麻三束”和“麻一拔（把）”的记载[2]。将高昌在突厥时期出现的毡帐与唐朝内地的毡帐联系起来考虑，相信可以加深对突厥居室文化影响力的认识。

大体上与白居易在洛阳搭施毡帐同时，在淮南节度使高骈（879—887年在任）的府衙内，也张设了一顶地道的“青毡帐”，这顶毡帐是幽州节度使李可举（863—885年在任）[3]赠送的礼物。高骈幕府崔致远在谢状中记叙了此事并描述了青毡帐的形制：

> 幽州李可举大王：
>
> 青毡帐一口金铜装铰具
>
> 右伏蒙恩私，特赐惠赉，委之专介，卫以壮夫，遥陟危途，得张官舍。不假栋梁交构，能令户牖全开。出观则一朵莲峰，入玩则千重锦浪。加以顶标晓日，额展晨霞，静吟而筠箔摇风，俯视而地衣铺雪，舒卷皆成其壮观，行藏永佩于深仁，莫不炫沙漠之奇模，骇江淮之众听。卧龙窃誉，固当高枕无忧；虏豹成功，必可运筹决胜，唯期克捷，全赖庇庥，荷戴所深，启陈何及。伏惟云云。[4]

---

[1]《大慈恩寺三藏法师传》卷一，孙毓棠、谢方点校，中华书局，1983年，21页；卷二，28页。

[2]《高昌重光三年（622）条列虎牙氾某等传供食帐二》，《吐鲁番出土文书》，第3册，文物出版社，1981年，170—171页。

[3] 李可举祖先是回鹘人，传记见《旧唐书》卷一八〇，4680—4681页。

[4]《桂苑笔耕集》卷一〇“幽州李可举大王一首”，《丛书集成》初编，第2册，88页。

文中对青毡帐的描述可与白居易“毡帐诗”相比照。由此例可知，唐代除了“上自皇室，下至士庶”，在婚礼中广泛使用毡帐外，在日常生活中使用毡帐者也并非仅见，“青毡帐”至少是唐代上层社会非常欣赏的稀罕之物。而突厥居室文化的影响，则是促成这种风气的最重要的原因。

文化的传播与影响，是一个非常复杂的过程。从北魏到唐代数百年间，由鲜卑人带入内地的毡帐经历了曲折的演变过程：覆盖材料由毡而布，又由布而毡；使用范围由日常居室变为庆典场所，再由庆典场所变为日常居室（虽然只有特殊个例）；最终因为无法适应内地的经济生活和气候环境而逐渐消失。在毡帐流行于内地的过程中，既有渊源于鲜卑早期的习俗，同时又有突厥游牧文化的巨大影响，充分表明了文化传播的复杂性。

一旦某种社会风气形成之后，被这种风气左右的人们就会做出许多违情背理的事，他们的这种作为用常理是根本无法解释的。稍具牧区生活经验的人都知道，居住毡帐远不是一件舒服惬意的事，虽然白居易描述毡帐生活如“有韵之记”，但由于注入了对毡帐生活的强烈主观情感，所以诗人笔下的毡帐具有浓厚的理想色彩。应该说，北魏时随着鲜卑人的地著化，毡帐的居室功能被房屋取代，毡帐本身演变为以纺织品为材料的庆典用具，属于事理之必然；而唐代搭设在皇宫、衙署或庭院里的毡帐则是对事物正常发展规律的反动，诗人长期弃室屋而居毡帐，对都市毡帐生活的欣赏态度，更是违背了情理之常。但这种反动和背理，却正是了解唐朝盛行“胡风”的绝好材料。

（载《唐研究》第5卷，北京大学出版社，1999年。）

后　记

《西暨流沙》选录了我在1988年至2018年间发表的十余篇论文，内容主要是隋唐时期的突厥史和西域史。各篇论文重新核校了史料，改正了个别文字错误，并统一了引文格式，原文的内容和观点都没有改动。个别需要补充的内容，在原论文后用“附记”的形式作了说明。这本小书的出版，得到了中国人民大学王子今教授、西北大学罗丰教授、北京大学罗新教授的关照和帮助，责任编辑缪丹女士也付出了大量劳动，在这里向他们表示深切的谢意。

吴玉贵

2019年6月

吴玉贵

1956 年生，新疆奇台县人。1981 年兰州大学历史系毕业，获学士学位。1985 年中国社会科学院研究生院历史系毕业，获硕士学位。曾就职于中国社会科学院历史研究所，历任助理研究员、副研究员、研究员，博士生导师；现为复旦大学特聘教授、文史研究院研究员。主要研究方向为隋唐史、突厥史、中外关系史（隋唐时期）及历史文献学。

• 吴玉贵作品

西暨流沙：隋唐突厥西域历史研究

中国中古时期，因其兼容并蓄、包容万象，引人入胜。作者吴玉贵运用传世史籍与新出土文献，考察了突厥、回鹘、突骑施、粟特等族群中的重要人物及其事迹，详细分析了发生在高昌、伊吾地区的族群活动，并通过白居易诗词中的毡帐等个案分析，探讨了当时社会生活的风貌，为读者详细展现了中国中古时期突厥、回鹘、突骑施等族群的面貌，以及隋唐王朝与西域关系史的真实细节。

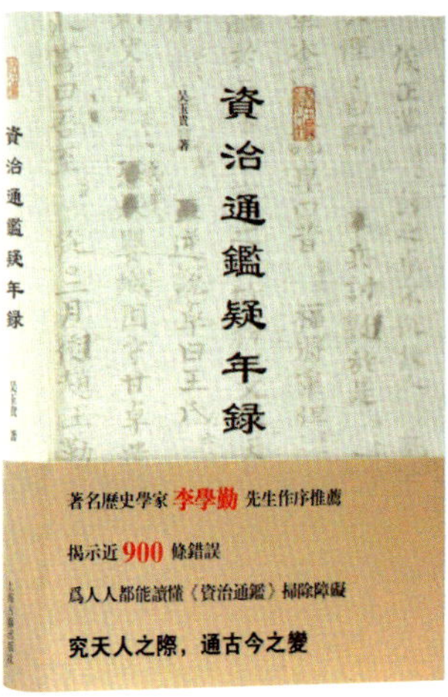

资治通鉴疑年录

本书作者穷尽《通鉴》所有纪事时间，经过系统研究考证，以疑年录的形式，揭示出《通鉴》纪事时间上的近九百条错误，填补了“通鉴学”研究上的一大空白，实可谓一个创举。书首的长篇前言归纳《通鉴》正文纪事时间错误的六类情况、八项原因，最后涉及前人对《通鉴》纪事时间校勘失误的七种问题，其深刻见解对古籍校勘有普遍意义。